U0113763

新视角读「三十六史」

新视角读

宋史

宋玉山 著

中国文史出版社

图书在版编目（CIP）数据

新视角读宋史 / 宋玉山著. —北京：中国文史
出版社，2023.3
（新视角读"二十六史"）
ISBN 978-7-5205-4068-1

Ⅰ.①新… Ⅱ.①宋… Ⅲ.①中国历史－宋代－通俗
读物 Ⅳ.①K244.09

中国国家版本馆 CIP 数据核字（2023）第 071964 号

责任编辑：金　硕
策　　划：金　硕　曲童利

出版发行：中国文史出版社

社　　址：北京市海淀区西八里庄路 69 号　　邮编：100142
电　　话：010 – 81136606/6602/6603/6642（发行部）
传　　真：010 – 81136655
印　　装：北京温林源印刷有限公司
经　　销：全国新华书店
开　　本：787mm×1092mm　1/16
印　　张：18
字　　数：260 千字
版　　次：2024 年 1 月北京第 1 版
印　　次：2024 年 1 月第 1 次印刷
定　　价：62.00 元

总序　历史是最好的老师

魏礼群

习近平总书记多次强调指出，"历史是最好的老师，它忠实记录下每一个国家走过的足迹，也给每一个国家未来的发展提供启示。""领导干部要多读一点历史，从历史中汲取更多精神营养。"

历史是人民创造的。历史经验是社会发展规律的体现和反映，是人类长期生活的总结和升华，是现代人民用来对照的一面明镜。欲知大道，必先知史。学习历史，可以观成败、鉴是非、知兴替、明规律，可以以史资政、修身励志、汲取力量、创造人生。

我党历来重视历史。我党历代领导人都善于把历史经验运用到中国革命、建设和改革的实践当中，都强调领导干部要多学习一些历史知识。在新的历史时期，要实现中华民族伟大复兴的中国梦，更需要我们用好历史这个最好的老师，遵循规律、明确方向、坚定道路、凝聚共识，去书写新的历史，创造新的辉煌。

尊重历史也是中华民族的优良传统。中国历史源远流长，旷古悠久。从黄帝时代开始，中华民族有着五千年的文明史，经历了若干个朝代。一般来说，每个朝代都有为前一个朝代撰修史书的传统，经过官方撰修或认可的史书，称为正史。

清朝乾隆皇帝将《史记》《汉书》《后汉书》《三国志》《晋书》《宋书》《南齐书》《梁书》《陈书》《魏书》《北齐书》《周书》《隋

书》《南史》《北史》《旧唐书》《新唐书》《旧五代史》《新五代史》《宋史》《辽史》《金史》《元史》《明史》等二十四部史书，钦定为"二十四史"。民国时期，大总统徐世昌又把《新元史》列入正史，形成了"二十五史"。但"二十四史"和"二十五史"都只写到明代，如果再加上记载清朝历史的史书，就应该是"二十六史"。

正史是由官方修撰或认可，尤其是由后面的朝代完成的，史料比较全，真实性比较高，史实价值比较大，因而是历史研究中的主要参考依据。由于这些正史数量繁多，语言晦涩，除了专业人员外，很少有人能够通读下来。

"新视角读'二十六史'丛书"，对这些数量繁多的史书，做了精心挑选和简化概括，并有作者读史后的认识和体会，创作形成了一篇篇简明扼要的故事，以新的形式呈现给读者。这些故事，既独立成章，又相互联系、脉络清晰，能使人们大致了解历史进程、重大事件和主要人物。该书语言简练，通俗易懂，适合大部分人群，中学生阅读也没有问题。特别是该书站在现代社会的角度，以新的视角分析看待历史，有许多新观点、新见解，能够给人以启发和借鉴。因此，我认为，撰写"新视角读'二十六史'丛书"，是一项很有意义的工作。

我感觉，"新视角读'二十六史'丛书"的基本特点，是"忠于原著，丰富史料；以史为鉴，启迪人生"。

所谓"忠于原著，丰富史料"，是指作者撰写的每一篇历史故事，都是根据原著的记载写成的，都有史料依据，没有进行虚构。为了增强可读性，在语言细节方面做了适当的文字加工，但主要内容都是原著所提供的。同时，在忠于原著的基础上，为了使一些历史事件和历史人物更加丰满，也适当增加了一些其他史料，增添的史料也是有依据的。该书一个显著特点，就是史料丰富、知识点多、信息量大，能够让人开阔视野，增长知识。

所谓"以史为鉴，启迪人生"，是指作者创作历史故事的目的，是为了借鉴历史经验，服务于现代社会。所以，作者站在历史唯物主义和辩证唯物主义的立场上，辩证地、一分为二地看待历史现象，并且在故事的过程中，或者在故事的结尾，往往有着哲理性的评论和观点，给人以有益的启迪。我们学历史的目的，不仅是要了解历史知识，更重要的是要通过汲取历史经验和教训，对我们的工作和生活有所启发和借鉴。该书较好地做到了这一点，这是该书另一个显著的特点。

作者曾经是我得力的部下，我对他十分熟悉和了解。作者勤奋好学，长期从事政策研究和文字工作，理论素养和文字功底较好；先后在乡、县、市、省、国家五个层级工作过，有着丰富的阅历和实践经验；做事严谨，为人厚道，工作勤勉。尤为难能可贵的是，他把退休作为第二生命的开始，退而不休，锲而不舍，继续为社会做贡献，其志可贵，精神可嘉！

希望该书能够使人借鉴历史经验，起到以史为鉴、激励人生的作用。

是为序。

（魏礼群，曾任国务院研究室主任、国家行政学院党委书记、中国行政体制改革研究会会长，现任中国国际经济交流中心常务副理事长兼学术委员会主任。）

前　言

　　宋朝，是中国历史上一个十分重要的朝代，分为北宋和南宋两个阶段。北宋是在五代十国大分裂的局面下形成的统一，多数时候呈现出经济文化繁荣；南宋则只有南方半壁江山，积贫积弱，常受外族欺凌。记述宋朝历史的正史，是《宋史》。

　　笔者主要根据《宋史》的记载，撰写了八十篇宋朝故事。这些故事，既独立成章，又相互连贯，使读者大体能够了解宋朝的历史脉络、重大事件和重要人物，从而对这一时期有一个大概的印象。

　　笔者在撰写过程中，坚持"忠于原著，丰富史料；以史为鉴，启迪人生"的原则，对《宋史》记载的事件和人物不作虚构，只是在细节和语言上适当做些加工，以增强可读性。同时，适当阐述一些笔者个人的体会和观点。

　　笔者在撰写过程中，根据原著记载和个人的体会，提出了一些新的观点和看法。比如：《宋朝兴衰历程》《后周为宋朝奠基》《赵匡胤为何不传子》《赵光义继位很正常》《刘太后蒙冤千年》等。这些观点仅作为一家之言，敬请读者指正。

　　由于笔者水平有限，书中难免有错误、缺陷和不足之处，希望广大读者给予批评，笔者将不胜感激。

目录

元朝修撰宋辽金三史

　　元朝是蒙古族建立的政权，蒙古人素以金戈铁马著称，可他们同样重视历史和文化。《宋史》《辽史》《金史》三部史书，都是元朝官方修撰的，三史均在乾隆皇帝钦定的"二十四史"之列。

　　宋朝于960年建立，1279年被元朝所灭，分为北宋、南宋两个阶段，历经十八帝，享国三百一十九年。宋朝以经济文化繁荣著称，也以积贫积弱闻名。与宋朝相随相伴的，是地处北方的辽国和金国，三国之间时常发生战争。

　　元朝建立之初，为了总结汲取这段历史的经验教训，元世祖忽必烈专门下诏，要求撰写宋、辽、金三国史书。但由于当时条件不具备，没有修成。

　　1343年，元顺帝下诏，开始修撰宋、辽、金三史。朝廷组织了庞大的修史班子，由丞相脱脱、阿鲁图先后主持，著名汉族文学家欧阳玄等七人任总裁官，有三十多人参加撰写，其中大部分是汉人，也有蒙古族和其他民族的文人。

　　经过一年时间，完成了《辽史》，记载了辽国自建立到灭亡二百多年的历史。同时完成了《金史》，记载了女真族所建金国的兴衰始末。《宋史》所花时间稍长一些，用了两年半时间完成。

　　丞相脱脱主持修史工作。脱脱是蒙古族著名政治家、军事家，精通儒学，与名儒方凤、谢翱、吴思齐等人交往甚密。脱脱执政也是成绩斐然，被誉为贤相。

　　脱脱主持修史尽心尽责。他精心挑选了一批汉族史学家、文学家参加修史，除欧阳玄以外，还有张起岩、王沂、杨宗瑞等一批文人。

张起岩是山东济南人，是元朝首届科举状元。王沂、杨宗瑞也是科举进士出身，都是当时名流。同时，蒙古族史学家铁木儿塔识等人也参加了修撰。由多族文人共同修撰完成，这是《宋史》的一大特点。

在修撰过程中，对宋、辽、金谁为"正统"的问题争论不休。脱脱主张，三史分别撰写，平等对待，平息了争议。脱脱还在史书体例、内容、史料选取等方面，做了大量工作，为修撰三史做出了重要贡献。

在《宋史》尚未完成之时，脱脱辞去相位，改由丞相阿鲁图主持修史工作。阿鲁图没有具体参与修编，但在财政、管理和史料提供等方面，给予了很大支持，保证了修史工作顺利完成。

《宋史》有以下特点：

第一，《宋史》是在宋朝原始史料基础上修撰完成的。宋朝文化发达，也注重修史，保留了大量原始史料。有记载皇帝言行和重要事件的《起居注》《实录》，有记载宰相和大臣们执政的《时政记》，有记载典章制度的《会要》等等，史料比较丰富。南宋史学家李焘还编撰了《续资治通鉴长编》，记载了北宋历史；史学家徐梦莘编撰了《三朝北盟会编》，记载了部分南宋历史。宋朝留下的史料详尽且丰富，《宋史》在此基础上编撰而成。

宋朝是被元朝灭掉的，元朝在修撰《宋史》时，没有进行恶意诋毁，而是主要依据宋朝的史料编修史书，这体现了史学家客观公正的治学态度。

一般来说，原始史料可信度比较高，但也有特殊情况，比如，在涉及皇帝言行的《实录》当中，不排除当时就有篡改或美化的可能性。不过，从总体上来看，作为正史的《宋史》，与一些野史笔记相比，还是要客观真实得多。

宋朝由于印刷业发达，出现了大量野史笔记。这些野史笔记虽然也有一定的参考价值，但很多带有小说性质，虚构了许多情节。野史笔记由于具有文学特点，故事曲折，感染力强，对后世的影响甚至比正史还要大，比如，"斧声烛影"的故事就广为人知。所以，人们要想了解历史真相，应该重点阅读正史。

第二，《宋史》是"二十四史"中篇幅最为庞大的一部史书。《宋史》包括本纪四十七卷，志一百六十二卷，表三十二卷，列传二百五十五卷，共四百九十六卷。其中，仅人物列传就多达两千余人，比《旧唐书》多一倍；食货志比《旧唐书》多七倍。

《宋史》史料丰富，叙事详尽，特别是保留了大量原始史料，涉及政治、经济、军事、文化、外交等各个方面，是研究宋朝社会最重要的依据，具有无可替代的史学价值。

第三，《宋史》宣扬程朱理学的倾向比较明显。程朱理学也叫程朱道学，是由程颢、程颐、朱熹等人创造发展的新儒学。程朱理学更加强调"三纲五常"、忠孝节义等，因而适应统治者的需要，此后成为历代的统治思想，影响深远。《宋史》记载了大量忠义、孝义、列女人物，对宣扬程朱理学起到了重要作用。

第四，《宋史》有着明显缺陷。一是成书时间短，比较粗糙。史料没有经过精心裁剪，显得结构混乱，编排失当。二是维护旧有秩序，反对革新。比如，否定王安石变法，把变法派骨干成员列入奸臣传。

《宋史》面世以后，有些文人不太满意，出现了《宋史质》《宋史记》《宋史稿》等许多宋朝史籍，但没有一部能够替代《宋史》。

《宋史》经历了时间和历史检验，是一部影响广泛的史籍。人们要想了解宋朝历史，就不能不阅读《宋史》。

宋朝兴衰历程

在中国历史上，宋朝是一个重要的朝代。有人说它经济文化发达，繁荣昌盛；有人说它积弱积贫，饱受外族欺凌。

其实，这两种说法都对。在宋朝三百多年历史中，分为北宋和南宋两个阶段，既有经济文化繁荣之辉煌，也有屡遭外族欺压之屈辱。

宋朝是在五代十国基础上建立的。五代十国是一个国家分裂、军阀割据、战火纷飞、混乱不堪的时代。这个时期，礼崩乐坏，道德沦丧，人们崇尚武力，武将主宰天下，谁掌握了兵权，谁就有能力篡位做皇帝。皇帝像走马灯似的轮换，改朝换代屡见不鲜，最短的朝代只有三年。

960 年，后周将领赵匡胤掌握了禁军兵权，发动陈桥兵变，黄袍加身，篡周建立了宋朝。后周是当时最强的政权，给宋朝留下了丰厚的家底。后周皇帝柴荣经过多年奋战，基本统一了北方，只因他死的时候，继位的儿子只有七岁，所以被赵匡胤轻松夺去了江山。

赵匡胤心怀大志，雄才伟略，他采取"先南后北、先易后难"的策略，经过十几年南征北战，消灭了各个割据政权，统一了全国大部分地区，基本结束了五代十国的混乱状态。这是赵匡胤为社会发展做出的杰出贡献。

赵匡胤对五代时期武将篡权深有体会，为了不让宋朝重蹈覆辙，他杯酒释兵权，限制武将权力，提高文人地位，开始实行崇文抑武政策。此举使赵匡胤功过参半。一方面，限制了武将权力，巩固了皇权，使篡位现象不再发生，彻底解决了长期存在的武将拥兵自重、地方割据问题；另一方面，埋下了宋朝军队战斗力差、常受外族欺辱的根源。

赵匡胤当了十六年皇帝，五十岁驾崩，死后庙号太祖。赵匡胤的弟弟赵光义继承了皇位，被称为宋太宗。

宋太宗继承了哥哥宋太祖的遗志，征服和消灭了最后几个割据政权，完成了国家统一大业。宋太宗继续实行崇文抑武的基本国策，并且在体制上进行规范，健全了相关制度。经过赵匡胤、赵光义兄弟二人的共同努力，形成了具有崇文抑武特色的"祖宗之法"。

宋太宗实行崇文政策，大幅度提高文人地位，地方官员和朝廷的重要职务，都由文人担任，甚至主管军事的枢密院，也是文人掌权。扩大科举考试，全社会形成了读书热，社会风气良好。宋朝三百多年间，很少有暴力、杀戮等丑恶现象，而是比较文明、理性、和睦；宋朝皇帝大多数比较温和，具有文人气质。这是许多人对宋朝印象较佳、津津乐道的重要原因。

宋太宗实行抑武政策，大幅度降低武将地位，采取调兵权与掌兵权相分离、军官与士兵相分离等一系列措施，极大地限制了武将的权力。宋朝三百多年间，从未发生过武将篡位事件。然而，这样的体制和制度，也造成军队管理令出多门、将军权力和名威有限、官兵互不熟悉等弊端，致使战斗力很弱。

宋太宗还不遗余力地巩固皇权，形成了权力分散、相互制约的体制和制度。这样，固然没有人再挑战皇权，可是，也造成了官僚机构庞大、冗官繁多、各部门互相扯皮、行政效率不高等问题。

宋太宗统一全国以后，两次出兵攻打辽国，由于军队战斗力不强，均遭失败，从此由战略进攻改为战略防御。辽国进行军事报复，经常出兵进犯，两国战事不断。

宋太宗在位二十一年，五十九岁病逝。他的儿子赵恒继位，是为宋真宗。

宋真宗是个很有作为的皇帝，他与辽国签订澶渊之盟，结束了两国战争状态，保持了近百年的和平。宋真宗利用和平机遇，励精图治，发展经济，开创了咸平之治，是宋朝建立以后第一个治世。宋朝摆脱了战争困扰，走上了经济文化繁荣之路。

宋真宗在位二十五年，五十五岁病逝。他的儿子赵祯继位，是为宋仁宗。

宋仁宗更有作为，他继承父亲的事业，精心治理国家，把经济文化繁荣推向宋朝的顶峰，史称"仁宗盛治"。宋真宗、宋仁宗父子统治六十多年间，是宋朝最好的时期。这一时期，政治清明，天下太平，很少发生战争，经济繁荣超过盛唐。范仲淹、欧阳修、苏东坡、包拯等名人，都生活在这一时期。

然而，随着经济社会发展，土地兼并、贫富悬殊、官僚队伍腐败等问题也逐渐暴露出来，赵匡胤、赵光义的祖宗之法越来越不适应社会需要，变法的呼声开始出现。宋仁宗重用范仲淹，推行庆历新政，试图革新变法，但遇到强大阻力，不得不半途而废。

宋仁宗在位四十二年，享年五十四岁，是宋朝在位时间最长的皇帝。宋仁宗没有儿子，养子赵曙继承了皇位，是为宋英宗。宋英宗身体虚弱，只当了四年皇帝就死了，年仅三十六岁。他的儿子赵顼继位，是为宋神宗。

宋神宗登基时二十岁，年轻气盛，立志改革，他重用王安石，推行变法。王安石变法是宋朝的重大事件，也是中国历史上的重大事件。王安石以大无畏精神，向祖宗之法发起挑战，取得一些成果，也带来一些问题。以司马光为首的保守派，力主祖宗之法不可变，坚决反对变法。此后，新旧两党争斗激烈，变法时常反复，朝廷出现混乱。

宋神宗在位十九年，三十八岁病逝。他九岁的儿子赵煦继位，是为宋哲宗。宋哲宗年幼，由祖母高太皇太后临朝听政。高太皇太后支持司马光，将王安石变法废除。宋哲宗亲政以后，又翻了过来，恢复了新法。朝廷在变法问题上来回折腾，反复无常，不仅没有达到变法目的，反而导致混乱，宋朝开始衰落。

宋哲宗在位十五年，实际执政七年，二十五岁病逝。宋哲宗没有儿子，他的弟弟赵佶继承了皇位，是为宋徽宗。

宋徽宗在艺术上造诣很深，但不会治国理政，又喜欢奢华淫乐，属于才高德寡之人，偏偏当皇帝时间还挺长，在位二十六年，北宋就亡在他的手里。

宋徽宗重用奸臣蔡京等人主理朝政，被称为六贼当政，造成朝廷腐败，政局混乱，社会动荡，相继爆发了宋江、方腊起义。

宋徽宗的致命失误，是联合金国，灭掉了辽国，结果引狼入室，造成金兵大举南下，包围了京都开封。宋军抵挡不住金国铁骑，宋徽宗手足无措，匆忙将皇位让给儿子宋钦宗。

1127 年，金国攻陷开封，把徽钦二帝掳到北方，北宋灭亡，史称靖康之难，也叫靖康之耻。宋徽宗、宋钦宗都死在了异国他乡，死后尸骨才被送还南方。

北宋历经九帝，存在一百六十七年，灭亡于金国之手。

在靖康之难中，宋徽宗的第九子赵构幸免于难，逃到南方，登基称帝，是为宋高宗，史称南宋。此时，北方已被金国占领，南宋只有半壁江山，建都临安，就是现在的杭州。

南宋势力弱小，自建立以来，大臣们就分成主战、主和两派，长期进行争斗。宋高宗起初支持主战派，重用岳飞、韩世忠等人，多次与金国发生战争，企图收复失地，恢复中原。后来，宋高宗见难以收复失地，又担心武将拥兵自重，威胁皇位，于是剥夺武将兵权，害死岳飞，让秦桧与金国签订丧权辱国的《绍兴和议》，双方息兵罢战。

宋高宗当皇帝三十五年以后，感到身心疲惫，把皇位让给养子赵昚，自己当了太上皇。宋高宗活到八十一岁，是宋朝最长寿的皇帝，也是历史上少有的长寿帝王。

赵昚被称为宋孝宗，是南宋最有作为的皇帝。他刚一即位，就平反了岳飞冤案，重用主战派，举行隆兴北伐，立志收复中原。由于宋军将领不和、实力太差等原因，北伐没有达到目的。宋孝宗便与金国签订《隆兴和议》，两国维持了四十年和平。宋孝宗利用难得的和平机会，开创了乾淳之治，使南宋呈现出经济文化繁荣景象。

宋孝宗做皇帝二十七年以后，也不想当了，将皇位让给儿子赵惇，自己当了太上皇，活到六十八岁，也算高寿了。

赵惇被称为宋光宗，继位时已经四十三岁了。他起初雄心勃勃，大有革故鼎新之意，但是很不幸，宋光宗不久得了精神病，不能正常理政。后来病情越发严重，大臣们只好拥立他的儿子赵扩为帝。宋光宗在位五年，五十四岁病逝。

赵扩被称为宋宁宗。宋宁宗性情温和，对大臣彬彬有礼，可在政治上十分懦弱和平庸。他在位期间，先由韩侂胄主持朝政，后由史弥远专权，权臣之间争权夺利，斗争激烈，南宋朝廷一片混乱。

宋宁宗在位三十年，五十七岁驾崩。宋宁宗没有儿子，权臣史弥远从民间找了个血缘关系很远的宗室继承了皇位，是为宋理宗。

宋理宗称帝后前九年，完全受制于宰相史弥远。史弥远死后，他开始亲政，清除史党，澄清吏治，整顿朝政，朝廷出现了新气象。

在此期间，北方草原的蒙古势力崛起，派来使者，要求结盟灭金。宋理宗很高兴，确定了联蒙灭金政策。宋蒙联合出兵，于1234年灭掉了金国。南宋终于洗刷了靖康之难的耻辱，而且得到江淮、荆襄等大片土地。

不料，前门驱狼，后门进虎。蒙古军占领原来金国地盘以后，不肯罢休，继续向南进兵，意图灭掉南宋，统一天下。南宋军民奋起反抗，双方展开了长达四十六年的战争。

从1235年开始，蒙古调集数十万大军，两次发动对南宋的大规模战争。南宋军民顽强抵抗，出现了钓鱼城之战等许多英雄壮举，蒙古军两次入侵均被击退，蒙古大汗蒙哥也死于战场。蒙古军两战皆败，暂时停止了对南宋的进攻。

1264年，宋理宗病逝，享年六十岁。他在位四十一年，仅次于宋仁宗。宋理宗联蒙灭掉金国，又击退蒙古军进攻，苦苦支撑着南宋半壁江山，还是有所作为的。宋理宗也没有儿子，由侄子赵禥继位，是为宋度宗。

宋度宗是宋理宗家族中唯一的男孩，所以由他继位。可惜，宋度宗弱智，不会处理朝政，大权落在宰相贾似道手里。贾似道是历史上有名的蟋蟀宰相，是个大奸臣，他排斥忠良，任用小人，吃喝玩乐，专权误国。南宋本来就处于风雨飘摇之中，如今皇帝弱智，奸臣当道，灭亡就不可避免了。

1271年，蒙古大汗忽必烈将国号改为"大元"，元朝正式建立，忽必烈成为元朝第一任皇帝。忽必烈是成吉思汗的孙子，是个雄才大略的人物，他第三次发动对南宋的大规模战争，决心一统天下。

面对强敌入侵，主持朝政的宰相贾似道照常奢华淫逸，弱智皇帝更是不关心战事。南宋军民虽然浴血奋战，襄阳保卫战打了六年之久，终因朝廷腐败、宋军战斗力不强，襄阳落入元军之手。

元军攻占襄阳，打开了南宋的西大门，然后突破长江防线，长驱直入，势如破竹，攻城略地，直扑杭州。

在南宋即将灭亡的时候，在位十年的宋度宗病逝，时年三十五岁。宋度宗生了七个儿子，前四个全夭折了，只剩下三个不满十岁的幼子。这三个幼子先后继位，被称为"宋末三幼帝"。

1276年，元军攻破南宋都城杭州，谢太皇太后携七岁小皇帝赵显投降，南宋朝廷垮台了。

南宋忠臣文天祥、张世杰、陆秀夫等人不屈不挠，又先后拥立年幼的皇子赵昰、赵昺为帝，在东南沿海一带继续抗击元军。不久，文天祥兵败被俘，宁死不降，英勇就义。

1279年，南宋残余势力在崖山海战中损失殆尽，十余万军民投海殉国。陆秀夫背负八岁的小皇帝赵昺，壮烈蹈海而死，南宋彻底灭亡。南宋历经九帝，享国一百五十二年。北宋和南宋相加，共三百一十九年。

从宋朝兴衰历程来看，宋朝有一个重要特点，就是始终贯穿着崇文抑武政策。人们崇尚文化和道德，社会风气良好，很少出现暴力和杀戮，更是不杀文人，也没有发生篡权夺位之事，社会呈现平和、理性和文明。如果在和平年代，这应该是比较理想的社会。

然而，宋朝提防和压制武将，没有建设一支强大的军队，当遇到外敌入侵时，就难以抵御了。宋朝是历史上极少没有亡于内乱的王朝，却两次亡于外族之手。这个教训十分深刻！

其实，宋太祖、宋太宗实行崇文抑武政策，是针对五代时期崇尚武力、武将极易篡权而制定的，在当时很有必要、十分正确，而且发挥了重大作用。问题的关键是，随着时代发展，当初再好的政策也要随之改进和革新，如果死抱祖宗之法不放，必然会束缚手脚，最后走向灭亡。

可见，只有不断改革创新，才能充满生机和活力，永远立于不败之地。

后周为宋朝奠基

中国历史在唐朝之后，进入了分裂割据的五代十国时期，时间长达几十年。结束五代十国乱象、统一全国的，是赵匡胤建立的大宋王朝。

不过，宋朝是通过篡夺后周江山而建立的，后周是五代时期最强盛的政权，并且已经开始平定天下，所以说，宋朝的建立和统一全国，是后周为它奠定了基础。

唐朝末期，爆发了黄巢起义，重创了唐朝统治，出现了军阀割据、天下大乱局面。907年，朱温篡唐称帝，国号大梁，史称后梁，开启了五代时期。

朱温原是黄巢手下大将，为求富贵投降唐朝，被封为宣武军节度使、梁王。朱温势力强大以后，就灭掉唐朝，自立为帝，占据黄河中下游一带。几乎与此同时，唐朝在南方的一些节度使和地方官员，纷纷割据自立，有的称帝，有的称王，政权林立，史称十国。

后梁政权残暴荒淫，出现了子杀父、弟杀兄等暴虐事件，只历经三帝，存在十六年，就被沙陀人李存勖建立的后唐政权灭掉了。后唐前期比较清明，后期发生内乱。后唐女婿石敬瑭勾结契丹，灭掉后唐，建立了后晋。后唐历经四帝，存在十三年。

石敬瑭是历史上有名的"儿皇帝"，他割让幽云十六州给契丹，向契丹称臣称儿。石敬瑭死后，侄子石重贵继位。石重贵不愿意卑躬屈膝，与契丹反目成仇。契丹大怒，出动大军灭掉了后晋。后晋历经两帝，存在十一年。

契丹主力撤走后，后晋大将刘知远趁机反攻，收复中原，建立了后汉。后汉只存在三年，历经两帝，就被大将郭威夺去政权，建立了后周。

这样，在五十多年时间内，中原依次出现后梁、后唐、后晋、后汉、后周五个朝代，南方出现许多割据政权，史称五代十国。这个时期，政权更替频繁，皇帝像走马灯似的轮换，国家处于分裂状态，人民饱受战乱之苦。

951年，郭威篡夺后汉政权，建立了后周。郭威是五代时期为数不多的有为君主，他称帝后做的第一件事，就是把宫中的珍宝玉器全都搬到庭院里，当众销毁，并说这些宝器是不祥之物，只能让人滋生享受，削弱志向，下令此后豪华之物一律不得入宫。

郭威宽厚仁义，崇尚节俭，不好声色，关心百姓，轻徭薄赋，发展经济，同时放宽刑罚，推广儒学，祭祠孔子，开始改变五代时期的戾气。在郭威的精心治理下，后周逐渐强盛，社会稳定，百姓富裕，呈现出一派兴旺景象。

可惜郭威命短，只当了四年皇帝就病逝了，终年五十一岁。郭威没有儿子，便由柴皇后的娘家侄子柴荣继承了帝位。

954年，柴荣即位，时年三十四岁。柴荣是五代时期最有作为的皇帝，被誉为"一代英主"。他胸怀大志，阅历丰富，文武双全，深受姑父郭威赏识，因而传位于他。

柴荣即位后，问一个懂得算命的大臣，他能当多少年皇帝，大臣说至少三十年。柴荣很高兴，于是制订了一个长达三十年、分三步走的宏伟规划。柴荣打算先用十年时间，平定天下，统一全国；再用十年时间，治理国家，富裕百姓；再过十年，实现太平盛世。

柴荣为了实现第一步战略目标，开始东征西战，力图统一天下。他首先向西用兵，攻打后蜀。经过半年多战斗，后周攻占了后蜀的秦州、凤州、成州、阶州，把国土向西拓展到甘肃东部。

占领了西方土地，柴荣开始南征。在南方诸多割据政权中，南唐势力最强，并且与后周接壤，边境线长达两千多里，十分便于攻击。于是，从955年至958年，柴荣三次御驾亲征，攻打南唐，取得丰硕成果。

柴荣第一次南征，屡战屡胜，先后攻占滁州、扬州、泰州、光州、舒州等地，后因雨季来临，只好撤兵回返。柴荣第二次南征，又攻占寿州、濠州、亳州等地，并重创南唐主力，歼敌四万余人，缴获船舰数百艘，南唐被打得狼狈不堪。

　　958年，柴荣第三次率军南征，一举攻占楚州。南唐遭受几次打击，损失惨重，国力衰弱，士气低落，无力再战。南唐皇帝李璟（李煜之父）万般无奈，只得求和，提出了代价很大的求和条件。一是南唐去掉帝号，向后周称臣；二是割让江北四州土地；三是每年进贡财物数十万钱。

　　这样，柴荣通过三次御驾亲征，得到了南唐在江淮地区的十四个州、六十多个县，把后周国界向南推进到长江，势力进一步扩大。更重要的是，后周通过宣扬武力，不仅让南唐俯首称臣，而且极大地震慑了南方各个割据政权，荆南、吴越等国纷纷向后周称臣。

　　959年，柴荣在镇服南方之后，又亲自领兵北伐，攻击辽国，打算夺回幽云十六州。后周军队兵强马壮，所向披靡，只用四十二天时间，就连续夺取辽国的三关三州，共十七个县。正当柴荣率得胜之师，连战连捷，准备攻打幽州的时候，却忽然患病，病势沉重，不得不班师返回。

　　在郭威、柴荣两代人的接力奋斗下，后周基本上统一了北方，辖地东到大海，西至甘肃东部，南抵长江，北临幽云。在当时所有的政权中，后周地盘最大、实力最强。宋朝建立时，把后周的地盘和国力全部接收下来。郭威、柴荣万万没有想到，他们精心治国、拼命打天下，都是为别人做嫁衣。

　　柴荣在南征北战过程中，亲手提拔了一名青年将领，将他一步步擢升到禁军统领的高位上，掌握了军权，使他顺利篡夺后周政权，建立了宋朝。这位将领，就是大名鼎鼎的赵匡胤。

　　那么，赵匡胤是个什么样的人物，他是怎样发迹的呢？

赵匡胤怎样发迹

　　927 年二月十六日，在洛阳一个叫夹马营的地方，一名男婴呱呱落地。《宋史》记载，婴儿出生时，红光绕室，满屋飘香，婴儿身上有金黄色，三天没有消退。当时谁都不会想到，这个婴儿，就是开创大宋王朝的赵匡胤。

　　赵匡胤，涿郡（今河北涿州）人，出身于官宦世家。他的高祖赵朓，当过三个县的县令；他的曾祖赵珽，官至御史中丞；他的祖父赵敬，做过刺史；他的父亲赵弘殷，骁勇善战，武功高强，担任右厢都指挥使。赵匡胤的上几代都当官，而且多是武将，这对赵匡胤影响很大。

　　赵匡胤的母亲姓杜，杜氏生了五个儿子，长子和五子早夭，只剩下赵匡胤、赵匡义、赵匡美三兄弟。赵匡胤称帝后，两个弟弟为了避讳，分别改名为赵光义、赵廷美。杜氏治家严毅，很有权威，几个儿子十分孝顺。

　　赵匡胤生于军营，长于军营，从小就练习骑马射箭，也跟着父亲习武。有一次，他骑一匹烈马，不料烈马脾气暴躁，乱蹿乱跳，一下子把赵匡胤摔到地上。赵匡胤大怒，追上去又骑到马背上，一直到把烈马驯服为止。

　　赵匡胤长大以后，相貌雄伟，胸有智谋，性格刚毅，为人仗义，爱打抱不平。他不想沾父亲的光，独自出走，闯荡江湖。

　　赵匡胤去过许多地方，有史记载的起码到过太原、永济和湖北一带。赵匡胤增长了阅历，也拜访名师，使得武功更加高强，至今尚有以他的名字命名的"太祖长拳""太祖盘龙棍"流传于世。

有一个《宋太祖千里送京娘》的故事，流传很广。说赵匡胤在闯荡江湖期间，从强盗手里救下一个美女，叫赵京娘，千里护送她回家。赵京娘对赵匡胤心生爱慕，以身相许，赵匡胤不图回报，坚决拒绝。这故事当然是虚构的，正史并无记载，但却符合赵匡胤的性格和为人。

赵匡胤满怀豪气，一身武功，想投军从戎，成就一番事业。他到了湖北一带，想投靠复州防御使王彦超。王彦超是当时名将，十二岁就上阵杀敌，而且与赵弘殷有交情。不料，王彦超却不留用他，给了赵匡胤一些钱，打发他走了。

这事对赵匡胤刺激很大，使他长期耿耿于怀。多年以后，赵匡胤当了皇帝，还想着这事。有一次在酒宴上，赵匡胤忽然问王彦超："朕当年投靠你，你为什么不接纳？"

王彦超回答得很巧妙，说："浅水怎能藏住神龙？我没有接纳陛下，才使得陛下另攀高枝，当上了皇帝。这都是天意啊！"赵匡胤听了，哈哈大笑。王彦超后来担任朝廷高官，七十三岁病逝。

王彦超的回答固然是托词，但也符合事实，当初赵匡胤如果成为王彦超的部下，就可能不会像后来那样飞黄腾达了。所以，人的一生在于关键的几步，有时候机遇决定命运。

赵匡胤投靠王彦超不成，后来投奔了郭威。赵匡胤这次投对了人，从此开始了他不平凡的人生。不过，赵匡胤投入郭威军中，是从普通士兵干起的。

951年，郭威自编自导了一出黄袍加身的好戏，给赵匡胤留下了深刻印象。当时，郭威手握兵权，有心称帝。有一天，边境传来急报，说契丹南下入侵，郭威率军前去抵御。

大军走到澶州时，突然发生兵变，将士们扯下黄旗，披在郭威身上，拥戴他为帝。于是，郭威率军返回京城，坐上了皇帝宝座。赵匡胤当时只是普通士兵，没有发挥多大作用，但目睹了兵变全过程，对他触动很大。后来，赵匡胤搞的陈桥兵变，几乎与郭威一模一样。

郭威建周称帝以后，赵匡胤才当上了东西班行首，是个类似于队长一类的小官。不过，柴荣任开封府尹的时候，赵匡胤调去当了他的部下，从此开始发迹。

954年，柴荣即位当了皇帝，他手下的人自然得到重用。赵匡胤被提拔当了禁军的一名将领，属于中下级军官。

赵匡胤发迹的关键一步，是高平之战。柴荣即位不久，北汉和契丹联合南侵，形势十分严峻。柴荣御驾亲征，在高平一带与敌决战。柴荣将部队分为左、中、右三部分，战斗打响以后，右军统领樊爱能、何徽怯敌，带头逃跑，致使右军崩溃，并严重影响了中军、左军的士气，眼看就要全军溃败。

柴荣见情况危急，不顾危险，打马向前，要亲自与敌人搏斗。身边的赵匡胤抢先一步，挡在前面，振臂高呼："主上面临险境，我等当拼死一战，绝不能后退半步！"

赵匡胤一边高呼，一边跃马舞棍，带头冲向敌人。赵匡胤武功高强，把铁棍舞得呼呼风响，触者非死即伤，勇不可当。赵匡胤手下两千禁军受其鼓舞，齐声呐喊，也跟着冲了上去，这才稳住阵脚，避免了溃散。

与此同时，禁军大将张永德、李重进率军展开攻击，结果反败为胜，把北汉军队打得落花流水，死伤惨重。契丹军队见后周将士凶悍，没敢参战，悄悄溜走了。最终，后周赢得高平大捷。

战斗结束以后，柴荣对擅自逃跑的樊爱能、何徽等人十分痛恨，下令斩杀了七十多名将校军官。柴荣认为，高平之战之所以能够转败为胜，赵匡胤起了关键性作用，特别是他临危不惧的大将风度和对皇帝的忠诚，更是难能可贵。于是，柴荣擢升赵匡胤为殿前都虞候，成为禁军殿前司的五名高级将领之一。当时，赵匡胤只有二十七岁。

柴荣对禁军不太满意，下决心进行整治，并把整军的任务交给了赵匡胤。这对赵匡胤来说，是一次十分难得的机会。赵匡胤治军有方，很快把禁军整顿成了纪律严明的精锐之师。同时，赵匡胤借整军之机，与中下级军官乃至士兵，都建立了密切关系，并且提拔培养了一批自己的亲信，与许多人结拜为兄弟。赵匡胤在军中打下了很深的根基。

在柴荣南征北战过程中，赵匡胤都率军跟随，屡立战功。赵匡胤英勇善战，常常出奇制胜，很快在全军有了名气。

有一次，赵匡胤与南唐名将皇甫晖对敌，双方摆好阵势，准备厮杀。突然，赵匡胤口衔单刀，抱着马脖子，驱马直冲到皇甫晖面前，翻身一跃，一刀砍破了他的头盔，鲜血直流。赵匡胤趁机将他擒获，打马跑回自己阵中。

在两军对阵之际，赵匡胤单人独马活捉了敌军主将，这在古今中外的战例中，都极为罕见。赵匡胤威名大振，将士们对他十分钦佩。柴荣对赵匡胤很满意，提升他为殿前都指挥使，成为禁军殿前司的第三把手。

959年，柴荣北伐辽国，不料身患重病，只得班师。在行军途中，柴荣审阅各地上奏文书，看到一个皮口袋，袋中有一块三尺多长的木板，上面写着"点检作天子"五个大字。柴荣心生疑虑，忧郁不乐。

禁军属于朝廷的军队，分为殿前司和侍卫司两个平行的系统。殿前司的最高统领叫殿前都点检，简称点检。当时任点检的是张永德，张永德是郭威的女婿，深受宠信，长期统领禁军。

柴荣认为，张永德统领禁军多年，根基很深，在朝中也有很大势力，如果他有野心，很难控制；而赵匡胤是自己一手提拔的，十分忠心，并且年轻资历浅，应该更为可靠。于是，柴荣回到京城以后，果断免除了张永德的军职，把赵匡胤越级提拔为点检。

柴荣回京后不久病逝，年仅三十九岁，当皇帝只有五年多。柴荣本来有三个年龄稍大的儿子，但不幸全都死了，只得让七岁的四子柴宗训继承了皇位。

儿子年幼，不能理政，柴荣自然很不放心，所以，他在临终前做了一系列精心安排。那么，柴荣是怎样安排的呢？

柴荣托孤费心机

959 年四月，柴荣率军北伐辽国，战事十分顺利，不料却突发疾病。柴荣感觉情况不好，赶紧班师回京。回京之后，病情日渐沉重，柴荣便紧锣密鼓地安排起了后事。

最大的后事安排，是由谁继承他的帝位。柴荣有七个儿子，前三个已经死了，四子柴宗训虽然只有七岁，但继位非他莫属。在这之前，大臣们都建议立柴宗训为王，柴荣一直不肯，如今情况有变，于是匆忙立柴宗训为梁王，意味着将由他接班。

柴宗训年幼，需要有人保护和辅佐。柴荣绞尽脑汁，反复掂量，精心设计了几道安全阀，以确保后周江山能够延续下去。

最有利于保护儿子的人，是皇后。柴宗训的生母是符皇后，符皇后聪慧明断，有胆有识，曾给予柴荣事业很大帮助，可惜早就死了。柴荣与符皇后感情深厚，此后没有再立皇后。现在幼子需要保护，柴荣经过再三考虑，决定立符皇后的妹妹为皇后，由姨妈来照顾和保护柴宗训，柴荣觉得放心。

更重要的是，符家不是一般家庭，而是势力庞大。符皇后的父亲叫符彦卿，符彦卿出身将门，十三岁就能骑射，长大后有勇有谋，善于用兵，身经百战，威名远扬。

符彦卿与郭威交情很深，为后周立有大功，此时担任天雄军节度使。天雄军在河北中部，对外抵御辽国，对内拱卫京师。柴荣认为，符彦卿作为国丈，自然会保护他的外孙小皇帝。

柴宗训年幼，不会理政，柴荣必须为他选好辅政大臣。经过仔细斟酌，柴荣选定了范质和王溥两人。

范质，大名宗城（今河北邢台）人，出身官宦之家，自幼聪明好学，十四岁就招生收徒做教师。范质在后唐时期考中进士，入仕做官，当过县令、监察御史、翰林学士，为人忠厚，为官清廉。郭威建周称帝后，很器重范质，封他为中书侍郎、集贤殿大学士，后升为宰相。范质熟悉政务，长期处理朝政，工作勤勉，口碑很好。

王溥，并州祁人，也是通过科举考试进入仕途的。王溥长期跟随郭威，是郭威的亲信。郭威称帝后，王溥历任左谏议大夫、枢密直学士、中书舍人、翰林学士、户部侍郎等职。郭威临终前，下诏任命王溥为宰相。宣诏后，郭威松了一口气，说"我没有忧虑了"，于当日死去。王溥忠心辅佐柴荣，常常直言进谏。

柴荣认为，范质、王溥二人，忠心为国，为人正直，熟悉政务，处事公平，是理想的辅政大臣。于是，柴荣下诏，让二人辅政，并兼任枢密院职务。枢密院是管军事的，有调兵权。

柴荣最不放心的，还是军权。五代时期崇尚武力，武将篡权屡见不鲜。柴荣在这个问题上，反复琢磨，费尽心机。

禁军分为两个系统，分别是殿前司和侍卫司。殿前司主要负责保卫皇帝安全，侍卫司管着马军和步军，兵力比殿前司多。侍卫司的统领叫马步军都指挥使，此时担任这一职务的是李重进。李重进是郭威的外甥，忠诚可靠，柴荣比较放心。担任李重进副职的是韩通，韩通长期跟随郭威，冲锋陷阵，屡立战功，为人忠义，是郭威、柴荣的亲信，柴荣对韩通也很放心。

禁军的另一系统殿前司，长期由张永德为统领。张永德是郭威的女婿，柴荣以前对他也比较放心，可是，自从出了"点检作天子"木板之后，柴荣对他不放心了，毕竟皇帝谁都想做，不可不防。于是，柴荣抱着宁可信其有、不可信其无的想法，免除了张永德殿前都点检的职务，改由赵匡胤接任。柴荣表面上不能亏待张永德，提升他为检校太尉、同中书门下平章事，属于宰相。

柴荣煞费苦心，安排得十分周到。客观来讲，柴荣的安排是不错的，如果不是赵匡胤蓄意篡位，后周政权应该能够支撑下去。

赵匡胤当时只是禁军殿前司的统领，并不控制整个禁军，而且没有调兵权。特别是，侍卫司统领李重进，对后周忠心耿耿，是绝不会允许赵匡胤篡权的。

然而，柴荣病逝只过了半年，赵匡胤就十分顺利地篡夺了后周江山，在五天之内完成了改朝换代，而且几乎是兵不血刃，实现了和平政变。

那么，赵匡胤是怎么做到的呢？

一觉醒来做皇帝

历史上的开国皇帝，大都是经过浴血奋战，吃尽万般苦头，才获得天下。然而，宋朝开国皇帝赵匡胤却是个例外，他睡了一觉，醒来后就被黄袍加身，做了皇帝，真够轻松的！《宋史》详细记载了赵匡胤黄袍加身的过程。

960年正月初一，后周朝廷张灯结彩，人们喜气洋洋，正在欢天喜地过春节。这是小皇帝柴宗训登基后的第一个春节，大臣们纷纷向他跪拜庆贺，宫廷内外一片喜悦气氛。

突然，边境传来紧急军报，说辽国入侵，大军南下，意图攻打京师开封。宫廷的喜悦气氛一扫而光，人们焦虑不安。

范质、王溥等大臣紧急商议，决定派兵前去抵御。此时，禁军侍卫司统领李重进已经兼任淮南节度使，远在扬州办公，由副统领韩通主持侍卫司工作，范质等人只好命殿前都点检赵匡胤率军出征。赵匡胤欣然领命，紧急进行部署。

正月初二，赵匡胤命副点检慕容延钊率先头部队出发。慕容延钊与赵匡胤关系密切，赵匡胤一直尊称他为兄，即便后来当了皇帝也不改口。慕容延钊以急行军速度向北行进，很快抵达河北真定，在符彦卿的地盘附近驻扎下来。慕容延钊还与在霸州驻军的韩令坤取得联系，韩令坤也是赵匡胤的亲信。

正月初三，赵匡胤亲率禁军主力离京，向北进发。临行之前，留下禁军高级将领石守信、王审琦镇守京师，这两个人都是赵匡胤的结拜兄弟。在柴荣死后不久，赵匡胤对禁军将领进行了调整，除了韩通以外，其他人都是赵匡胤的亲信和结拜兄弟。

大军在北进途中，有个叫苗训的人，自称懂得天象，他大呼小叫，说看见天上有两个太阳，一大一小，正在打架。苗训告诉将士们说，这预示着要改朝换代，新皇帝要出现了。

紧接着，军中出现流言，说："皇上年幼，我们拼死拼活去打仗，谁能知道我们的功劳？不如拥立赵点检做皇帝，他若当上皇帝，我等都是开国功臣。"这话一传十、十传百，很快引起全军共鸣。

大军向北走了四十里，到达陈桥，天色已晚，安营休息。赵匡胤在陈桥驿站住宿，晚上喝了点酒，喝醉了，酣然大睡。

将士们却没有入睡，在一团一伙地议论着，很快达成共识，都想拥立赵匡胤称帝。将士们慢慢聚拢起来，鼓噪着涌向驿站，到了下半夜，驿站周围已是人山人海。赵匡胤的弟弟赵光义和谋士赵普，都极力劝说众人，说这是灭族大罪，赵点检是不会同意的。众将士不听，群情更加激奋。

赵光义、赵普无奈，想入内报告赵匡胤，可是赵匡胤沉醉不醒，只管呼呼大睡。到了天亮，赵匡胤醒了，听见外面人声嘈杂，出门一看，满院子都是人，有的士兵还亮出兵器。将士们齐声高呼："我们愿意拥立点检做皇帝！"

赵匡胤还没来得及搭话，有人拿来一件黄衣，硬穿在他身上。众将士一齐跪倒在地，高呼万岁，然后扶赵匡胤上马，簇拥着他返回开封。

《宋史》没有交代黄衣的来历，但显然是事先准备好的。在封建社会，黄衣是皇帝专用，谁敢穿黄衣？那是杀头之罪！后来，明代诗人岳正作诗曰："仓卒陈桥事变时，都知不与恐难辞。黄袍不是寻常物，谁信军中偶得之？"郭威黄袍加身，用的是扯下来的黄旗；赵匡胤黄袍加身，用的是真正的黄衣。这说明，赵匡胤比郭威准备得更充分、更细致。

在回开封的路上，赵匡胤下达了三条军令：一是不许侵害幼主和太后；二是不许伤害朝廷大臣；三是不许抢掠国库和民众，违令者处死。

陈桥兵变的消息，很快传到了京城。韩通闻之大惊，急忙跑回家中，想要调兵抵抗。不料，赵匡胤的亲信将领王彦升尾随而至，将韩通杀死，并杀了韩通全家。

赵匡胤回到开封，见到范质、王溥，低声哭泣说："先帝待我恩义深重，如今我为将士们所逼，怎么办呢？"范质等人还没搭话，一个叫罗彦瓌的将领手按剑柄，厉声说道："今天一定要请点检做天子，不从者斩！"范质等人只好默不作声。

赵匡胤来到朝堂，会见群臣，要接受幼主禅位。范质说："事情紧急，没有禅位诏书，如之奈何？"翰林学士陶谷应声答道："我这里有。"陶谷立即从袖子里拿出诏书，高声宣读起来。连禅位诏书都起草好了，准备得够充分的。

就这样，赵匡胤只用不到五天时间，就完成了改朝换代，建立了宋朝。

从《宋史》记载来看，赵匡胤对于陈桥兵变，装出一副不知情、不情愿的样子，是被逼无奈才当上皇帝的。可是，这是连傻子都不会相信的。其实，陈桥兵变是赵匡胤蓄谋已久、策划周密、准备充分的篡权阴谋活动，干得十分漂亮。

《宋史》是元朝人写的，元朝是宋朝的敌人，不会为赵匡胤涂脂抹粉。但是，修撰《宋史》，依据的是宋朝的原始史料，这说明原始史料已经被篡改过了。

《宋史》没有揭露赵匡胤背后的阴谋，是因为没有证据，证据恐怕早就被销毁，或者根本没有留下来。不过，仅从《宋史》的记载来看，也会发现有许多问题。

第一，辽国南侵问题。赵匡胤当时并不控制整个禁军，也没有调兵权，无法在京城搞兵变，他只有把军队拉出去，才能实现自己的计划。而率军出城的最好理由，是外敌入侵。果然，赵匡胤头一天率军出城，第二天回来就当上了皇帝。

可是，南侵的辽国怎么样了，《宋史》并无记载。而同是元朝人修撰的《辽史》却记载说，赵匡胤发动陈桥兵变的时候，正赶上辽国发生内乱，内部打得不可开交，所谓辽国南侵，完全是子虚乌有。

第二，慕容延钊屯兵真定问题。实际上，慕容延钊和韩令坤防备的是符彦卿。他们二人并没有参加陈桥兵变，但在论功行赏的时候，他们得到的奖赏最大。慕容延钊当上了殿前都点检，韩令坤当上了侍卫司的最高统领。

第三，赵匡胤醉酒酣睡问题。赵匡胤是武将，久经沙场，平时睡觉都要睁一只眼睛，怎么会在出兵之时大醉不醒呢？这只能是装的。

第四，韩通被杀问题。韩通刚想调兵，就被王彦升杀了，说明早就有人盯着他呢。

第五，京城平稳问题。赵匡胤改朝换代，不亚于八级地震，而京城却平静如水，既没有人惊恐，更没有人反抗。这说明，赵匡胤留在京城的两个结拜兄弟，已经完全控制了京城和朝廷。

不管怎么说，赵匡胤搞的这个和平政变，还是很成功的。不过，赵匡胤从孤儿寡母手里夺得江山，当上皇帝，后周的文武大臣和各地官员，心里能服气吗？赵匡胤会怎样对待他们呢？

理性处事稳大局

960年正月初三，赵匡胤以抵御辽国的名义率军出城，在外边住了一夜，便黄袍加身，随即返回京城，接受了后周小皇帝禅位。初五，赵匡胤举行登基大典，定国号为宋，改用新纪元，大赦天下。整个过程干脆利索，环环相扣，流畅平稳，干得实在漂亮！

赵匡胤称帝以后，面临的首要问题，是稳定大局，有许多事情需要处理。赵匡胤早已胸有成竹，采取了理性、宽容、文明的态度，同样干得十分漂亮。

当时最重要的事情，是如何处置后周小皇帝和宗室。五代时期充满暴戾之气，几乎所有的篡位者，都把前朝皇帝和宗室戮杀殆尽，斩草除根，以绝后患。后周的文武百官，都对郭威、柴荣有感情，他们十分担心后周宗室安全，都在观望着赵匡胤怎么处理。

赵匡胤对此早有主意，他封柴宗训为郑王，尊奉符太后为周太后，让他们移居洛阳，给予优厚的生活条件，一切待遇不变。允许他们祭祀宗庙，朝臣拜见时，照样可以行君臣之礼。后来，柴宗训母子迁居房州。柴宗训二十岁时病逝，周太后活到六十二岁。

赵匡胤对所有的后周宗室一律优待，不加迫害。后来，赵匡胤还留下遗训，要求新即位的皇帝，都要善待柴氏子孙。在整个宋朝时期，柴氏子孙生活得都不错。赵匡胤以理性宽厚的心态，开创了优待前朝宗室的先例，在历史上留下一段佳话。

当时在后周宗室中，影响力和势力最大的，是符彦卿和张永德。符彦卿是小皇帝的外公，任天雄军节度使，家族势力庞大。柴荣临终前，把符彦卿作为保护小皇帝的安全阀之一。所以，赵匡胤在陈桥兵变之前，首先命慕容延钊率兵北上，防备符彦卿。

赵匡胤登基之后，随即加封符彦卿为太师，并派使者前去慰问，极力拉拢。符彦卿见大势已去，木已成舟，女儿外孙受到优待，也无可奈何。特别是，符彦卿还有一个女儿，嫁给了赵光义，两家是亲家关系，赵匡胤当皇帝，他照样是皇亲国戚。所以，符彦卿虽然手握重兵，却没有反对赵匡胤称帝。符彦卿在宋朝一直受到礼遇，活到七十八岁。

张永德是郭威的女婿，也是赵匡胤的老上级，两人关系非常好。张永德对赵匡胤十分器重，多次要求柴荣重用赵匡胤。赵匡胤结婚时，张永德送上了巨礼，可见两人关系非同一般。

赵匡胤称帝后，加封张永德为侍中，后又授予武胜军节度使。两人关系仍然亲密，赵匡胤一直尊称他为驸马。张永德尽心为宋朝效力，为平定天下做出重要贡献，被封为卫国公，活到七十三岁病逝。

赵匡胤处理好了宗室问题，接下来就是朝中大臣了。大臣们人数众多，情况各异，有的怀念旧主，有的对赵匡胤称帝不满意、不服气。赵匡胤以宽阔包容的胸怀，下诏对所有的后周官员，不加区别地一律留用，原来当什么官的还当什么官，范质、王溥照样当宰相，主理朝政。不过，赵匡胤对军队做了调整，免去了李重进的军职，领兵将领全都换上了自己的亲信。

赵匡胤在兵变之时，除了韩通以外，没有人公开表示反对。一是因为五代时期改朝换代司空见惯，人们的忠君意识不强；二是因为事发突然，很多人没有思想准备；三是因为赵匡胤有很好的声誉，又手握兵权。所以，整个政变过程十分平稳，但事情过后，仍有一些人心存旧主，私下里进行议论，表示不满。赵匡胤采取容忍态度，充耳不闻，并不追究。

有一次，赵匡胤宴请群臣。翰林学士王著喝醉了，思念故主，他一边提着郭威、柴荣的名讳，一边号啕大哭。众人惊愕，都为他捏了一把汗。但赵匡胤平静地说："他喝醉了，扶下去醒醒酒。"事后有人建议惩罚王著，赵匡胤摆摆手说："他一个书生，哭哭旧主，乃人之常情，不必大惊小怪。"

赵匡胤善待后周宗室和大臣，对死人也做足了文章。在兵变之中，唯一被杀的人是韩通。赵匡胤为韩通举行了隆重的葬礼，并追赠他为中书令。赵匡胤的这一手，得到许多人好评。

赵匡胤采取理性宽容态度，妥善处理了各种问题，收服了人心，使朝廷局势很快稳定下来。接下来，赵匡胤还有一个重大问题要处理，就是安抚各地节度使和地方官员。

节度使与朝廷大臣不同，他们手握兵权，称雄一方，很有势力。赵匡胤派出多路使者前去安抚。节度使们态度不一，有的表示拥戴赵匡胤为帝，有的态度暧昧，有的则干脆举兵造反了。赵匡胤对造反的节度使，毫不客气地予以镇压。

速战速决灭李筠

赵匡胤称帝以后，首先起兵造反的，是昭义节度使李筠。赵匡胤出动大军，四十多天就把李筠灭了，真是神速。

李筠，并州太原（今山西太原）人，身体强壮，弓马娴熟，是个赳赳武夫。李筠特别擅长射箭，能开百斤硬弓，连发连中。

李筠在后唐时期从军入伍，一生从戎，身经百战，屡立战功。他曾与契丹作过战，对契丹人特别痛恨。李筠后来成为郭威的部下，郭威对他很器重，常用他做先锋官。李筠为建立后周立下大功，是后周的开国功臣。

郭威称帝以后，任命李筠为昭义节度使，管辖潞、泽、邢、洺、磁五州。昭义军治所在潞州，所以，李筠又称潞州节度使。

李筠所处的地理位置非常重要，是保卫京师开封的屏障。郭威又给李筠在朝中加封检校太傅、同平章事，属于宰相，使李筠既有实权，又居高位。李筠的资历、官职、地位，都远远高于赵匡胤。

听说赵匡胤篡周称帝，李筠勃然大怒，想要举兵讨伐，但他看看四周，没有动静，连国丈符彦卿也默不作声，李筠只好暂且忍耐。

不久，赵匡胤的使者到了，要加封李筠为中书令。李筠怒气冲冲，拒绝接受任命，也不接见使者。左右纷纷劝他，说如果不接受任命，就是公开与新朝为敌，后果很严重。左右还把李筠的老母亲搬出来，让她劝说儿子。

李筠性格暴躁，喜欢杀戮，天不怕地不怕，唯独怕他的母亲，从不敢违背母亲的话。李筠有时候乱杀人，左右就把他母亲请出来，只要母亲一发话，李筠立马就放人。可见李筠是个大孝子。

李筠不得已，只得接见了赵匡胤派来的使者，勉强接受了任命。随后，李筠令安排宴席，招待使者。

在宴席之中，李筠忽然令人取出郭威的画像，悬挂于大厅。李筠跪在郭威画像前，痛哭流涕，悲哀不已。赵匡胤的使者十分尴尬，在场的人都惊恐不安。有人悄悄对使者说："令公喝醉了，希望您不要介意，也别向上报告。"

可是，赵匡胤派到各地的使者，都是他的亲信，如此重大之事，使者怎能不汇报？赵匡胤得知这一情况，心里明白，李筠终究不会臣服的，于是悄悄做起了准备。

李筠当着宋朝使者的面痛哭郭威，这事很快就传开了。北汉皇帝刘钧听说以后，大为高兴。北汉占据太原一带，是后周和宋朝的敌人。刘钧秘密派人给李筠送去一封信，表示愿意出兵相助，共同攻打宋朝。

李筠见有人帮忙，自然乐意，不过，他提了个条件，说不能让辽国参与。北汉是辽国的附属国，李筠与契丹人有仇，同时他不想像石敬瑭那样，落个勾结外敌的恶名。可是，北汉国小力弱，没有辽国支持，是起不到多大作用的。

李筠的长子李守节，颇识大体，他见父亲意图造反，多次哭着规劝，说宋朝大局已定，赵匡胤雄才大略，不要轻举妄动，自取灭亡。李筠不仅不听，反而十分恼怒，痛骂儿子。

赵匡胤不希望李筠反叛，担心会发生连锁反应。他亲自给李筠写信，进行安抚，并提拔李守节为朝廷官员。赵匡胤认为，李筠是不会让儿子入朝的，可是没有想到，李筠却把儿子派来了。

赵匡胤接见了李守节，劈头就说："太子，你怎么来了？"赵匡胤故意称李守节为太子，是指出李筠有造反称帝的企图。

李守节果然十分惊恐，急忙下跪，用头撞击地面，说："陛下何出此言？一定是有人陷害我父亲，请陛下不要相信。"

赵匡胤笑着说："你的见识高于你父亲，曾多次劝父亲顺从朝廷，你父亲为什么不听呢？这次派你来，是不是想借朕的手杀掉你啊？可是，朕不会杀你的，而是要重用你。"

李守节大吃一惊，原来赵匡胤对情况了如指掌。李守节无话可说，只得流泪叩头不止。

赵匡胤又对李守节说："回去告诉你父亲一句话：朕没当皇帝的时候，他愿意做什么就做什么；如今朕已经做了皇帝，他能不能稍微让朕一点呢？"

李守节回去把情况一说，李筠也吃了一惊，知道赵匡胤已经了解到他的图谋。可是，李筠并没有收敛和让步，反而决定立即起兵造反。李筠有勇无谋，没有联络其他节度使，只是催促北汉出兵相助。

北汉皇帝刘钧亲自率兵南下，准备协助李筠，攻击宋朝。大臣赵华劝谏说："李筠鲁莽，头脑简单，做事轻率，我料定必不能成功，陛下不宜出兵。"刘钧不愿意放弃这个机会，抱着试试看的态度，仍然领兵南下。

刘钧率军到达以后，李筠见北汉兵少将寡，将士懦弱，队形不整，很是失望，有些看不起，后悔与其结盟，再加上北汉与后周长期为敌，彼此心存芥蒂，语言不恭，结果闹得不欢而散。

960 年四月，李筠打着讨伐赵匡胤篡位的旗号，公开造反了。一时间，天下震动，议论纷纷，许多节度使和地方官员互相观望，摇摆不定。

赵匡胤心里十分清楚，必须采取果断措施，迅速平定叛乱，才能震服天下。赵匡胤已经做好了准备，派出他最得力的两员大将慕容延钊和石守信，两路出兵，夹击李筠。

李筠起兵之时，准备率军东进，直捣开封。府中从事闾丘仲卿建议说："此去开封，地势平坦，无险可用，赵匡胤肯定已有准备，您以一支军队的力量与之对抗，是很危险的。不如西下太行山，堵塞虎牢关，占据有利地形，时间一长，天下必乱，到那时再向东图天下。"

这个计策非常好，也是赵匡胤最担心的。如果李筠占据了险要地形，宋军很难在短期内将其消灭，相持时间一长，恐怕会发生变故。

李筠对这个建议却不以为然，自负地说："我是周朝老一辈将领，禁军官兵都知道我的威名，也有不少熟人和部下，大军一到，他们就会投降，甚至倒戈。"

李筠没有想到，他率军还没有走出自己的地盘，慕容延钊和石守信两路大军就夹击过来，双方在高平发生遭遇战。李筠首战失利，将士被杀三千多人。

李筠感觉不妙，赶紧后退，打算重整军力。宋军却不给他喘息的机会，泰山压顶般地压了过来，在泽州南展开大战，又歼灭李筠军队三万多人。

李筠军队遭受重创，只得退守泽州。宋军立即把泽州包围起来，奋力攻打。李筠知道已无退路，只得凭坚据守，顽强抵抗，战事十分激烈。

此时，李筠被围在泽州城中，已成瓮中之鳖，注定要失败了。北汉军队见势不妙，悄悄溜走了。李筠外无援兵，内缺粮草，却仍然苦苦支撑，死不投降。李筠亲自上城头射箭，射死了不少宋军。

赵匡胤为了速战速决，震慑天下，亲自跑到泽州城下督战。皇帝一到，军心大振，对泽州城发起一波接一波的猛烈攻势。泽州城终于抵挡不住，城池陷落，宋军大举入城。城破之时，李筠点火自焚，尸骨无存。真是一条硬汉！

李守节镇守上党，宋军一到，立马投降了。赵匡胤没有为难他，而是封给他官职，李守节此后为宋朝效力。

赵匡胤对李筠的属下一律赦免，不予追究。李筠的爱妾刘氏怀有身孕，李筠自焚时不忍心让她陪同，把她留下，赵匡胤也宽恕了她。刘氏不久生下一个儿子，由李守节抚养长大。赵匡胤是很宽厚仁义的。

李筠从四月二十四日起兵，到六月五日自焚，只有短短四十一天时间。李筠失败之速，宋军之强盛，果然震服了天下。一些摇摆不定的节度使和地方官员，纷纷表示顺从新朝，局势很快稳定下来。

赵匡胤在稳定大局过程中，采取了理性和宽容的办法，收到极大成效。可是，赵匡胤唯独对一个人不宽容，甚至有意逼他造反，然后予以消灭。这个人，就是郭威的外甥、扬州节度使李重进。

有意逼反李重进

赵匡胤建宋称帝以后，理性处事，几乎对所有人都采取宽容态度，但唯独对李重进例外，逼得李重进起兵造反，赵匡胤借机将其消灭，并株连了许多人。

李重进，沧州（今河北沧州）人，是郭威四姐的儿子。李重进比柴荣年长，很早就跟随舅舅征战四方，立有战功，又积极拥戴郭威称帝，属于开国功臣。郭威称帝后，李重进担任殿前都指挥使，执掌禁军兵权。李重进在年龄、资历、功劳、职务等方面，都高于赵匡胤。

郭威没有儿子，李重进作为外甥，继位也是可以的。他与郭威有血缘关系，而柴荣是郭威妻子的侄子，与郭威没有血缘关系。可是，郭威选择了柴荣作为自己的继承人。郭威担心李重进有想法，在他活着的时候，就让李重进向柴荣行君臣之礼。李重进没有怨言，很听舅舅的话，对年龄比他小的柴荣十分恭敬。

柴荣继位以后，李重进没有二心，尽心竭力辅佐他。在高平之战中，右军统领樊爱能怯敌逃跑，眼看部队就要溃散。李重进厉声高呼，喝令自己的部队稳住不动，然后又与张永德一起，跟随赵匡胤向敌军发动反攻，经过激战，终于转败为胜。战后，李重进得到重赏。

柴荣立志统一天下，御驾亲征，南征北战，李重进是他的得力大将。李重进武艺高强，作战凶猛，常常身先士卒，在西征后蜀、三攻南唐、北伐辽国战斗中，李重进都立有大功。因他长得黑壮，又英勇无敌，被人称为"黑大王"。

柴荣很信任李重进。当时禁军分为侍卫司和殿前司两个系统，侍卫司兵力比殿前司多。柴荣让李重进统领侍卫司，让张永德统领殿前司。后来，又提拔赵匡胤担任了张永德的副职。

张永德一度怀疑李重进有二心，曾向柴荣提醒，柴荣却不相信。张永德有时喝醉了，流露出怀疑李重进的意思。时间一长，两司的将士们都知道了，他们认为两个主将不和，不是什么好事。

李重进也听说了，他独自一人来到张永德军营。张永德置酒招待，两人边喝边聊。李重进直来直去地说："你我二人都是股肱之臣，关系国家安危，你怎么能怀疑我呢？我今天来，就是要向你表明心迹。我若有异心，天地不容。"见李重进如此坦诚磊落，张永德有些惭愧，此后不再说李重进的坏话，两司将士都安心了。

柴荣病逝以后，朝廷任命李重进兼任淮南节度使，去抵御南唐。李重进虽然仍是禁军侍卫司的统领，但离开京城，到扬州办公去了，侍卫司由副统领韩通负责。如果李重进在京城执掌侍卫司，赵匡胤是搞不成兵变的。所以，调开李重进，不排除是赵匡胤搞的鬼。

赵匡胤计划周密，行事果断，只用五天时间，就干脆利索地完成了改朝换代。赵匡胤称帝以后，宣布后周官员全都各就各位，原来是什么官还当什么官，连宰相都没变，但唯独免除了李重进的军职，改由亲信韩令坤掌管侍卫司。

李重进当时远在扬州，京城发生如此巨变，他是过了一段时间才知道的，但为时已晚，大局已定，而且政局十分平稳。李重进不是一个有野心的人，又听说赵匡胤善待周朝宗室，于是决定，承认新朝，并给赵匡胤上书，请求亲自去开封拜见新皇帝。

照理来说，地方节度使进京拜见新君，是用实际行动表明对新朝的拥戴，赵匡胤应该是很高兴的。当时，大多数节度使都在观望，主动进京拜见的很少，国丈符彦卿虽然没有反对赵匡胤称帝，但过了三年以后才去拜见他。

令人想不到的是，赵匡胤竟然不同意李重进进京。赵匡胤召来翰林学士李昉，让他起草一个诏令，拒绝李重进的请求。李昉感到很为难，皇帝拒绝地方官员前来拜见，表明皇帝对他不满意，不想见他，可诏令绝不能这样写，而要写得冠冕堂皇。

李昉很有才，琢磨了半天，写了这么几句话："君为元首，臣为股肱，虽在远方，还同一体。保君臣之分，方契永图，修朝觐之仪，何须此日？"意思是说，咱俩就像头和肢体那样亲密，以后有的是时间，何必着急来呢？

这话虽然说得很漂亮，但李重进却如同当头被浇了一盆冷水。他心里十分清楚，赵匡胤不让他去拜见，意味着什么。看来，赵匡胤是不会接纳他的，李重进不得不做最坏的打算。其实，赵匡胤如果宽容李重进，允许他进京拜见，李重进后来是不会造反的。

恰在这时，北边传来李筠准备造反的消息，李重进为之一振。他与李筠是老战友，知道李筠虽然鲁莽，却能打仗。李重进认为，与其坐以待毙，不如放手一搏。于是，李重进给李筠写了一封密信，约定南北夹击宋朝，恢复周朝江山。

李重进派了亲信翟守珣，拿着密信，去联络李筠。可没有想到，翟守珣并没有去找李筠，而是跑到开封，把密信交给了赵匡胤。赵匡胤看了李重进写的密信，心中窃喜，他终于掌握李重进谋反的证据了，而且人证物证俱全。

赵匡胤问翟守珣："我打算赐给重进免死铁券，他能信我吗？"翟守珣却说："重进终无归顺之心。"这哪里是亲信，简直是掘墓人。李重进有这样的亲信，说明他不会识人用人，那怎么能干大事呢？

翟守珣想留在朝廷，赵匡胤却让他回去，在李重进身边做卧底，任务是延缓李重进起兵时间，不要让他与李筠联合。赵匡胤是想先集中兵力灭掉李筠，再回过头来收拾李重进。

翟守珣回去以后，撒了个弥天大谎，说见到了李筠，并仔细观察了李筠那里的情况，发现李筠谋事不周，准备不足，恐怕难成大事，建议李重进观望一段时间再说。李重进信以为真，听从了，于是错过了与李筠联合起兵、南北夹击的最佳时机。

赵匡胤以最快的速度，平定了李筠叛乱，然后，再次逼迫李重进。赵匡胤下诏，调李重进去青州。李重进明白，赵匡胤这是在削弱他的势力，就要对他下手了。李重进终于忍无可忍，决定起兵造反。

李重进觉得自己力量单薄，便给南唐国主李璟写了一封密信，希望能够联合出兵，共同对付宋朝。可是，南唐经过柴荣三次御驾亲征，早就被打怕了。李璟把李重进的密信，转手交给了赵匡胤。

赵匡胤手里有了李重进的两封密信，一封是勾结李筠的，一封是勾结南唐的，铁证如山，李重进死定了。赵匡胤公布了李重进的罪证，下诏剥夺他的官职和爵位，然后调兵遣将，名正言顺地去攻打扬州。

赵匡胤还想速战速决，派出了石守信、王审琦、李处耘、宋偓四员大将，率兵南下，包围了扬州。李重进只得拼死抵抗，战况十分激烈。赵匡胤故技重施，亲自来到扬州城下，督促攻城。扬州城很快被攻破，李重进自知没有活路，全家自焚而死。赵匡胤平定李重进叛乱，用了五十多天时间，也够神速的。

令人感到不解的是，赵匡胤进城以后，一改宽厚仁义的习性，露出了狰狞面目，下令将李重进的属下和将士数百人全部斩杀，李重进在外地的兄弟、侄子也被悉数杀戮，这与平定李筠时的做法大相径庭。

李重进叛乱与李筠不同，如果不是赵匡胤有意逼迫，他可能不会造反。可是，赵匡胤为什么逼他造反呢？史书对此没有记载。有的学者研究认为，很可能赵匡胤与李重进有很深的个人恩怨，所以不能容他。

为防功臣释兵权

赵匡胤以霹雳手段，迅速平定了李筠、李重进叛乱，使得天下震惊，纷纷归附，很快稳固了自己的统治。然而，赵匡胤真正担心的，不是外部，而是内部。

赵匡胤是依靠禁军力量当上皇帝的，深知兵权的重要性，在那个时代，谁掌握了兵权，谁就有可能当皇帝。可是，目前掌握禁军兵权的，都是拥立他上台的一帮铁哥们儿，怎么样才能既削夺他们的兵权，又不伤和气呢？赵匡胤经过苦思冥想，导演了一出杯酒释兵权的好戏。

这场戏，是赵匡胤的头号谋士赵普帮他策划的。在平定李重进叛乱之后，赵匡胤问赵普："为什么自唐末以来，数十年间帝王换了八姓十二君，争战无休无止？有什么办法能让帝位永固？"

赵普回答得很干脆，说："根本原因是将领权力过重，君弱臣强；最好的办法是剥夺他们的兵权，由皇帝直接掌控禁军。"

961年春，赵匡胤皇位刚一稳固，就免除了慕容延钊殿前都点检职务，改任山南东道节度使，接着又免去韩令坤侍卫马步军都指挥使职务，改任成德军节度使。这样，禁军殿前司和侍卫司两个一把手都没有了，而且这两个关键职务，此后再也没有授给别人。禁军两司的高级将领中，只剩下石守信、王审琦、高怀德、张令铎四人了。

961年七月的一天，赵匡胤在散朝之后，邀请石守信等人饮酒。赵匡胤喜欢喝酒，与文臣武将一块饮酒是司空见惯。酒宴中，几个人都很豪爽，推杯换盏，无拘无束，大吃大喝起来。

赵匡胤趁着酒兴，历数各个将领的功绩，十分动情地说："朕之所以能有今天，全依赖各位兄弟的鼎力相助，没有你们，朕是当不上皇帝的。"石守信等人见皇帝不忘他们的功劳，十分高兴，纷纷赞颂赵匡胤圣明。

赵匡胤话锋一转，说："不当皇帝不知其难，朕即位以来，没有一天不提心吊胆，每天晚上都不敢安枕而卧，还不如你们快活。"

众将闻言，吃了一惊，忙问缘故。赵匡胤缓慢地说："这是明摆着的事，皇帝是九五之尊，天下人谁不想当？你们难道不想当吗？"

众将一听，皆大惊失色，连忙离开座位，叩头说："陛下何出此言？如今天命已定，谁敢有异心？我等都是一心效忠陛下，情愿肝脑涂地。"

赵匡胤说："诸位兄弟忠心耿耿，朕丝毫不会怀疑。可是，如果有一天，你们的部下为求富贵，硬把黄袍加在你们身上，到那时，你们恐怕也身不由己了。你们谁敢保证，不会发生这样的事情呢？"

众将顿时语塞，面面相觑，无言以对。当初，正是他们给赵匡胤黄袍加身的，如今却成了话柄。沉默了一会儿，众将一起叩头，流着泪说："臣等愚钝，请陛下指条明路，我等无不遵从。"

赵匡胤早就盘算好了，不慌不忙地说道："人生在世，就像白驹过隙那样短暂。人们所追求的，无非是活着的时候幸福快乐，死后能够为子孙留下产业。依朕看来，你们不如离开朝廷，到地方上去做官。当个地方官，有权有势，逍遥自在，还能广置良田美宅，留给子孙后代。朕再与你们结为姻亲，使你们成为皇亲国戚。这样，可以永享富贵荣华，岂不快哉！"

众将听了，这才恍然大悟，原来这是场鸿门宴，赵匡胤是要夺他们的兵权。不过，石守信等人没有野心，又知道赵匡胤的厉害，不敢违背，于是异口同声，表示遵旨谢恩，乖乖地交出了兵权。

从此，石守信等人不在朝中掌兵，都去当了地方官，继续为大宋王朝效力。石守信担任了天平军节度使，其子娶了赵匡胤的二女儿。石守信在天平军干了十七年，其间随赵光义征伐辽国。石守信喜欢敛财，聚积了万贯家产，后来被封为卫国公，五十七岁病逝。

王审琦担任了忠正军节度使，其子娶了赵匡胤的大女儿。王审琦在地方做官八年，为政宽简，名声颇佳，五十岁病逝，被追封为秦王。

高怀德担任了归德军节度使，并娶了赵匡胤的妹妹。高怀德后来跟随赵光义灭掉北汉，因功封为冀国公，五十七岁病逝。

张令铎担任了镇宁军节度使，其女嫁给了赵匡胤的弟弟赵廷美。张令铎活到六十岁病逝。

慕容延钊担任山南东道节度使以后，为赵匡胤平定南方打头阵。当时慕容延钊有病，坐在轿子里指挥作战，一举灭掉湖南、荆南两个割据政权，获胜之后就病逝了，终年五十一岁，被追封为河南郡王。

韩令坤担任成德军节度使以后，长期镇守边境，使得西北无忧，四十六岁病逝，被追封为南阳郡王。

由此可见，赵匡胤的杯酒释兵权，只不过是调整了这些人的职务，让他们由朝臣变成了地方官。这些人照样有权有势，继续为国家发挥了重要作用。

赵匡胤杯酒释兵权的目的，是弱化禁军将领的权势，确保皇权永固。所以，赵匡胤在剥夺了石守信等功臣的兵权以后，随即对禁军制度做了重大改革，由原来的殿前司、侍卫司两个系统，调整为殿前都指挥使、马军都指挥使、步军都指挥使三个部门，形成了三衙鼎立，三衙都直接对皇帝负责。这样，降低了禁军将领地位，削弱了他们的权势，形成了三衙互相制约的格局，谁要再想搞黄袍加身，几乎是不可能了。

赵匡胤仍然不放心，他又精心安排三衙人员，专门挑选资历浅、功劳小、声望低、特别听话的人，来担任三衙的将领，而且时刻对他们进行监督，稍有怀疑，立马处置。这样，禁军将领成了高危行业。

有一个禁军将领，为了自保，竟然装哑十二年，算是历史上的奇闻了。

杨信装哑十二年

赵匡胤黄袍加身，是学的郭威，他称帝以后，总是害怕别人再学他的样子，因此，赵匡胤最不放心和重点提防的，是禁军将领。

赵匡胤通过杯酒释兵权，剥夺了石守信等一批功臣的兵权，然后改革禁军制度，由两司改为三衙。赵匡胤在挑选三衙将领时，仍然小心翼翼，凡是资历深、功劳大、能力强、在军中有威望的人，一概不用。

赵匡胤经过精挑细选，选中了一个叫韩重赟的人，担任殿前都指挥使。韩重赟是磁州武安县（今河北武安）人，年少从军，在赵匡胤手下当兵，两人结拜为兄弟。韩重赟在陈桥兵变中表现出色，立有功劳，但因为年轻，职务较低，当时只是禁军的中级军官，在军中也没有名气。赵匡胤认为他合适，破格提拔，使他成为三衙主将之一。

韩重赟猛然得到提升，大喜过望，十分感激赵匡胤的知遇之恩，因此特别卖力。韩重赟没日没夜地工作，大小事务都亲自过问，并学着赵匡胤当年的样子，经常蹲在军营里，与士兵们同甘共苦，很快得到一片赞扬声。

不料，韩重赟的一腔热情，却引起赵匡胤不安，他担心韩重赟会成为第二个赵匡胤。恰在这时，有人诬告韩重赟结党营私，这正是赵匡胤的大忌。赵匡胤不加调查，下令将韩重赟抓起来，并要处斩。多亏赵普极力劝阻，赵匡胤才饶了他的性命，但把他逐出朝廷，不再重用。

赵匡胤又选中了一个人，名叫张琼。张琼是大名馆陶（今河北馆陶）人，为人忠义，骁勇善战，很早就是赵匡胤的部下。当年征讨南唐时，敌军发射连弩，向赵匡胤射来，张琼奋力扑到赵匡胤身上，替他挨了一箭，差点丧命。因此，张琼对赵匡胤有救命之恩。

不过，张琼有一个很大的缺点，就是性格粗暴，同谁都搞不好关系，人缘很差，因而升迁不快。赵匡胤恰恰看中了他这一点，认为他不会结党营私，于是提拔张琼担任了殿前都虞候，是禁军的副统领。

赵匡胤为了控制禁军，秘密安插了一批卧底，专门监视禁军将领，其中有史珪和石汉卿。史珪、石汉卿依仗特殊身份，骄横跋扈，可张琼不买他们的账。史、石二人与张琼产生了尖锐矛盾，于是诬告张琼收留叛将李筠的部下，私养亲兵，图谋不轨。赵匡胤很信任卧底，下令将张琼处死。

张琼死后，赵匡胤挑选了一个叫杨信的人，接替张琼的职务。杨信是瀛州（今河北河间）人，也是赵匡胤的老部下。杨信为人低调，忠厚诚实。赵匡胤对他的评价是"忠直无他肠"，意思是说，杨信忠诚正直，没有花花肠子。

杨信此时担任贺州刺史，突然接到皇帝诏令，升任他为禁军将领。入朝为官，而且还在皇帝身边，前程无量，这对许多人来说，都是梦寐以求的。可是，杨信却阴沉着脸，唉声叹气。杨信知道，此时的禁军，是个是非之地，韩重赟和张琼的下场，足以让人胆战心惊。

但皇命不可违，杨信不得已进京上任。杨信履职以后，小心谨慎，时刻琢磨着皇帝的心思，不敢做错一件事，不肯多说一句话。即便如此，杨信仍然觉得不安全，感觉身后有许多眼睛在盯着他，说不定什么时候，大祸就会从天而降。

杨信上任几个月之后，突然得了一场大病，病好以后，竟成了哑巴，嘴里呜呜呀呀的，谁也听不清他说的是什么。

杨信暗自高兴，认为这回当不成禁军将领了。可没有想到，赵匡胤看中了杨信的谨慎性格，不放他走。另外，赵匡胤认为，一个只会执行命令而不会说话的将领，比正常人更可靠，起码不用费尽心机地去监视他。一个哑巴，是不可能谋反的。

赵匡胤赐给杨信两百万钱，依旧让他统领禁军。杨信没有办法，只好培训了一个小家童，小家童能够听懂他的话。此后，杨信无论是面见皇帝，还是向下级布置任务，都随身带着小家童，由小家童充当翻译。虽然麻烦一些，却也不误事情。

杨信虽然不会说话，但头脑清醒，思维敏捷，所有事务都处理得井然有序，也不与任何人发生矛盾。尤其重要的是，杨信理解皇帝意图准确，执行命令坚决，赵匡胤对他越来越信任。

969年，大臣杜廷等人企图叛乱，杨信闻讯后带兵抓捕，十九名乱党无一漏网。赵匡胤很满意，重赏了他。

有一次，赵匡胤观看水军演习，鼓声惊了战马，局面有些混乱。杨信在远处看到，立刻飞马赶来护驾，体现了对皇帝的忠心。赵匡胤对左右说："杨信是朝廷重臣。"

不久，赵匡胤提升杨信为殿前都指挥使，使他成为三衙主将之一。一个哑巴，竟当了禁军最高统领，真是闻所未闻。也正因为他是哑巴，所以杨信才能够在禁军稳稳当当地干了十二年。赵匡胤死后，杨信继续受到新皇帝赵光义的宠信。

978年，杨信病重，即将离世，他的哑病却突然好了，说话清晰流利。杨信流着泪对赵光义说，感谢两朝对他的恩宠。杨信还给子女留下遗言，要求尽忠报国，谨慎做事。

人们这才恍然大悟，原来杨信一直是在装哑，都禁不住感慨万千。

雪夜定策图天下

961年隆冬的一个夜晚，大雪纷飞，天寒地冻。在宋朝大臣赵普的府邸，赵普身穿朝服，正襟危坐，正在灯下读书。

在自己家里，赵普为何还要穿戴如此整齐呢？原来，大宋皇帝赵匡胤有一个习惯，经常微服私访，而且不打招呼，已经多次来过赵普府上。所以，为人严谨的赵普，就养成了一个习惯，不到睡觉时不脱朝服，以防皇帝突然到来，搞得手忙脚乱，失去礼节。

赵普是幽州蓟县（今天津蓟州）人，与赵匡胤并不同族。有一次，赵匡胤的父亲赵弘殷有病，赵普朝夕侍奉，无微不至，赵弘殷很受感动，认他为同宗。赵匡胤比赵普小五岁，称他为兄，两人关系十分密切。赵普文化程度不高，但却足智多谋，策划了陈桥兵变，把赵匡胤推上皇帝宝座。赵匡胤很信任赵普，遇事常同他商量。

天越来越晚，赵普看看外面，雪下得更紧，天地一片白茫茫。赵普心想，皇帝应该不会来了，他打了个哈欠，伸伸懒腰，准备脱衣就寝。忽然，一阵急促的敲门声传来，赵普心里咯噔一下，莫非是皇帝来了？

赵普赶紧打开大门，门外站着几个人，身上落满了雪花，为首一人，正是皇帝赵匡胤。

赵匡胤一边往里走，一边对赵普说："先别关门，光义马上就到。"赵普心里又咯噔一下，这兄弟俩深夜冒雪前来，肯定有军国大事要商议。

赵普猜得没错。赵匡胤建宋称帝以来，已经过了近两年时间，这期间，他平定了李筠、李重进叛乱，解除了石守信等功臣的兵权，改革了禁军制度，稳定了大局，巩固了皇权。如今，赵匡胤已经牢牢掌控了朝廷，他便开始筹划下一步行动了。所以，赵匡胤约了弟弟赵光义，一同到赵普府上商议大事。

不大一会儿，赵光义也来了。赵普铺上厚厚的垫子，请他们坐好，又点旺炉火，屋子里顿时暖和起来。赵普摆上酒肉，三人边喝边聊。

赵普问："天这么晚了，又下着大雪，陛下为什么还要出来呢？"

赵匡胤回答："我睡不着啊，想想一榻之外，都是别人家的地盘，怎能安心入睡呢？"

宋朝当时管辖的地盘，基本上是北方，但在山西太原一带，还存在着一个北汉政权。北汉的开国皇帝叫刘崇，是后汉皇帝刘知远的弟弟。郭威篡汉建立后周的时候，刘崇镇守太原，不肯归附，便自立为帝，仍然使用后汉年号，史称北汉，属于十国之一。北汉国小力弱，便向辽国称臣，受辽国保护，长期与后周为敌，后又与宋朝作对。

在辽阔的南方，原先有多个割据政权，经过它们之间的兼并战争，现在剩下荆南、武平、后蜀、南汉、南唐、吴越六个了。

荆南，以荆州为中心，占据湖北部分地区。荆南的开创者叫高季兴，原是唐朝的荆南节度使，于924年割据自立，历经五主，最后的国主叫高继冲。荆南是南方割据政权中实力最弱的，因而没有称帝，一直向中原政权称臣。宋朝建立以后，荆南照样称臣纳贡。

武平，以长沙为中心，占据湖南一带。武平的前身是南楚，南楚被南唐灭掉以后，武平节度使周行逢驱逐南唐，占据湖南，建立了割据政权。周行逢也没有称帝，与宋朝保持友好关系。

后蜀，以成都为中心，占据四川和甘肃、陕西、湖北的部分地区。后蜀的开创者叫孟知祥，后唐李存勖灭掉前蜀以后，命孟知祥管辖蜀地，但不久后唐发生内乱，孟知祥趁乱割据称帝。孟知祥死后，儿子孟昶继位。孟昶当了三十多年皇帝，把蜀地治理得不错，国库充盈，百姓富裕。当时蜀地一斗米价格是三钱，比盛唐时期每斗四五文还要便宜许多。后蜀依仗地形险要，不向宋朝称臣。

南汉，以广州为中心，占据广东、广西、海南等地。南汉于917年建国称帝，历经四帝，当时的皇帝叫刘𬬮。南汉地大物博，实力较强，但刘铱昏庸无道，宠信宦官，政局混乱。

南唐，以南京为都城，占据江苏、江西、安徽等地。南唐是篡夺了南吴政权而建立的，是南方割据政权中疆域最大、实力最强的国家，先后灭掉了南楚、闽国两个政权。但是，在后周时期，柴荣连续三次发动战争，使南唐丢失江北大片土地，被迫取消帝号，向后周称臣，后又向宋朝称臣纳贡。此时的南唐国主，是有名的李后主李煜。

吴越，以杭州为中心，占据浙江、江苏、上海等富饶之地。吴越的开创者，是历史上有名的钱镠。钱镠于 907 年建立吴越以来，奉行保境安民政策，长期对中原政权称臣，很少对外用兵。他的继任者也都贤明爱民，使得吴越社会稳定，经济文化繁荣，百姓安居乐业，最后归顺宋朝，使百姓免于战火。吴越是十国割据政权中存在时间最长的，享国七十一年。

客观来说，后周留给宋朝的基础还是很不错的，在南方目前六个割据政权中，已有荆南、武平、南唐、吴越称臣，只有地处西方的后蜀和南边的南汉仍然称帝。不过，赵匡胤雄心勃勃，他要彻底铲除所有的割据势力，把天下完全纳入宋朝统治之下。

赵匡胤、赵普、赵光义三人，一边围着火炉吃喝，一边议论天下大势，商议扫平群雄、统一天下的大计。

赵匡胤起初打算先向北用兵，首先灭掉北汉，把北方完全统一起来。赵匡胤还有一个设想，他不愿意与强大的辽国为敌，而打算采取重金赎买的办法，收回幽云十六州，并开始积累资金。

赵普、赵光义都不同意先打北汉。他们认为，北汉虽然弱小，但有辽国支持，恐怕很难对付，不如先平定南方，等国家实力增强以后，再与北汉、辽国决战。赵匡胤觉得有道理，也同意了。

在确定了出兵方向之后，三人经过一番议论，认为应该先打弱小之敌，采取中间突破战术，首先占领湖北、湖南。这样，向西便于攻取后蜀，向南便于攻打南汉，向东则震慑南唐、吴越。

经过一夜议论，到东方发白的时候，一条先南后北、先易后难图天下的大计，逐渐清晰了。从此，赵匡胤频频发动战争，上演了一场统一全国的精彩大戏。

一箭双雕平两湖

　　赵匡胤立志统一全国，制定了先南后北、先易后难的作战方针，于是积极进行准备，并寻找出兵机会。没想到，不久，机会就从天而降了。

　　962 年十月的一天，赵匡胤接到武平节度使周保权的一封信，说武平发生了内乱，请求宋朝出兵相助。赵匡胤见了来信，高兴得直拍大腿，连声说："真好！真好！天遂人愿，想啥来啥。"

　　原来，周保权是武平节度使周行逢的儿子，当时只有十一岁，周行逢得病死了，把节度使的职位传给了他。这个十一岁的小孩子，就成了湖南的最高统治者。

　　周行逢在临终之前，告诫周保权说："我死以后，张文表可能会造反，你要让杨师璠率军平叛。如果杨师璠不能取胜，你就向宋朝皇帝求助，然后归附宋朝，可保性命和富贵。"

　　张文表当时任衡州刺史，他是周行逢的结拜兄弟，两人一同打天下。周行逢死后，张文表认为自己劳苦功高，不愿意侍奉一个乳臭未干的孩子，真的举兵造反了。周保权按照父亲的嘱咐，命杨师璠去讨伐张文表。杨师璠是周行逢的亲戚，十分忠心，立即率兵前去平叛。

　　杨师璠走后，周保权仍然忐忑不安，担心杨师璠打不过张文表，他又想起父亲的话，立即给宋朝皇帝赵匡胤写了一封信，请求援助。可是，周行逢交代的是，要等到杨师璠不能获胜时，再向宋朝皇帝求助。周保权心慌意乱，把这个重要前提忘记了。他毕竟只是一个孩子。

　　周保权还不放心，因为宋朝离得较远，他又给邻居荆南节度使高继冲写了一封求助信。高继冲当时十九岁，也是刚继位不久。高继冲拿不定主意，便把信转呈给赵匡胤，请示该怎么办？

赵匡胤一连接到湖南、湖北两封来信，简直高兴坏了，赶紧与众臣商议。臣子们也都很兴奋，认为这是天赐良机，于是定下了一箭双雕之计，准备一举收复两湖。

赵匡胤命山南东道节度使慕容延钊为主将，率军南下，打着帮助湖南平叛的幌子，意图收取湖南、湖北。慕容延钊是久经沙场的老将，收拾这两个弱小政权，是没有问题的。

慕容延钊打的是去湖南平叛的旗号，而要去湖南，必须经过荆南的地盘。慕容延钊给高继冲传话，要求借路，并要求提供军需。

高继冲与手下人商议，这些人全都犯了难，提供军需没有问题，借路就太危险了，可不借又不行。经过商议，高继冲给慕容延钊回话说，借路可以，但只能走边远之路，不能经过都城江陵。

高继冲不放心，派他的叔叔为使者，带着大批酒肉食物，到百里之外的荆门慰问宋军，借机观察情况。慕容延钊热情款待使者，并装出一副军备松散的样子。使者见状，便派人报告高继冲，说宋军确实只是过路，没有做打仗的准备，高继冲放心了。

到了夜里，慕容延钊命副将李处耘，率五千精锐骑兵悄悄出发，直扑江陵。百里的路程，骑兵几个时辰就到了，江陵毫无防备，李处耘指挥士兵，连夜占领了城中各个要地。

高继冲早晨起来一看，满城都是宋朝旗帜，知道已经完了，只好下令投降。就这样，慕容延钊不费吹灰之力，兵不血刃收取了湖北之地。高继冲投降后，受到赵匡胤优待，任命他为武宁节度使，继续作为一方大员。高继冲三十一岁病逝。

慕容延钊率军继续南下，刚进湖南境内，忽然传来消息，杨师璠已经擒杀了张文表，平息了叛乱。周保权派人送上大批礼物，请求宋军撤兵。可是，请神容易送神难，慕容延钊本来就是要灭武平的，怎肯退兵？

慕容延钊一声令下，宋军迅速占领了湖南各处要地。周保权慌了神，没了主意，也控制不住局势了。有些将领气不过，领兵与宋军对抗。湖南军队不是宋军的对手，屡战屡败，最后溃散了。慕容延钊进入长沙，占领了湖南。

周保权在混乱之中，藏到一个破庙里，结果被宋军搜出，当了俘虏，被送到开封。赵匡胤对这个十多岁的小孩子很宽容，给他盖了一处房子，把他养了起来。周保权活到三十四岁病逝。

赵匡胤通过一箭双雕之计，轻松平定了两湖。宋军将士士气高涨，纷纷要求继续南下，乘胜攻取南汉。

可是，赵匡胤的目光，却盯向了西方的后蜀，因为后蜀富庶，他惦记上了后蜀的财富。

为获财富灭后蜀

蜀地道路艰险，物产丰富，被称为"天府之国"。后蜀皇帝孟昶在位三十多年，他劝农兴教，发展经济，推广儒学，使得蜀地富裕，社会安定。赵匡胤在平定两湖以后，贪图后蜀财富，便把矛头指向了后蜀，瞬间打破了蜀地的平静。

964年十一月，赵匡胤任命王全斌为伐蜀总指挥，率五万兵马攻击后蜀。王全斌出身将门，少年从军，有胆有识，担任过李存勖的侍卫，历仕后唐、后晋、后汉、后周、宋五朝，是当时名将，时年五十八岁。

宋军兵分两路，一路由王全斌亲自率领，从凤州向南攻蜀，有三万人马；一路由刘光义、曹彬率领，由湖北沿江西进，有二万人马。伐蜀大军水路并进，声势浩大。

在出征之前，赵匡胤对王全斌说："伐蜀宜速战速决，最好能逼迫孟昶投降。为了激励士兵，凡攻下城、寨以后，可以把所有的钱财都分给士兵，朕只要土地。"王全斌表示记住了。

由于中原长期混乱，孟昶稳稳当当地当了多年皇帝，很少经历战争，如今听说宋军来打，顿时慌了手脚，急忙召集大臣们商议。不少人建议投降，主要有三个理由：一是宋朝势力强大，唾手而得两湖，锐气正盛；二是蜀地多年没有战争，军备不整，不是宋军对手；三是宋朝皇帝宽厚仁义，高继冲、周保权都受到优待，投降后没有性命之忧，仍可保荣华富贵。大臣们七嘴八舌，说得孟昶有些动心了。

但是，有一个人坚决反对投降，他是知枢密事王昭远。王昭远经历很传奇，他自幼父母双亡，不得已到寺庙当了小和尚。在一个偶然的机会，孟知祥遇见了王昭远，见他聪明伶俐，便让他给儿子孟昶当了陪读。王昭远与孟昶一块长大，也跟着读了不少书。王昭远尤其喜欢读兵书，觉得自己深通谋略，常常自夸能比诸葛亮。

孟昶当皇帝以后，王昭远自然飞黄腾达了。孟昶对王昭远很信任，言听计从，让他掌管枢密院，主持军事。孟昶的母亲李太后却看不上王昭远，说他只会夸夸其谈，言过其实，比不上有实战经验的将军高彦俦。可惜孟昶没有听进去，照样宠信王昭远。

王昭远见宋军来犯，认为是个大显身手的好机会，正好显摆一下自己的本事，博得青史留名，所以坚决不同意投降。王昭远要求亲自领兵对敌，并夸下海口说："我视宋军如草芥，不仅能打败他们，而且攻取中原也易如反掌。"孟昶很高兴，听从了王昭远的意见。

王昭远立即调兵遣将，北上迎敌，在四川广元一带集结重兵，与宋军决战。王昭远从未打过仗，他的所谓军事才能，都是从兵书上看到的，与久经沙场的老将王全斌，根本不是一个量级，再加上蜀军久不作战，战斗力很差，不是宋军对手，结果三战三败，损兵折将。王昭远无奈，只好退守剑门关。

剑门关在今四川剑阁县境内，是有名的险要之地，易守难攻，素以一夫当关，万夫莫开而闻名，只要据守剑门关，成都可保无虞。王昭远又信誓旦旦，表示一定会把宋军阻挡在剑门关外。

孟昶闻知王昭远兵败，退守剑门关，吃了一惊。他知道剑门关十分重要，此关若失，宋军便可长驱直入，成都就难保了。于是，孟昶赶紧派儿子孟玄喆，率数万精兵前去增援。这位公子哥携带爱姬，带着几十个艺人，吹吹打打地向北进军，仿佛不是去打仗，而是去搞什么庆祝活动。路人见了，都掩嘴偷笑。

王全斌知道剑门关险要，不能硬攻，必须智取。于是，他一面在剑门关正面佯攻，吸引蜀军主力，一面派出一支部队，翻山越岭，绕到剑门关背后，突然发起攻击。蜀军没料到宋军从背后杀来，惊慌失措，顿时溃散。王昭远喝止不住，将士们都跑光了，他只好换上便衣，藏在一个农户家，不料被宋军搜出，当了俘虏。

王昭远被俘以后，伤心地大哭，他觉得自己的才能还没有施展出来，怎么一下子就完了。王昭远被押送到开封后，赵匡胤没有杀他，还给了他一个左领军大将军的官职。

孟玄喆率援军走到半路，忽闻剑门关失守，王昭远被俘，吓得立即掉头，逃回了成都。宋朝大军一路南下，所向披靡，很快抵达成都。

与此同时，刘光义、曹彬率领东路大军，坐船沿长江西进，连破蜀军营寨，很快到达夔州（今重庆奉节）。夔州城雄踞瞿塘峡口，地势险要，是入蜀的咽喉之地。

夔州守将叫高彦俦，是一位经验丰富的老将，他认为宋军远来，利在速战，便打算凭坚据守。可是，他的监军武守谦不听军令，擅自带属下千余士兵出城作战，结果大败，宋军趁机攻入城中。

高彦俦奋力死战，受伤十余处，仍不能保住城池。手下人劝他逃走，高彦俦泣声说："夔州一失，成都难保，我有负皇帝重托，有何面目活在世上？"高彦俦纵身跳入火中，以身殉国。

刘光义佩服高彦俦的气节，从灰烬里找出他的尸骨，予以厚葬，然后，率军继续西进，一路上几乎没有打仗，沿途各地纷纷竖起白旗，东路军也很快抵达成都。

宋朝两路大军齐聚成都城下，将城池团团包围。此时，成都城中，尚有十四万军队，但军无斗志，人心惶惶。赵匡胤派人劝说孟昶投降，并说在汴河边上已为他建造了五百间房屋，保证他荣华富贵。

孟昶流着泪对大臣们说："朕父子二人，经营蜀地四十多年，不忍心成都毁于战火，虽然我们能够抵抗一阵子，但终究无济于事。"于是，孟昶决定投降，让宰相李昊写了降表。

李昊是个主降派，他过去是前蜀的大臣，前蜀灭亡时，就是由他写的降表，如今又为后蜀写降表。人们听说以后，半夜里给他家门口挂了一个牌子，上写"世修降表李家"，一时成为笑谈。

965 年正月，十几万蜀军放下武器，孟昶献城投降了，后蜀灭亡。赵匡胤的灭蜀战争，前后只经历了六十六天。

孟昶的爱妃花蕊夫人，闻讯后悲愤交加，赋诗一首："君王城上竖降旗，妾在深宫那得知？十四万人齐解甲，更无一个是男儿！"这首诗流传至今，令人感叹！

孟昶降宋后，由成都押送到开封，沿途数百里，有无数的百姓为他号哭送行，哭昏者数百人。孟昶也掩面痛哭，流泪不止。

在许多史书和文学作品中，都说孟昶是昏君，昏庸无道，骄奢淫逸，甚至说他用的便桶，都是黄金做的。可是，能够得到百姓如此爱戴，能是个坏皇帝吗？

孟昶还有几句名言："尔俸尔禄，民膏民脂。下民易虐，上天难欺。"这话流传至今，成为告诫、规劝官员的著名"官箴"。

孟昶到京以后，赵匡胤隆重接待，派其弟赵光义出城迎接，赐予孟昶大量财物，封他为秦国公。赵匡胤还特别尊敬孟昶的母亲李太后，尊称她为国母。

不料，孟昶进京不到一个月，却突然死了，终年四十七岁。有人怀疑是赵匡胤害死的，至今争论不休。

李太后听说儿子死了，一滴眼泪都没流。在祭奠儿子时，李太后把酒洒在地上，说："你不能死社稷，贪生至今日。我之所以不死，是因为你活着。如今你死了，我还活着干什么？"此后，李太后不吃不喝，绝食而死。好一个胸有气节的老太太！

赵匡胤灭掉后蜀，收获颇丰，一下子增加了四十六个州、二百四十个县的土地和人口，使宋朝实力大增。另外，赵匡胤忘不了后蜀宫殿里的财宝，灭蜀以后，他下令就地造了两百多艘大船，装满了金银财宝，通过水路运到开封，前后花了十年时间，才把后蜀的财宝运完。可见，后蜀富庶甲天下。

任何事情都有两面性。赵匡胤贪图后蜀的财宝，那些到了蜀地的将士们见了财宝，同样眼红，一个个变成了强盗，大肆掠夺财物，结果引发蜀地民众反抗，形成了大规模叛乱。

赵匡胤刚刚占领蜀地，又不得不平息蜀地叛乱，而且用了两年多时间，费了九牛二虎之力，才把蜀地稳定下来。

财富惹得兵变盗

　　宋军只用六十六天时间，就一举灭掉后蜀，天下震惊。赵匡胤龙颜大悦，诏令拿出重金，奖赏所有参加伐蜀的将士。可没有想到，赵匡胤的慷慨奖赏，却引起了将士们的极大不满，直接导致了蜀地持续两年多的叛乱。

　　原来，宋军是分北路军、东路军两路攻入蜀地的，相比之下，北路军打仗多，伤亡大，翻山越岭十分辛苦，而东路军是坐船去的，几乎没打什么仗。所以，北路军将士们普遍认为，他们的功劳大于东路军。可是，赵匡胤在奖赏的时候，北路军与东路军完全一样，同等待遇。北路军将士们觉得吃了亏，心中不平。

　　北路军将士们议论纷纷，大发牢骚，他们觉得皇帝处事不公，给的奖赏少了，又见蜀地富得流油，富豪商铺很多，于是干脆自己动手，抢劫起财宝来。

　　王全斌和一些高级将领，也认为奖赏不公，很有意见。王全斌又想起皇帝说过的他只要土地、钱财可以分给士兵的话，便对士兵的抢掠行为没有认真制止，只是派兵护住了皇宫，使国库里的财宝少受损失。

　　这样一来，蜀地可就乱了套。几万宋军官兵，几乎人人变成了强盗，他们三两人一伙，闯入百姓家中，将财宝抢劫一空，主人如果反抗，当场就被杀死，也发生了一些烧房奸淫之事，蜀地百姓陷入水深火热之中。

　　东路军监军曹彬，是个有大智慧的人，他见军队已变成强盗，觉得非出大事不可，于是严厉约束部下，东路军将士抢掠较少。

宋军的高级将领们，不便像士兵那样公开抢掠，但他们也有办法，就是向后蜀高官索贿，变相抢劫。结果后蜀大臣们十室九空，财宝全都落入宋军将领之手。有个叫王继涛的将领，甚至索贿到皇帝孟昶头上，逼着孟昶拿出财宝。

宋军大肆抢劫，引起蜀中百姓极大愤慨，民怨四起，有些地方开始发生叛乱。紧接着，更为严重的兵变也爆发了。

后蜀皇帝孟昶投降之时，下令让十几万蜀军放下了武器，实际上蜀军主力并没有受损。可是，如何处置这支军队呢？赵匡胤想了一个好办法，他把这支军队升格为朝廷军队，由蜀地调往河南，一是为己所用，二是防止他们在当地作乱。

赵匡胤知道，让蜀军将士们远离家乡，难度是很大的，于是又想了个办法，宣布每人发给一大笔钱。蜀军士兵们听说有钱，便勉强接受了朝廷命令，由成都动身去河南。

赵匡胤的想法不错，可他没有想到，宋军将士听说以后，一下子炸了锅。他们想不通，这些亡国之兵，为什么还要给钱，而且比给宋军士兵的赏钱还要多。宋军将士们愤愤不平，大呼小叫，大有形成骚乱之势。王全斌一看，事态严重，于是擅自做主，把发给蜀军士兵的钱扣下一大半，分给了宋军士兵。宋军士兵情绪稳定了，但却惹恼了蜀军。

蜀军背井离乡，向北开拔，越往北走，恋乡情绪越浓，心情越沉重。当走到绵州一带时，忽然听说他们的钱被克扣了，也是一下子炸了锅。在蜀军将士中，本来就有很多人对投降不满，如今更是怨声载道，愤慨思乱，有人振臂一呼，结果瞬间爆发了兵变。

蜀军造反了，却没有领头的，刚好有个叫全师雄的文州刺史，也随军进京。全师雄是当时最大的官，士兵们便拥立他当头。全师雄见势不妙，藏了起来，他不想蹚这个浑水。士兵们不依不饶，把他找了出来，硬逼他当了首领。王全斌听说发生了兵变，立即将全师雄全族斩杀，还抢去了他的宝贝女儿。全师雄悲痛欲绝，只得铁了心造反。

全师雄指挥蜀军攻占了附近的彭州，作为落脚之地，把蜀军改名为兴国军，立志复兴蜀国。全师雄派人到各地联络，蜀中百姓早就痛恨宋军的强盗行径，结果一呼百应，有十七个州发生了叛乱。

面对蜀地越来越猛的反抗烈火，王全斌又做了一件火上浇油的错事。当初蜀军被调往河南时，留下了两万七千多名老弱病残的士兵，蜀军半途叛乱之后，王全斌担心这些士兵里应外合，下令把他们全部斩杀。宋军的暴行，激起人们更强烈的反抗，一场规模浩大的叛乱在蜀地全面爆发。

蜀地军民造反，是被逼无奈，很好理解，令人不解的是，宋军将领中也出现了反叛。驻守嘉州的宋将吕翰首先叛乱，引起十几名宋军将领响应。这样，在蜀地形成了两股反叛势力，蜀地乱成了一锅粥。

宋军叛乱，是因为分赃不均，造成军心不满，他们便浑水摸鱼，趁火打劫，以便掠夺更多的财富。看来，这都是钱财惹的祸。

蜀地大乱的消息传到京城，赵匡胤震怒，亲自下令，处死了几个违法乱纪的下级军官，但对于王全斌等高级将领，暂时没有处罚。赵匡胤很精明，他怕处罚高级将领，会逼反他们，那就更不好收拾了。赵匡胤严令王全斌，一定要设法平息蜀地叛乱，叛乱不平，不准回京城。

王全斌完全明白赵匡胤杀鸡儆猴的用意，也知道蜀乱是由自己处置不当引发的，他只得将功赎罪，抖擞精神，全力以赴地去扑灭蜀中叛乱烈火。

蜀军虽然叛乱了，人数也不少，但缺少将领，没有统一的组织和指挥。赵匡胤在灭掉后蜀之后，下令将后蜀皇帝、大臣和军队高级将领，一股脑儿押送到开封去了。全师雄只是一个刺史，号召力不强，只能掌握一部分军队。所以，蜀军基本上是各自为政，王全斌将他们各个击破。

后来，全师雄病死，他的军队就树倒猢狲散了。宋军叛将吕翰被手下人所杀，其他十七名宋军叛将都做了俘虏，被押送到开封。王全斌用了两年多时间，费了九牛二虎之力，终于平息了蜀地叛乱。

平定了蜀地，赵匡胤诏令王全斌等高级将领进京。王全斌等人忐忑不安，不知道会受到什么样的惩罚。赵匡胤其实也很为难，王全斌等将士们灭掉后蜀，立有大功，但又引发叛乱，造成重大损失，罪过也不小。

赵匡胤想了个办法，把王全斌等人交给行政机关门下省去审理，而没有交给司法机关。这就意味着，看在他们赫赫战功的份儿上，不会追究他们的法律责任，只是予以行政处罚。

门下省经过审理，报赵匡胤同意，做出两条处理意见：一是将王全斌等一些高级将领全部贬官；二是责令他们将非法所得一律退赔，并且抢谁的退给谁。这处罚是相当宽大的，王全斌等人松了一口气。东路军抢掠较少，因而对东路军将领不罚不赏。

对那十七个宋军叛将，赵匡胤毫不手软，将他们绑赴刑场，全部斩首示众，所得财物全部没收。

赵匡胤还奖赏了两个人，其中之一，是东路军监军曹彬。曹彬严格约束部队，使得东路军很少参与抢劫。赵匡胤从此很器重曹彬，后来征伐南唐的时候，让他担任军队总指挥。曹彬成为一代名将，青史留名。

赵匡胤奖赏的另一个人，叫沈义伦。沈义伦是北路军高级将领，历来轻视财物。北路军将士大肆抢劫的时候，沈义伦看不下去，但又无力制止，便一个人跑到城外一个佛寺里，边吃素食边读书。回师之时，其他将领都是满载金银财宝，而沈义伦的行李中，唯有几本书而已。赵匡胤高度赞扬沈义伦，沈义伦后来官至宰相。

两征北汉无功绩

赵匡胤为了统一全国，制定了先南后北策略。然而，当他顺利占领湖北、湖南、蜀地之后，却突然掉头向北，攻伐北汉。这是为什么呢？

其实，赵匡胤一开始就想先北后南，他想先灭掉北汉，完全统一北方之后，再向南方用兵。可是，赵普、赵光义都不同意，说北汉虽然弱小，但有辽国支持，恐怕难以成功。赵匡胤觉得有道理，于是制定了先南后北的作战方针。

既然打算先搁置北汉，赵匡胤就想稳住它，免得北汉在背后捣乱。赵匡胤给北汉皇帝刘钧写了一封信，说北汉的敌人是后周，与宋朝没有仇恨，两家应该和平相处。

赵匡胤说得有些道理。北汉的开国皇帝叫刘崇，刘崇是后汉皇帝刘知远的弟弟。郭威篡汉建立后周的时候，刘崇镇守太原，于是自立为帝，延续后汉年号，长期与后周为敌。北汉弱小，不得已投靠辽国，学着石敬瑭的样子，向契丹称臣称侄。刘崇死后，儿子刘钧继位。赵匡胤篡周建宋以后，没有与北汉发生过大的战争。

北汉皇帝刘钧，为人谨慎，喜欢读书，擅长书法。他见到赵匡胤来信之后，特别高兴，因为暂时不用提心吊胆，担心宋朝来打了。刘钧回了信，态度十分友好。

刘钧不像他父亲那样，对辽国低三下四，对辽国的进贡也逐渐减少，辽国对刘钧不满意了，蛮横地扣留了他的使者，前后扣留了十六人。这个时期，赵匡胤集中力量攻打南方，但仍然关注着北方，听说北汉与辽国有了矛盾，心中暗自高兴。

968 年，刘钧病逝，养子刘继恩继位。刘继恩愚笨，只当了两个月皇帝，就被宰相郭无为杀死，他的弟弟刘继元继位。北汉与辽国失和，又发生内乱，政局不稳，赵匡胤闻讯大喜，认为是个好机会，于是决定暂时放下南方，挥师北进，想趁乱灭掉北汉。

968 年八月，赵匡胤决定出兵北伐。他认为此时攻取北汉易如反掌，因此，他坐镇开封，只派了昭义军节度使李继勋率军出征。李继勋是赵匡胤的结拜兄弟，镇守山西南部，与太原很近。赵匡胤还准备了四十多封劝降信，打算送给北汉官员，劝降信上都注明，如果投降，就封给个什么官。赵匡胤认为北伐胜券在握。

可是，赵匡胤没有料到，刘继元即位以后，北汉形势立刻发生了重大变化。刘继元十分强悍，也很明智，他登基以后，随即派人给辽国送上厚礼，请求辽国册封，努力与辽国修复关系。辽国皇帝很高兴，册封了刘继元，放回了被扣的使者，两家关系很快和好了。

与此同时，刘继元在太原南边的团柏谷（今太谷区）部署了军队，防止宋军入侵。领兵的大将叫刘继业，刘继业与刘继恩、刘继元一样，都是刘钧的养子。刘继业原名叫杨重贵，后来降宋之后，改回杨姓，就是大名鼎鼎的杨业。

李继勋率军来到团柏谷，刘继业领兵阻击。刘继业虽然英勇，但北汉军队实力太弱，不是宋军对手，吃了败仗，只好退守太原。

李继勋立即包围了太原城，按照赵匡胤的嘱咐，把劝降信用箭射入城内。劝降信起了一定作用，宰相郭无为见劝降信上注明，他投降后可以当安国节度使，心有所动，打算投降。不料，刘继元察觉了他的图谋，把他杀了。

刘继元凭借城池坚固，死不投降，并向辽国求救。辽国不愿意让北汉灭亡，立即派出大军，驰援太原。李继勋正在围攻太原，忽见辽国铁骑从背后杀来，仓促应战，吃了败仗，只得撤兵。第一次北伐无功而返。

赵匡胤不甘心，第二年春天，又一次征伐北汉。这一次，赵匡胤不敢大意了，亲自领兵去打，并调集了李继勋、曹彬、党进、何继筠、赵赞等多名大将。

赵匡胤知道，要想攻下太原，必须阻断辽国的援兵。于是，他派彰德军节度使韩仲赟、彰义军节度使郭延义，率军赶到太原以北，占据有利地形，准备阻击辽国援军。

赵匡胤部署好了以后，指挥大军，把太原城团团包围，四面攻打。太原城经过多年修缮，相当坚固。北汉皇帝刘继元十分顽强，亲自督战。因此，宋军连攻多日，采取强攻、火攻、挖地道等多种方式，均不能奏效，战况十分激烈。

辽国听说太原被围，立即派兵救援，不料途中遭遇宋军阻击。辽兵虽然凶悍，可宋军地形有利，以逸待劳，辽军急切不能通过，战况也十分激烈，辽兵被杀数千人，宋军伤亡也很大。

赵匡胤见太原城久攻不下，心生一计，命士兵挖开太原城外的汾水，引水灌城。汾水汹涌而下，一下子把太原城墙冲开一个缺口，城中满是水。刘继元指挥士兵，用草垛做掩护，抵挡宋军箭雨，很快把缺口堵上了。

赵匡胤见北汉如此顽强，知道他们心存侥幸，在等待辽国援兵，便命人将砍下的辽兵脑袋，全都送到太原前线。赵匡胤把几千颗辽兵头颅摆在城外，很是震撼，然后向城中喊话，说辽国援军已被消灭，没有指望了。

这一招果然见效，北汉士兵见了，心惊胆战，斗志锐减，不少士兵相拥而泣，城中哭声一片。刘继元也惊慌失措，没有了主意。

赵匡胤眼看胜利在望，心中窃喜。不料，就在这关键时刻，突发意外。宋军军中疾病流行，大批将士上吐下泻，失去了战斗力。韩仲赟、郭延义又频频告急，说辽国不断增兵，眼看抵挡不住了。赵匡胤无奈，只得长叹一声，下令全线撤军。第二次北伐又是无功而返。

此后，赵匡胤再也没有攻打过北汉。北汉这个弹丸之地，直到979年，才被赵光义灭掉。

赵匡胤两征北汉失利，只得把目光又转向南方。此时南方需要征服的对象，只剩下南汉、南唐两国了。

那么，赵匡胤征伐南汉、南唐两国，能够顺利吗？

连灭两国收江南

赵匡胤两征北汉无功而返，只得继续实施先南后北策略，派兵攻打南汉、南唐，意图收复江南。

南汉于917年建立，开创者叫刘隐。刘隐是上蔡（今河南上蔡）人，唐末担任封州刺史。刘隐胸怀大志，足智多谋，他利用唐末大乱的机会，扩大势力，占据了广东、广西、海南等地，被称为南海王。

刘隐死后，其弟刘陟继位。刘陟也叫刘龑、刘岩、刘纻等，他野心勃勃，自称是刘邦的后代，改为汉国，登基称帝。

刘陟死后，儿子刘玢继位。刘玢昏庸，不理政事，结果只当了一年皇帝，就被弟弟刘晟杀死，夺去了皇位。刘晟残暴，诛杀大臣和兄弟，使南汉国力日益衰弱。刘晟死后，其子刘𬬮继位。

刘𬬮昏庸无能，荒淫无道，宠信宦官和宫女，让他们把持朝政，自己只顾吃喝玩乐，结果造成朝廷腐败，社会黑暗，民众处于水深火热之中。

970年九月，赵匡胤决定兵发岭南，灭掉南汉。赵匡胤任命潘美为伐汉总指挥。潘美是杨家将中潘仁美的原型，是一个奸臣形象。其实，潘美是宋朝开国名将，智勇双全，胸有谋略，屡立战功，深受赵匡胤宠信。

潘美率军攻击南汉。此时，南汉旧将和宗室早就被刘晟、刘𬬮父子俩剪除殆尽，领兵的多数是宦官，而且武备松弛，楼船战舰、武器盔甲全都腐朽，军队士气低落，战斗力很差。潘美没费多大力气，就连续攻克贺州、昭州、桂州、连州。

刘𬬮听说丢了四州，不仅不着急，反而很高兴，说："宋军得到四州，应该满足了，不会再继续南下了。"

潘美的任务是夺取南汉全境，岂能满足于四州之地？潘美率军继续南下，一路攻城略地，所向披靡。南汉军队抵挡不住，非溃即降。到了年底，潘美攻克重镇韶州，即将兵进都城广州。

刘铱慌了手脚，命人准备了十几艘大船，装满了金银财宝和美女，打算乘船逃亡海外。不料，一些宦官和士兵见财起了歹心，悄悄把船开走了。等到宋军兵临城下，刘铱准备登船逃命时，一条船也不见了。刘铱傻了眼，只好乖乖当了俘虏，南汉灭亡。潘美灭掉南汉，用了五个多月时间。

刘铱被押送到开封，赵匡胤接见了他，并赐御酒。刘铱却吓得哇哇大哭，死活不肯喝。原来，他平时喜欢用毒酒毒杀大臣，欣赏他们垂死挣扎的样子。赵匡胤弄清楚了缘由，哈哈大笑，自己把那杯酒一饮而尽。刘铱傻了眼，破涕为笑。刘铱受到优待，十年后病死。

赵匡胤灭掉南汉，下一个目标便是南唐了。南唐与南汉不同，早就向宋朝称臣，而且毕恭毕敬。可赵匡胤为了统一大业，顾不上这些了。

南唐于937年建立，开创者叫李昇。李昇是徐州（今江苏徐州）人，从小孤苦伶仃，被南吴大臣徐温收为养子，改名徐知诰。李昇忠厚仁义，有勇有谋，后来接替养父职务，成了南吴权臣。李昇势力增强以后，篡吴建唐，登基称帝，自称是唐朝宗室。李昇勤政爱民，治国有方，对外息兵，埋头发展经济，使南唐强盛富裕。

李昇死后，儿子李璟继位。李璟与父亲截然不同，他穷兵黩武，好大喜功，先后灭掉南楚、闽国两个政权，扩大了疆域，但国力也遭受很大损失。后来，后周皇帝柴荣三次御驾亲征，夺取南唐近一半的土地，逼得李璟取消帝号，向后周称臣纳贡。

李璟死后，儿子李煜继位。李煜是历史上著名词人，才华横溢，诗文音律无不精通，但就是缺乏治国才能。李煜继续向宋朝称臣纳贡，小心侍奉，但暗地里也做着战争准备。

由于南唐一向恭顺，赵匡胤没有理由打他，所以等到其他割据政权被灭掉之后，赵匡胤才最后收复南唐。赵匡胤不想让南唐生灵涂炭，特地任命以仁厚著称的曹彬为伐唐总指挥。

听说宋军来伐，李煜派使者去见赵匡胤。使者对赵匡胤说："唐主像孝敬父亲一样侍奉陛下，没有过错，陛下师出无名。"

赵匡胤沉默了半天，只说了一句话："李煜并没有错，可卧榻之侧，岂容他人酣睡？"赵匡胤不讲道理了，李煜无可奈何，只得奋起反抗。

974年九月，曹彬率十万大军，兵分三路，进攻南唐。宋军兵强马壮，战斗经验丰富，南唐军队不是对手，但不像其他军队那样一触即溃，而是顽强抵抗。所以，经过半年多激战，宋军才占领了南唐大部分地区。

975年三月，宋军包围了南唐都城金陵（今南京）。此时，金陵已成为一座孤城，南唐覆灭在即。曹彬多次劝李煜投降，南唐大臣们也有不少人愿降。可是，李煜十分坚决，决心抵抗到底，并斩杀了意图投降的几个将领。

宋军包围金陵半年多时间，曹彬意图逼迫李煜投降，因而攻城不是太急，可李煜却拒不投降。曹彬见劝降无效，于十一月十二日集中兵力攻城，激战半月，于十一月二十七日攻破城池。

城破之后，宋朝军队大举入城，南唐军队仍在城内开展巷战，直到最后一刻。南唐将领呙彦、马诚信、马承俊等人，都力战而死。大臣陈乔上吊自杀，以身殉国。李煜被俘投降，南唐灭亡。

宋朝灭掉南唐，用了一年零三个月时间，这固然有曹彬没有急攻的因素，但主要原因，是南唐反抗意志坚决，而且事先做了战斗准备。在南方所有割据政权中，南唐反抗最激烈，持续时间最长。李煜虽然最终亡国了，但他已经尽力了。

李煜被押送开封后，赵匡胤对他的顽强抵抗十分不满，封他为"违命侯"。李煜始终充满了亡国的忧愁，他的著名诗句"问君能有几多愁，恰似一江春水向东流"流传至今，感人肺腑。李煜两年后忧郁而死，终年四十二岁。

在一些史书和文学作品中，把李煜写成了骄奢淫逸的亡国之君，是欠公平的。

南唐被灭以后，只剩下一个吴越了。后来，吴越纳土归宋，南方完全收复。赵匡胤基本上完成了统一国家大业，其功绩永垂史册。

不遗余力固皇权

赵匡胤在统一全国的同时，也在不遗余力地做着另外一件大事，就是千方百计扩大和巩固皇权，希望宋朝江山能够千秋万代。

五代时期，朝廷更迭不断，皇帝轮换频繁，一个主要原因，就是君弱臣强。谁掌握了大权尤其是军权，谁就有可能当皇帝，赵匡胤本身就是一个典型例子。所以，赵匡胤为了让宋朝江山永固，就要想办法削弱臣子的权力，最大限度地强化皇权。

赵匡胤是依靠禁军力量登上皇位的，因而他特别警惕禁军将领，以防有人再来个黄袍加身。赵匡胤在称帝的第二年，就通过杯酒释兵权，免去了石守信等一些功臣的兵权，随后改革禁军制度，把禁军牢牢掌握在自己手里。

除禁军之外，赵匡胤还担心各地节度使。自唐末以来，节度使的势力一直很大，他们管辖不少的州县，拥有军权、行政权、财权、司法权等。所以，节度使造反屡见不鲜，极易形成军阀割据，赵匡胤必须要解决这个问题。

节度使最倚重的是兵权，赵匡胤首先在兵上做文章。赵匡胤很有办法，他借口征战的需要，把各地身强力壮的士兵都调到朝廷军队中来。赵匡胤找了一些身材高大的士兵当模特，凡达到这个标准的士兵，都要抽调上来。后来赵匡胤嫌麻烦，干脆向各地发了一根很高的木棍，按照木棍的高度调人。这样，朝廷军队个个都是身材高大的精兵，而节度使的军队，就剩下一些老弱病残了。

节度使管辖许多州县，可以随意任命州县的官员。赵匡胤又想了个办法，他借口治理地方，从朝廷抽调一批文官，去做州县的官员。

这些朝廷任命的官员，自然不会盲目服从节度使的命令。后来，赵匡胤又想办法，把节度使的财权、司法权夺去了，使得节度使的势力大减。

即便这样，赵匡胤对节度使仍不放心，因为他们都是一些功臣名将，有很高的声望。赵匡胤打算，要彻底解决节度使的问题。

969年十月，赵匡胤诏令一些节度使进京，在御花园摆下酒席，热情招待他们。酒过三巡之后，赵匡胤借着酒兴，感叹道："你们都是国家的功勋老臣，长期驻守外地，公务繁忙，十分辛苦，朕实在于心不忍。"

有几个聪明的节度使，听出了赵匡胤的弦外之音，这是要他们告老还乡啊！凤翔节度使王彦超立即下跪说："陛下圣明，体谅臣等。臣本无功劳，承受皇恩多年，如今年老体衰，请求回归乡里，以度残年。"王彦超资历很老，与赵匡胤父亲是同僚，赵匡胤年轻的时候，曾经投奔过他，想在他手下当兵，可是未被录用。

听王彦超这么一说，赵匡胤很高兴，夸赞了他几句。不过，也有一些节度使脑袋不开窍，夸耀起自己的功劳来。赵匡胤不耐烦了，打断他们说："这都是过去的事，不必再提了。"

第二天，赵匡胤一道诏令，将参加宴会的节度使全部免职，给他们封了个荣誉官职，让他们住在京城养老。这些节度使实力大减，也无可奈何。这又是一次杯酒释兵权。

此后，赵匡胤很少再设节度使职务，有少数仍然保留的，也是有职无权。各州县的地方官，很多换上了文人。这样，影响中国社会百余年的军阀割据问题，基本上被赵匡胤解决了，中央集权空前强大。

赵匡胤对地方官员也做了限制，三年轮换一次，以防止他们在当地形成自己的势力。另外，每个州设了一个通判，通判的级别没有知州高，但权力却很大，有些重要事务，需要知州和通判两个人签字才能生效。通判还负有监督知州的责任，别称叫监州。这样，地方官员的权力受到约束，只能老老实实地服从中央。

赵匡胤还处心积虑地削弱宰相的地位和权力。宰相与丞相不同，丞相是官职，通常只有一两个人；宰相不是官职，而是皇帝之下高官的通称，人数较多。不过，宰相仍然处于一人之下、万人之上的特殊地位，还是很有权势的。在宋代之前，宰相与皇帝商议事情，往往是坐着的，而且还有热茶。赵匡胤把它改了，宰相们一律站着，只有皇帝一人坐着。

过去宰相处理朝政，往往先拟订一个处理方案，奏报给皇帝，皇帝只能同意或不同意。赵匡胤要求，宰相奏事时，至少要拟订三个方案，供皇帝选择和决定。这样，宰相想要左右皇帝，难度就很大了。

为了弱化宰相的权力，赵匡胤还新设了一个官职，叫参知政事。起初，参知政事权力不是很大，只是类似于秘书。后来，参知政事分了宰相一些职权，权力越来越大，成了副宰相。宰相权力弱化，皇权自然强化了。

在所有的权力中，赵匡胤最重视的是军权。赵匡胤把军队分成两部分，一部分驻守京城，一部分驻扎外地，两部分兵力大体相当，互相牵制。中央管军事的部门叫枢密院，但枢密院只有调兵权，没有掌兵权；军队将领有掌兵权，但没有调兵权。这又是一个互相制约。

赵匡胤还煞费苦心地制定了兵将分离制度。军队将领与士兵们是分开的，平时不在一块，而且调整频繁，使得将不认识兵，兵不熟悉将。这样，军队将领再想搞兵变，就根本不可能了。

赵匡胤采取的所有措施，目的只有一个，就是消除内忧，加强皇权。赵匡胤是从五代时期过来的，对内忧的认识十分深刻，而对外患认识不足。赵匡胤曾经说过："外患不过边事，皆可预防，唯有内忧，深可惧也！"赵匡胤对北方少数民族的崛起没有重视和防范，以至于后来宋朝吃了大亏。

赵匡胤加强皇权的措施十分有效，皇帝牢牢掌握着大权，大臣和将领们的权力受到限制，所以宋朝没有出现武将颠覆政权的事情。

然而，任何事情都有两面性。大臣和将领们权力弱化，自然影响了行政效率；部门之间互相制约，形成机构臃肿，官僚队伍庞大，相互扯皮；尤其是兵将分离制度，使得将领与士兵不能同心协力，严重影响了军队的战斗力。这些弊病越积越重，造成积贫积弱。

后来，有些有作为的皇帝，试图革新变法，消除弊病，但祖宗之法已经根深蒂固，阻力很大，难以成功。所以，宋朝国力越来越弱，尤其是军队的作战能力很差，打不过辽国，打不过金国，甚至打不过西夏，最终被蒙古人灭掉了。

这是赵匡胤始料未及的。

朝廷兴起读书热

赵匡胤是武将出身，戎马一生，靠武力夺取天下。可是，忽然有一天，赵匡胤却倡导百官读书，很快在朝廷掀起一股读书热。赵匡胤提倡读书，是由一件小事引起的。

966年的一天，赵匡胤闲来无事，到后宫转悠，见一名宫女正在梳妆。宫女的梳妆台上，放着一面铜镜，铜镜斑驳破旧，年头很久了。

赵匡胤感到奇怪，问宫女为何还要用这面旧镜子。宫女回答说，她原先是后蜀孟昶的宫女，最近刚被充实到宋朝后宫。那面铜镜是母亲送她的纪念之物，不忍丢弃，于是随身带了过来。

赵匡胤拿起铜镜观看，见铜镜背后有五个字："乾德四年铸"，不由得吃了一惊。原来，当时正是宋朝的乾德四年，而铜镜却是几十年前的旧物，怎么会有宋朝的年号呢？

宫女也说不清楚，赵匡胤满心狐疑。于是，赵匡胤把赵普等四五个宰相召来，问是怎么回事？赵普等人看了铜镜，也都大吃一惊，但都摇头，皆不知是何缘故。

赵匡胤又把翰林学士窦仪、陶谷召来询问。翰林学士是读书人，很有学问。窦仪、陶谷见了铜镜，异口同声说："这是前蜀时期铸造的，前蜀的亡国之君叫王衍，曾经使用过乾德这个年号。"

赵匡胤听了，有些恼怒；赵普等人则羞愧不已，十分惶恐。原来，赵匡胤在定年号的时候，再三交代宰相们，要选一个吉祥的、别人没有用过的年号，没想到宰相们经过千挑万选，竟然选了一个别人用过的，而且还是个亡国之君的年号，闹出了大笑话，也很不吉利。

赵匡胤在恼怒之余，十分感慨地说了一句话："宰相须用读书人！"

当时，赵匡胤的文臣武将们，普遍读书不多，总不能把他们全免了，换上读书人，唯一的办法，是鼓励臣子们多读书，提高他们的文化素养。于是，赵匡胤开始提倡百官读书。

赵普是当朝宰相，是赵匡胤的主要谋士，他虽然足智多谋，精通吏道，但文化程度却不高。既然皇帝提倡读书，赵普当然要带头了，从此，赵普成了读书迷。

赵普手不释卷，只要一有空闲，就用来读书。《宋史》记载说，赵普下朝回家以后，就干一件事，从书箱里拿出书来，一直读到深夜。赵普死后，家人打开他的书箱，发现里面只有一套《论语》。后来，赵普以"半部《论语》治天下"而闻名。

其实，赵普不光读《论语》，还读了大量其他书籍。赵光义对赵普有个评价，说他幼不好学，晚年却酷爱读书，经史百家没有不读的，最后达到了"硕学老儒"的程度，成为大学问家。

赵匡胤本人也爱读书，他随柴荣征伐南唐的时候，就注意收集书籍，回来时装了满满几车。有人向柴荣打小报告，说赵匡胤搜刮了大量财宝，柴荣派人一看，原来全是书。赵匡胤灭掉后蜀等割据政权以后，专门下诏，把当地书籍收集起来，全部运到了开封。

赵匡胤提倡读书，又以身作则，朝廷很快掀起了读书热，就连那些赳赳武夫，也有不少人读起书来，说话变得文绉绉的。

有个著名的武将，叫党进。党进打仗勇猛，立了不少战功，但他是个大老粗，没有文化，于是也读起书，想装点斯文。有一次，党进奉命外调，临行前需向皇帝辞行。党进想显示有点文化，便让人写好了几句文言词，自己背熟，打算向皇帝辞行时露一手。

不料，党进见了皇帝，却一下子忘了词，脸憋得通红，结结巴巴、前言不搭后语地冒出了几句话："臣闻上古时期，民风淳朴，所以，希望陛下保重龙体。"结果惹得满堂大笑。

宋朝宫廷有个很大的图书馆，赵匡胤常去借书。当时负责图书的官员，叫卢多逊。卢多逊很有心机，皇帝借走哪本书，卢多逊马上先行阅读，因此与皇帝交谈起来，头头是道，很受赵匡胤赏识。卢多逊后来当上了宰相。

赵匡胤是个务实的人，他虽然说宰相须用读书人，但选用宰相时，仍然重视处事能力，并不重用书呆子。窦仪、陶谷都是饱学之士，但却没有做宰相。

陶谷恃着有满腹学问，又有起草禅位诏书之功，心中不平，常发牢骚，吹嘘自己文章天下第一。赵匡胤听了，对左右说："陶谷写文章，不过是比着前人文章，照葫芦画瓢而已，没有什么新意。"

陶谷知道以后，心中更是不服，便在翰林院墙壁上题诗一首："官职须由生处有，才能不管用时无。堪笑翰林陶学士，年年依样画葫芦。"赵匡胤很生气，终究没有重用他。

赵匡胤提倡读书，目的是培养臣子们的忠君思想，同时，他想改变五代时期的暴戾之气，文治天下。

要想达到这个目的，光是朝廷读书还不够，还要在全社会形成读书之风，而且要优待读书人。

宋朝优待读书人

人们普遍认为，历史上读书人地位最高、幸福感最强的时期，是在宋朝。在宋朝，文官地位高于武将，读书人受到优待，以至于有不少人说，宋朝是一个文明理性的社会。

赵匡胤出身将门，靠武力平定天下，但他知道一个道理，就是可以在马上得天下，而不能在马上治天下，于是他想重用文人，以文治国。

其实，以文治国早有先例，最著名的是东汉开国皇帝刘秀。刘秀依靠诸多武将，平定了天下，恢复了汉朝。建国以后，刘秀没有让这些功勋卓著的武将参与朝政，而是把他们供养起来，依靠文人治理国家，结果获得巨大成功。赵匡胤是想学刘秀。

赵匡胤与刘秀不同的是，他在内心世界里，特别猜忌武将，而不惧怕文人，这与当时的时代背景有关。在五代时期，造反叛乱的、篡位夺权的，都是手握兵权的武将，而文官没有这个能力。赵匡胤曾经说过，文官出问题，最多就是贪污受贿，一百个文官，也顶不上一个武将的能量。文官搞不好会乱政，但不容易亡国。

因此，赵匡胤建国尤其是基本统一天下之后，对武将充满了猜忌和提防，想方设法降低他们的地位，限制他们的权力，而对文官比较信任，也比较放纵，因而文官的待遇、地位都高于武将。文官是在读书人中产生的，读书人的地位自然也随之提高。

赵匡胤除了在朝廷提倡读书，还要在社会上清除五代时期的戾气，推行教化。为此，他大力推广儒学，用儒家思想统治国家，教化民众，尤其是用儒家学说培养人们的忠君意识。赵匡胤下诏，要求各地建孔子庙、塑孔子像，他还亲自撰写对孔子的颂词。因此，在宋朝时期，是儒学发展的又一高峰。

人们读书的最大动力，是入仕做官。赵匡胤重视并积极推行科举考试。唐末以来，由于朝廷腐败，考场充满了黑暗，赵匡胤严加整顿，革除弊端，有时亲自主持殿试，还增加了复试制度，堵塞了漏洞，保证了考试质量，使一批人才涌现出来，为文治天下奠定了基础。赵匡胤高兴地对左右说："过去有钱有势的人垄断了科举，现在朕把这一弊病革除了。"由于当时条件所限，赵匡胤科举录取的人数不是很多。

宋朝读书人受到优待，许多人认为，这与太祖碑誓有着很大关系。太祖就是赵匡胤，他为后代子孙立了几条誓言，刻于碑上，藏于太庙，要求世代遵守。

记载太祖碑誓最详细的史书是陆游写的《避暑漫抄》。记载说，962年，赵匡胤秘密镌刻一碑，立于太庙寝殿的夹室中，称为誓碑。碑高七八尺，宽四尺多，上刻三条誓言。一是柴氏子孙有罪，不得加刑，即使犯了谋逆大罪，也只能在狱中赐死，不能公开斩首，也不能连坐家人；二是不得杀士大夫及上书言事人；三是子孙有违此誓者，天必殛之。

这三条誓言实质上是两个内容：一是柴氏子孙犯罪以后，给予一定优待；二是优待士大夫及上书言事人，这些人都是读书人。第三条只是发了个毒誓而已。

誓碑用销金黄幔遮蔽，夹室上锁，任何人不得观看，只有在祭祀或者新皇帝登基的时候，皇帝由一名不识字的小太监引领，进入夹室，焚香跪拜，然后摘去黄幔，面对誓碑默诵。其他人皆不得入内。

誓碑如此神秘，长期不被人们知道。大概赵匡胤认为，这是皇帝的底牌，不能广为人知，以防读书人和柴氏子孙放纵，也担心武将和其他人不平。直到金国灭掉北宋，打开太庙之门，誓碑才大白于天下。

《避暑漫抄》在记载这件事的时候，加了个小注，注明史料来源于《秘史》。《秘史》现在已经佚失。

《避暑漫抄》属于野史笔记，不一定可信，但是，《宋史》在《曹勋传》中，也记载了誓碑之事，可信度就比较高了。

曹勋是北宋官员，随宋徽宗一起被金人俘虏。宋徽宗告诉曹勋说，他肯定是回不去了，曹勋如果有机会回到宋朝，就转告新皇帝："艺祖（赵匡胤）有誓约藏于太庙，不杀大臣及言事官，违者不祥。"曹勋后来果然回到南方，将誓碑之事告诉了宋高宗。

也有学者质疑太祖碑誓，认为不一定是真的。不过，从宋朝三百多年历史来看，确实比较优待柴氏子孙和读书人。

太祖碑誓是真是假并不重要，重要的是，宋朝复兴儒学，实行优待读书人的政策，把文化教育推向了一个新的高峰。著名学者陈寅恪说："华夏民族之文化，历数千载之演进，造极于赵宋之世。"外国一些学者也认为，宋朝文化之繁荣，堪比欧洲的文艺复兴。

这是赵匡胤对中国历史和中华文化做出的杰出贡献之一。

赵匡胤是怎么死的

976 年十月，赵匡胤一夜暴毙。他突然驾崩，是得急病死的，还是被人谋害的？千百年来，人们对此议论纷纷，争论不休。

《宋史》对赵匡胤之死，记载十分简略，只有寥寥十二字："癸丑夕，帝崩于万岁殿，年五十。"正史中没有提到赵匡胤被谋害之事，记载简略，似乎属于正常死亡。

可是，在宋代野史笔记中，有很多记载赵匡胤临死前的事情，虽然没有明说赵匡胤死于谋杀，但闪烁其词，给人以无限遐想。其中最著名的，是斧声烛影的故事。

记载斧声烛影的野史很多，最具有代表性的，是三部史书。一是《续湘山野录》，二是《涑水纪闻》，三是《续资治通鉴长编》。

《续湘山野录》详细记载了斧声烛影的全过程。记载说，赵匡胤年轻的时候，与一个道士是朋友。道士自称混沌，又称真无，不知道他的真实姓名。道士曾经预言，赵匡胤日后能当皇帝，后来果然应验。赵匡胤认为道士是神人。

赵匡胤称帝以后，道士不知去向，直到 976 年春天，才在街上偶然相遇。赵匡胤很高兴，请道士到宫中畅饮。酒宴中间，赵匡胤问："你看朕寿命还有多久？"

道士掐指一算，说："今年十月二十日，是一个关键日子。那天夜里，如果天气晴朗，您可以延寿一纪；如果是阴天，恐怕就是大限，您要赶快安排后事。"赵匡胤把道士的话，牢牢地记在了心里。

到了十月二十日那天，赵匡胤仰望苍天，见晴空万里，没有一丝浮云，心中大喜。不料到了夜里，天气陡变，阴霾四起，大雪骤降。

赵匡胤大惊，急忙传令，召晋王赵光义即刻进宫。

赵光义急速赶来，赵匡胤屏退左右，兄弟二人对饮起来，边饮边谈。他们谈了什么，无人知晓，只是遥见烛影之下，赵光义时而避席，好像在推辞什么。

三更时分，雪下得更大，地面积雪已有数寸。赵匡胤拿起柱斧，出门戳雪，看雪的厚度，回头对赵光义说："好做，好做。"赵匡胤随后解带就寝，鼾声如雷。赵光义留宿宫中，没有回家。

柱斧，是用玉或水晶做得十分精致的小斧子，象征皇权，是礼器，并不是那种砍柴杀人的斧子。所以，斧声烛影听起来有凶杀之意，其实完全是误解。

五更时分，侍者见赵匡胤没有声息，向前探视，已经驾崩了。天明以后，赵光义在枢前即位，并引百官瞻仰赵匡胤遗容，见赵匡胤面色红润，好像刚刚汤沐一般。

从《续湘山野录》记述来看，赵光义是赵匡胤生前唯一见过的人，而且在一块喝酒，因而赵光义有嫌疑。但是，却看不出赵匡胤被谋害的迹象，反倒说明，赵匡胤在生命最后时刻，急速把赵光义召进宫来，似乎是要向他托付后事。

《续湘山野录》的作者叫文莹，是个和尚。《续湘山野录》属于野史笔记，文中所叙带有小说性质，不能完全相信，特别是道士的预言。

司马光是北宋著名史学家，撰写了《资治通鉴》，因《资治通鉴》止于宋朝建国前，他打算收集宋开国以后的史料，再写一部《资治通鉴后纪》。司马光把他收集的史料汇集起来，取名《涑水纪闻》。《涑水纪闻》也记载了斧声烛影的故事，但与《续湘山野录》有很大不同。

《涑水纪闻》说，赵光义与赵匡胤喝完酒之后，没有在宫中留宿，而是回家了。赵匡胤驾崩以后，宋皇后立即命令宦官王继恩，急召赵匡胤四子赵德芳入宫。

赵匡胤有四个儿子，长子和三子早夭。次子赵德昭，时年二十六岁；四子赵德芳，当时十八岁。这两个儿子都不是宋皇后生的。宋皇后没有召年长的赵德昭，而是召年少的赵德芳入宫，显然不太正常。

不料，王继恩出宫以后，没有去叫赵德芳，而是一溜烟跑到赵光义府上。在大门口，遇见左押衙程德玄在附近徘徊。五更时分，程德玄在赵光义府前溜达什么？这事又增添了几分神秘感。有学者据此认为，程德玄是赵光义的亲信，又懂医术，赵匡胤可能是被毒死的。不过，这证据有点牵强。

王继恩告诉程德玄，说皇帝驾崩了，二人赶紧敲门入内，告知了赵光义，并催他立即进宫。赵光义闻讯大惊，却不敢贸然进宫，说与家人商议，很久不出来。王继恩着急，催促赵光义，说如果迟疑，皇位就落到别人手里了。赵光义这才与王继恩、程德玄一起，步行踏雪入宫。

宋皇后听见有人来了，急问："是德芳吗?"王继恩回答："是晋王!"宋皇后大惊失色，竟对着赵光义称"官家"，说："我母子之命，皆托于官家。"官家不是随便叫的，是后宫嫔妃对皇帝的称呼。宋皇后一见赵光义就称官家，等于承认了他的皇帝身份。

赵光义泣涕说："共保富贵，无忧也。"赵光义对宋皇后十分不满，即位后对她冷漠薄凉。

从《涑水纪闻》记载来看，赵匡胤死的时候，赵光义并不在宫中，排除了"弑兄"嫌疑。另外，赵光义继位似乎是众望所归，只是宋皇后插了一脚，所以，王继恩不听皇后之命而引来赵光义，宋皇后见了赵光义，立刻就叫官家。可是，赵光义为何犹豫不肯进宫呢，再加上那个不速之客程德玄，这又是一个谜团!

到南宋时期，李焘在编写《续资治通鉴长编》的时候，把两个记载糅合起来，改造了一下。一是赵匡胤急召赵光义入宫时，加了一句："属以后事。"二是把赵匡胤用柱斧戳雪改为戳地。三是把赵匡胤说的"好做"，改为"好为之"，等等。

从以上记载来看，野史笔记虽然记述了斧声烛影的故事，但并没有证据表明赵匡胤是被谋杀的，而且记载互有矛盾。所以，作为正史的《宋史》，自然没有采信赵匡胤被害的说法。

有许多学者认为，赵匡胤被害的说法没有证据。有学者研究认为，赵匡胤家族有遗传病史，除个别人以外，其他人活的年龄都不大。赵匡胤有酗酒习惯，突发疾病而死，是完全有可能的。

当然，也有一些学者认为，赵匡胤是死于谋杀，因为有很多疑点。特别是一些小说、戏剧、影视等文学作品，为了吸引人们眼球，增强作品的感染力，大力渲染赵匡胤被害的故事，编造了许多离奇情节，把斧声烛影蒙上了一层血腥和恐怖的外衣。由于文学作品影响力大，赵匡胤死于谋杀的说法，在社会上广泛流传。不过，文学作品不同于史籍，是可以虚构编造的，所以不能信以为真。

赵匡胤被弟弟赵光义谋害的说法流传很广，一个重要原因，是赵匡胤死后，赵光义登上帝位，成了最大的受益者。

赵匡胤有好几个儿子，并且已经成年，那么，赵匡胤为什么不把皇位传给儿子，而让弟弟当了皇帝呢？

赵匡胤为何不传子

在封建社会，皇位的继承顺序，一般是父死子继，只有在没有儿子或者儿子不能继承的情况下，才可以兄终弟及。不过，五代时期比较混乱，有些例外。

赵匡胤晚年时，有两个成年的儿子，而且都比较优秀，可最终由弟弟赵光义继承了帝位。所以，赵光义落下了弑兄篡位的嫌疑。事实究竟是怎么回事呢？

《宋史》对这个问题有着详细记载，根源出在赵匡胤母亲杜太后身上。

杜太后出身名门，知书达理，治家严谨，生了五个儿子，老大和老五不幸夭折，只剩下赵匡胤、赵光义、赵廷美兄弟三人。

960年，赵匡胤发动陈桥兵变，五天之内完成了改朝换代。有人跑去告诉杜太后："你儿子做了皇帝。"杜太后面色平静，一点也不感到意外，说："我儿一向胸怀大志，果然如此。"

赵匡胤称帝以后，尊母亲为皇太后，众臣都向杜太后祝贺，可杜太后一点喜悦之色也没有，反而满脸忧郁。众人不解，杜太后面色凝重地说："皇帝位于万民之上，如果治国有方，则皇位可尊；如果失去控制，就会大祸临头，即使当一百姓也不可能，所以，我十分忧虑。"

杜太后的担心是有道理的，在五代时期，皇帝频繁轮换，当的时间都不长，而且下场都很悲惨。当母亲的为儿子担忧，是很正常的。

赵匡胤听说以后，跪在母亲面前发誓："儿子一定听从母亲的教导，好好治理国家，决不让母亲担忧。"赵匡胤对母亲是很孝顺的。

赵匡胤称帝一年之后，杜太后有病。赵匡胤衣不解带，日夜在病床前侍候，赵普也经常陪同服侍。杜太后病情越来越重，眼看不久于人世。她当时已经六十岁，属于高龄了。赵匡胤时常悲哀哭泣。

有一天，杜太后忽然问赵匡胤："你知道你为什么能当上皇帝吗？"赵匡胤悲泣不能答。杜太后再问，赵匡胤哭着说："这完全依赖父母积德所致。"

杜太后十分严肃地说："不对！你所以能当皇帝，是因为周世宗传位于一个小孩子。试想，周氏如果有一个年长德高的人主宰天下，你能当上皇帝吗？"赵匡胤叩头称是，说："母亲说得对，确实如此。"

杜太后又说："立长者为君，这是国家的福气，所以，你百年之后，要传位给你的弟弟。"赵匡胤叩头悲泣说："儿一定谨遵母命。"

杜太后又对一旁的赵普说："你也一起记住我的话，不可违背。"然后，命赵普拿来纸笔，把她的话记下来。赵普在纸尾还署上自己的名字，写上"臣普书"。赵匡胤将太后懿旨藏在金匣里，令专人保管。这就是宋朝有名的"金匮之盟"。

《宋史》不仅在《杜太后传》中详细记载了这个事情，在《赵廷美传》中也有类似的记载。不过，杜太后只是说让赵匡胤传位于弟弟，并没有说以后的事情。而有些史书则说，杜太后规定了"三传约"，即赵匡胤传位于赵光义，赵光义传位于赵廷美，赵廷美再传位于赵匡胤儿子赵德昭。

当时，赵匡胤三十五岁，赵光义二十三岁，赵廷美十五岁，赵德昭十一岁，年龄梯次倒是挺合适的。

杜太后之所以提出兄终弟及，与时代背景有关。在五代混乱时期，父死子继制度并不严格，有些兄弟甚至养子、侄子也继承了帝位。南楚国君马殷甚至还立下规定，只准兄终弟及，不得父死子继。所以，杜太后从国家大局考虑，希望皇位由年长之人继承，这是符合当时社会情况的。

赵匡胤是个大孝之人，母亲遗命，他不会不遵守。从日后若干年的实际行动来看，赵匡胤确实谨遵母命，没有培养扶持儿子，而是倚重信任弟弟。

赵匡胤有四个儿子，只存活了赵德昭和赵德芳二人，赵德昭成了事实上的长子。赵德昭幼年聪明好学，习文练武，长大后为人忠厚，性情沉稳，喜怒不形于色。赵匡胤先后任命他为贵州防御使、兴元尹、山南西道节度使、检校太傅、同中书门下平章事，赵德昭干得很出色。

可是，赵匡胤却始终不封赵德昭为王，更别说立他为皇太子了。一般情况下，皇帝的儿子早早就被封王，有的尚在襁褓之中就成了王爷，而赵匡胤直到死，也没有封儿子为王。赵匡胤大概也觉得愧对儿子，只好不断增加赵德昭的食邑户数。

赵德昭连王都不是，自然不会继承皇位了。赵德昭忠孝，没有野心，并不在意。叔叔赵光义继位之后，赵德昭没有任何异议，而且跟随叔叔到处征战。后来，赵德昭察觉赵光义有怀疑他当皇帝的想法，难以表白，忧郁自杀，以明心志，终年二十九岁。

赵匡胤的另一个儿子赵德芳，也十分优秀，但同样没有被封王，而且官职不高，只当了一个贵州防御使。后来，赵德芳病逝，年仅二十二岁。

赵匡胤没有培养儿子，却大力扶持弟弟。赵匡胤即位后，命赵光义统领禁军，后又任命他为泰宁军节度使、大内都部署、同中书门下平章事，一直升任中书令，主理朝政，而且被封为晋王，位列宰相之上。

不仅如此，赵匡胤还让赵光义担任开封府尹，控制京师，这是一个非常重要而令人瞩目的职务。在五代时期，凡是担任开封府尹的亲王，一般都会继承皇位。周世宗柴荣，就是由开封府尹当上皇帝的。朝野上下，都认为将来由赵光义继承皇位。所以，当赵光义即位时，朝廷内外都很平静，没有任何异议。

赵匡胤把朝廷和京城大权，都交给了赵光义，他自己经常在外领兵作战，而由赵光义镇守后方。赵光义才能出众，把朝廷和京师治理得很好。与此同时，赵光义的威望与日俱增，势力日渐庞大。

《宋史》在《党进传》中，记载了一个有趣的故事。党进是有名的武将，为人耿直，性格粗鲁。他曾担任过巡察京师的官职，在巡察的时候，只要看见有人饲养宠物，就一定要把宠物放走，还怒骂养宠物的人，说："有钱不供养父母，却喂养这东西，真是欠揍。"

有一天，党进见有人用肉喂养老鹰，还大摇大摆地在闹市行走。党进大怒，厉声呵斥，要把老鹰放走。养鹰人说："这是晋王的鹰。"党进立刻变了脸色，和颜悦色地说："这么好的鹰，你要小心喂养。"这事从一个侧面，可以看出赵光义的权势有多大。

有人认为，赵光义依靠强大势力，胁迫哥哥让他继位。这完全不可能，赵匡胤是个什么人物，能受别人胁迫吗？赵匡胤的威望、能力和对权力的掌控，都高于赵光义，赵光义权势再大，也大不过赵匡胤。赵光义曾经给一个禁军将领送礼，禁军将领却拒绝接受，并且说："我只知道有皇帝，不知道有晋王。"可见，赵匡胤是牢牢控制着局势的。

有学者认为，赵匡胤在晚年的时候，看到儿子日益长大，而且十分优秀，心中有所动摇，是把皇位传给弟弟，还是传给儿子？他有些犹豫不决。客观来讲，赵匡胤有这个矛盾心理，也是人之常情，毕竟在骨肉感情方面，儿子要比弟弟亲。

赵匡胤曾经提出，想把都城迁到洛阳，甚至迁到长安，理由是开封无险可守，容易遭受攻击。有人认为，赵匡胤实际上是想削弱赵光义势力，因为赵光义势力主要在开封。因此，赵光义与赵匡胤产生了矛盾，也成了赵光义"弑兄"的动机。可是，这种说法只是猜测，并无证据，也十分牵强。

特别是，赵匡胤是一个强势皇帝，皇位牢固，大权在握，几乎没有办不成的事，他如果想把皇位传给儿子，名正言顺，诏令一下，谁敢不从？哪里需要用迁都这样麻烦的事？赵匡胤迁都没有成功，后来金国果然轻松攻占开封，灭了北宋。

赵匡胤不把皇位传给儿子，是因为他始终遵从母命，信守"金匮之盟"。"金匮之盟"当时极其秘密，只有赵匡胤、赵普两人知道，连赵光义都不清楚，在赵光义登基六年之后，赵普才把它公布出来。因此，围绕"金匮之盟"是真是假，至今仍有许多争议。宋朝由于印刷业发达，野史笔记众多，在很多问题上，都存在争议。

"金匮之盟"不管是真是假，赵匡胤倚重信任弟弟，封他为王，但却始终不封儿子为王，使儿子们失去了继承皇位的资格和条件，这是真的。

　　赵匡胤始终信守"金匮之盟"，除了他的孝道之外，更重要的是，赵匡胤十分赞同母亲的观点，就是立年长之君，是国家的福气。当时，他的儿子虽然已经成人，但在资历、经验、威望和掌控全局能力等方面，远远赶不上赵光义，由赵光义主宰天下，对大宋王朝明显是有利的。所以，赵匡胤在生命的最后时刻，没有召见儿子，而是召来弟弟，托付后事，就完全顺理成章了。

　　由此可见，赵匡胤不把皇位传给儿子，正体现了他以江山社稷为重的博大胸怀和伟大人格，是值得敬佩和赞颂的。

赵光义继位很正常

赵匡胤死后，他的儿子没有继位，而是弟弟赵光义当了皇帝。对此，有些人认为不正常，甚至认为赵光义是弑兄篡位，以致千百年来争论不休。

诚然，按一般情况，应该是父死子继。赵匡胤有两个儿子，当时分别为二十六岁和十八岁，而且都很优秀，但却都没有继位，这从表面上看，确实有点不太正常。可是，对任何事物的分析，都离不开时代背景和具体情况，不能简单地一概而论。

从时代背景来看，当时兄终弟及比较普遍，人们能够接受。宋朝是在五代时期基础上建立的，时间并不长。五代是一个礼崩乐坏的时代，充满了暴戾之气，人们的忠君意识淡薄，许多礼仪制度遭到破坏，父死子继制度并不严格，兄终弟及多有发生，人们习以为常。

兄终弟及，也是封建继承制度的原则之一，在春秋战国时期就有，历史上有过许多先例，五代时期更是屡见不鲜。后梁、后唐、后晋、后周都有兄终弟及或者侄子、养子、皇后侄子继承帝位的现象。所以，在这种大的时代背景下，人们对于赵光义继承哥哥的皇位，并不感到奇怪和意外，反而认为十分正常。

从具体情况来看，赵光义是唯一有资格继承皇位的，属于合情合理合法。

第一，赵匡胤的儿子们没有继位资格。父死子继是大的继承原则，但并不是说，只要是儿子，就一定要继承帝位，而是有条件的，有许多具体规定。最有资格继位的是皇太子，只要赵匡胤封儿子为皇太子，儿子就是合法继承人，谁要违背了，就是谋逆篡位，会被天下共伐之。可是，赵匡胤的儿子没有被立为皇太子。

没有皇太子，皇帝的儿子也可以继位，但有一个前提条件，就是必须是亲王，没有被封王的儿子，是没有资格继承皇位的。周世宗柴荣在病重之时，匆忙封七岁的儿子柴宗训为梁王，然后柴宗训才继承了皇位。而赵匡胤自始至终没有封儿子为王，儿子们也就没有继承皇位的资格了。

在某些情况下，儿子不是王，也可以继承皇位，但必须要有皇帝遗诏才行。后汉皇帝刘知远临终时，想传位给唯一健在的儿子刘承祐。宰相苏逢吉说："按照礼制，皇子必须先封王，才能继承皇位。"刘知远让苏逢吉赶快办理，但尚未办完，刘知远就死了。刘承祐虽然没来得及被封王，但有刘知远的遗诏，也能继承皇位。可是，赵匡胤死得急，什么遗诏也没有留下。

所以，赵匡胤的儿子赵德昭、赵德芳，既不是皇太子，也不是王，更没有遗诏，是没有资格继承皇位的。

第二，唯一有资格继承皇位的是赵光义。赵匡胤不仅没有封儿子为王，对弟弟赵廷美以及其他皇室子孙，均没有封王，唯独封赵光义一人为王。这样，赵光义成了皇室子弟中唯一有继位资格的人，继承皇位自然就非他莫属了。

第三，赵光义早已是人们公认的皇位继承人。五代时期，有一个人们公认的规定，凡是担任开封府尹又被封王的人，都被认为是皇位继承人。五代时期许多继位的皇帝，都担任过这一重要而令人瞩目的职务。赵光义担任开封尹长达十六年，并被封为晋王，他的地位权势，仅次于赵匡胤。另外，赵光义参与陈桥兵变，帮助赵匡胤开创宋朝，又长期担任要职，为宋朝立有大功。所以，朝野上下普遍认为，赵光义是法定和合适的皇位继承人，由他继位，理所应当。

当时，人们尚不知道"金匮之盟"。赵匡胤死后，知道这一秘密的只有赵普一人。赵普反对兄终弟及，主张由赵德昭继位。可是，赵匡胤并不听从，又因其他原因，把赵普罢相，贬到地方为官。所以，当时包括赵光义在内，人们都不知道杜太后的遗命。

976 年十月二十日，赵匡胤突然驾崩，赵光义在宦官王继恩引导下进入宫中，安排后事，主持大局。赵光义是大宋王朝的二把手，此时主持大局，是合理合法的，也是职责所在。

赵光义立即下令，召朝廷百官前来，宣布皇帝驾崩，并让百官瞻仰赵匡胤遗容，与赵匡胤遗体告别。只见赵匡胤面容安详，脸色红润，好像刚洗过澡一样。这就排除了赵匡胤被砍杀或者毒毙的可能性。

赵光义没有靠任何人扶立，也没有布置伏兵之类，就在赵匡胤灵柩前从容宣布即皇帝位，颁布《即位大赦诏》，大赦天下。

赵光义即位时，没有赵匡胤的传位诏书，这是很正常的，因为赵匡胤是在睡梦中驾崩的。可是，在后来的宋代文献中，却出现了赵匡胤的传位诏书，史学界一般认为是伪造的。其实，伪造传位诏书，完全是画蛇添足，没有必要。《辽史》记载说，赵光义是自立为帝。

赵光义没有赵匡胤的遗诏，当时又不知道有"金匮之盟"，便自立为帝。赵德昭、赵德芳以及赵廷美等皇室子弟，没有任何异议，全都尊拥赵光义为帝。朝中文武大臣，更是无一人反对，全部跪拜新君，山呼万岁。军队将领和各地官员，纷纷上表庆贺，表示拥戴。社会上也是平静如水，没有发生任何骚动。这表明，赵光义继位是很正常的。

无论是正史还是野史，都没有赵光义登基后出现异常的记载。有人认为，这是赵光义凭着强大势力，控制了局势。可是，赵匡胤当皇帝十六年，手下有一大帮忠心耿耿的亲信和心腹，如果真是赵光义弑兄篡位的话，总不能没有一人反对。这只能说明，赵光义继位早已形成共识，是人心所向，合理合法。

赵光义登基以后，任命弟弟赵廷美为开封府尹兼中书令，封齐王。赵光义把自己原来的职务原封不动地交给了赵廷美，表明赵廷美是他日后的继承人。

赵光义任命赵德昭为京兆尹，管辖长安一带，并在朝中兼任侍中，属于宰相，还封他为武功郡王，赵德昭此时终于当王了。同时，任命赵德芳为兴元尹、山南西道节度使、同平章事，也属于宰相。

赵光义对赵匡胤的旧部予以加官晋爵，同时也提拔了一些自己的亲信，朝廷百官多有赏赐。赵光义下诏，让赵匡胤和赵廷美的子女，与他的子女同等待遇，都称为皇子皇女。赵光义采取的这些措施，很得人心，使局势更加平稳。

造成赵光义合法继位的，当然是皇帝赵匡胤。那么赵光义继位以后，干得怎么样呢？大宋王朝又会发生什么变化呢？

宋太宗立志兴国

976 年，开创大宋王朝、在位十六年的赵匡胤驾崩，庙号太祖，被称为宋太祖。其弟赵光义继承皇位，被称为宋太宗。

宋朝是在五代基础上建立的，在宋之前，中原地区依次出现后梁、后唐、后晋、后汉、后周五个朝代。五代时间都不长，多的不过十几年，少的只有三年。赵匡胤为了防止宋朝成为第六个短命王朝，没有让儿子继位，而是让资历、声望、能力都比自己儿子强的弟弟主宰江山，这是可以理解的，也是很明智的。

赵光义时年三十八岁，正是人生的黄金年龄。赵光义从小聪颖而不群，二十二岁参与陈桥兵变，帮助赵匡胤登上帝位，之后协助兄长谋划军国大事，长期担任朝廷高官和开封府尹，处于大宋王朝二把手的位置，而且是当时唯一被封王的人，所以，由他继位，顺理成章，没有任何异议。

宋太宗胸怀大志，从政经验丰富，很有心机和智慧。他登基以后，把年号改为太平兴国，决心继承兄长事业，立志实现天下太平、国家兴盛。不过，宋太宗在兄长死的当年就改元，违背了惯例，引起后世一些非议。

当时，国家尚没有完全统一，南方有漳泉、吴越两个独立政权，北方有一个长期敌对的北汉。宋太宗首先要做的，是完成国家统一。

978 年，宋太宗恩威并用，逼使漳泉、吴越政权纳土归降，没费一兵一卒，就完全统一了南方。第二年，宋太宗御驾亲征，又灭掉了北汉。这样，除了幽云十六州以外，基本完成了全国统一大业。国家统一的功劳，主要归于宋太祖，但宋太宗也功不可没。

宋太宗继位以后，也像他哥哥一样，把主要精力放在巩固皇权上，防止武将篡权，以求江山永固。为此，他制定崇文抑武的政策和制度，不断提高文人地位，大规模进行科举考试，地方官员几乎全都换成了文人，并确立了文人掌管军事的制度。与此同时，想方设法抑制武将势力，限制他们的权力，降低他们的地位。这样，皇权得到巩固，再也不容易发生武将叛乱篡位的事情，文治天下局面开始形成。但是，这也带来了武备不足、军队战斗力不强等弊端。

979 年，宋太宗想借灭掉北汉的余威，率兵北伐，一举夺取幽云十六州，不料在高梁河之战中大败。当时宋军比辽军人多，但却打不过辽军，全线崩溃，宋太宗也身中两箭，差一点丧命。第一次北伐以失败告终。

986 年，宋太宗出动大军，兵分三路，第二次北伐。结果东路军在岐沟关大败溃散，死伤惨重。西路军也遭受挫折，著名大将杨业的军队全军覆没，杨业受伤被俘，绝食而死。中路军仓促撤回。第二次北伐又以失败而告终。

两次北伐失败，使宋太宗认识到，辽国力量强大，难以收复幽云十六州。此后，宋太宗改变策略，由进攻改为防御。辽国多次南下侵犯，均被宋朝击退，双方谁也吃不掉谁，形成长期对峙的局面。

宋太宗在武功方面，明显逊于赵匡胤，但在文治方面，却有很多建树。宋太宗大力加强文化建设，推广儒学，兴办学校，形成了重视文教之风。宋太宗扩建国家图书馆，收集天下书籍，还组织大批文人，编写了《太平御览》《太平广记》等四部大书，把中华文化推向一个新的高峰。

宋太宗本质上是个文人，他喜欢诗赋，也喜欢书法，擅长草、隶、行、篆、八分、飞白等六种字体，宋朝的货币淳化元宝，就是宋太宗亲自题写的。

宋太宗喜欢读书，常常手不释卷。他规定自己每天必须读完一定数量的书籍，不管公务再忙，也要坚持完成。宋太宗对人说："只要打开书，就能够从中获益。"于是，"开卷有益"这个成语，就流传下来。

宋太宗比较关心百姓生活，尤其是京城的百姓。993年的冬天，大雪纷飞，天寒地冻。宋太宗在暖和的宫殿里，忽然想起有不少贫困百姓挨饿受冻，于是立即安排人员，给孤老贫困者送去米和炭。从此，"雪中送炭"的成语便流传下来。

宋太宗是历史上有名的勤政和节俭皇帝。他每天天不亮上朝，处理公务，一直忙到深夜，天天如此，很少休息。宋太宗不好奢华，不爱音乐美色，拒绝进献珍宝和美女，平时穿粗布衣，而且一洗再洗，一直穿到破旧。

由于民间有宋太宗弑兄篡位的说法，又有逼死弟弟和侄子的事情，许多人对他看法不好。其实，宋太宗心中想着兴国大业，对自己要求也很严格，还是一个不错的皇帝。

《宋史》对宋太宗评价很高，说他深沉多谋，英明果断，胸有大志，体恤百姓，勤勉自励，彪炳史册，号称贤君。如果不是有改元过急、逼死弟弟侄子、冷落宋皇后等几件事，后世对他就没有什么可议论的了。

《宋史》是元朝人写的，元朝是宋朝的敌人，这评价应该是比较客观的。

继承兄业统一全国

宋太祖赵匡胤最大的功绩，是基本结束了五代乱世，统一了绝大部分国土，到他死的时候，还剩下两个割据政权和一个敌对国家。宋太宗赵光义继位以后，继承兄长事业，灭掉了这三个政权，完成了国家统一大业。

在福建南部，有一个很小的割据政权，只管辖漳州、泉州两州之地，因而算不上十国之一。割据者名叫陈洪进，是当地泉州人。

漳泉政权起初向南唐称臣，后来又抱上了宋朝的大腿，向赵匡胤称臣纳贡。赵匡胤任命陈洪进为平海节度使、漳泉州观察使。南唐自己也向宋朝称臣，对此无可奈何。漳泉政权处于半独立状态。

赵匡胤灭掉南唐之后，陈洪进心里很清楚，他那个巴掌大的小地方，肯定保不住了。宋太宗继位以后，加封陈洪进为检校太师，以示恩宠。陈洪进此时已经六十三岁了，什么事情不明白？于是，陈洪进亲自进京觐见，献上漳泉二州十四县土地，纳入了宋朝版图。陈洪进在开封享受高官待遇，养尊处优，十年后病逝。

南方另一个独立政权是吴越。吴越以杭州为中心，占据浙江全境和今江苏、上海部分地区，地盘和实力比漳泉政权大得多，属于十国之一。

吴越自 907 年建立以来，长期实行尊崇中原、保境安民政策，对中原政权，无论是后梁、后唐，还是后周、宋朝，都一概称臣，很少对外用兵，埋头发展经济，使吴越免受战火之苦，成为富饶之地。

此时的吴越王是钱俶，年龄近五十岁。钱俶对宋朝称臣纳贡，毕恭毕敬。赵匡胤灭南唐的时候，命钱俶出兵相助。钱俶欣然从命，并且在灭掉南唐以后，又亲自进京祝贺。大臣们纷纷建议，借机扣留钱俶，收复吴越。赵匡胤没有听从，赏赐给钱俶许多礼物，放他回去了。

宋太宗登基之后，决定收复吴越，下诏让钱俶进京。钱俶不敢不去，带了大批金银财宝和许多大臣，赶快到了开封。钱俶还幻想着这次能与上次一样，再回到吴越。

不料，宋太宗让钱俶等人住在京城，每天好吃好喝，就是不让回去了。钱俶和随行的大臣都明白，吴越肯定不保，别再敬酒不吃吃罚酒了，于是将吴越十三州、八十六个县悉数献给了宋朝，这就是历史上有名的纳土归宋。宋太宗自然笑纳了，改封钱俶为许王。钱俶在京城过了十多年幸福生活，六十岁病逝。

宋太宗恩威并用，没费一兵一卒，顺利收复漳泉、吴越，统一了南方。可是，割据于太原一带的北汉，是宋朝的敌国，又有辽国撑腰，是不会乖乖归附的，必须用武力解决。

北汉虽然弱小，但太原城坚固，又有强大的辽国相助，所以，周世宗柴荣和宋太祖赵匡胤曾经几次攻打北汉，都没有成功。宋太宗是个精细之人，早早就开始做准备。宋太宗登基之后，积极训练士兵，举行了两次大规模军事演习，还准备了攻城器械和大量物资。

979年正月，宋太宗做好了一切准备，御驾亲征，率领几十万大军，开始攻打北汉。宋太宗任命著名大将潘美为总指挥，潘美率军迅速攻占太原附近的城邑，将太原城团团包围，四面攻打。北汉一面坚守城池，一面赶紧向辽国求救。

宋太宗对此早有安排，他知道要想灭掉北汉，关键是要击退辽国的援军，于是制订了围城打援的计划。宋太宗命老将郭进负责打援，郭进驻守边境二十多年，长期与辽国对抗，经验十分丰富。

郭进率军赶到太原城北百余里的石岭关，准备在此地阻击辽国援军。石岭关地势险要，易守难攻，前面还有一条河。

辽军得知宋朝攻打北汉消息之后，立即派南府宰相耶律沙、大将敌烈等人，从幽州出发，紧急增援太原。耶律沙和敌烈救援心切，带一部分精锐骑兵先行，大队援军随后。

辽军日夜兼程，赶到石岭关，准备渡河。耶律沙主张等后面援军到达以后再渡河，而敌烈轻敌，坚持迅速渡河。郭进早有准备，趁敌半渡而击之，结果辽军溃败。郭进不给辽军喘息机会，乘胜追杀，辽军死伤惨重，被杀万余人，敌烈也被杀死。辽军心惊胆战，不敢再进军了，逃回了幽州。

　　击退了辽军，宋太宗命全力攻城。北汉皇帝刘继元心急如焚，再派使者，向辽国求救，不料，使者被宋军抓获。宋军把使者带到太原城下，一刀砍了，使刘继元和北汉士兵的希望破灭。

　　刘继元十分顽固，在外援无望的情况下，仍然凭坚死战。太原城十分坚固，宋军围城四个多月，多次攻城，仍然不能攻克，战事十分激烈。

　　宋太宗亲临太原城下，督促攻城。宋军分成批次，轮番上阵，日夜不停地进攻。城中守军疲惫不堪，弓箭也快用完，实在坚持不下去了。刘继元无奈，只好投降。北汉所辖的十个州、四十一个县，从此纳入宋朝版图。

　　刘继元投降之后，仍然受到优待，被封为彭城郡公，十四年后病逝。

　　宋太宗攻灭北汉，标志着五代十国时期彻底结束，除幽云十六州以外，国家又归于统一。这是宋太宗的功绩之一。

崇文抑武，文治天下

宋太宗在统一天下的同时，还学着他哥的样子，千方百计巩固皇权，严厉防范武将谋反篡位。为此，宋太宗实行崇文抑武的政策和制度，进行文治天下。

五代时期崇尚武力，是武将们的天堂，谁掌握了兵权，谁就可以篡国称帝，武将造反屡见不鲜，后梁、后周、宋朝都是这样建立的。所以，赵匡胤称帝以后，特别提防武将，但当时由于天下未定，武将仍然发挥着很大的作用。宋太宗继位以后，天下统一，战事结束，就有条件抑制武将，推行文治了。

宋太宗有一个庞大的计划，他打算尽快把全国各地的地方官，都换成没有造反能力的文人。宋太宗即位两个月后，就迫不及待地举行了大规模的科举考试，一次正式录取三百一十六人。而赵匡胤在当皇帝十六年期间，举行了十五次科举考试，总共才录取了一百八十八人。

不仅如此，宋太宗派人查询考生档案，发现有一百八十四名考生，在太祖时期连续参加了十五次科举考试，均未录取。宋太宗用人心切，格外开恩，诏令将他们全部录用。这样，录取总数达到五百人。这是自隋唐实行科举考试制度以来，从未有过的事情。

宋太宗将录取的五百名考生，全部请进皇宫，大摆宴席，盛情招待。宋太宗亲自给考生讲话，认他们为天子门生，赋予他们遇事可直接奏报皇帝的特权，每人还发给二十万赏钱。考生们个个欢天喜地，不少人热泪盈眶。

这还不算，授予这批考生的官职，普遍比太祖时期考生的官职高三四级，许多人被直接授予通判的高官，而太祖时期有个头名状元，干了十一年之后，才熬到通判。考生们人人心潮澎湃，发誓为朝廷尽忠效力。

这次科举考试，录取人员多，授予官职高，享受待遇荣耀，产生了极大的社会影响，文人地位得到大幅提升，以至于有些旧臣得了红眼病，议论纷纷，埋怨"取人太多，用人太骤"。宋太宗根本不听，以后这样的科举考试，又进行了多次，录取总数达万人以上。

宋太祖时期录取考生人数少，是因为天下尚未统一，地盘没有那么大，而且很多官职由武将占着，用不了那么多文官。到了宋太宗时期，地域扩大，全国达到三百个州、两千多个县，需要大批的文官。所以，宋太宗持续扩大科举录取人数，在几年之内，几乎把全国的地方官都换成了文人。这些文人治国，比武将有明显优势，对朝廷也更加忠诚。

这些通过科举入仕的官员，整体素质较高，比较关心民生，对治理国家是有益的。他们多数人能够恪尽职守，许多人政绩显著，因而提升很快，不少人后来都到中央任职，有的还当了宰相。

这样一来，社会上很快形成了崇文风气，全国掀起读书热潮，文人主宰了天下。所以，在历代王朝中，宋朝文人的地位最高，幸福感最强。著名的英国历史学家汤因比，曾经说过一句非常有名的话，他说："如果让我选择的话，我愿意生活在中国的宋朝，因为那是文人的天堂。"

宋太宗除了扩大科举考试以外，还斥巨资修建国家图书馆，赐名为崇文院，表示崇尚文化。崇文院藏书由原来的一万多卷增加到八万多卷。

宋太宗还组织大批文人，编写了历史上著名的四部大书。这四部大书，代表了中华文化的新高峰，所以陈寅恪先生认为，古代中华文化的鼎盛期，是在宋朝。

宋太宗即位不到半年，就下诏编纂《太平御览》。该书属于百科全书，有一千卷，五百多万字，历时六年零八个月完成。由于该书是宋太宗亲自审阅的，所以叫《太平御览》。

同时，宋太宗下诏编写《太平广记》。该书属于古代小说集，有五百卷，三百多万字，历时一年多完成。随后，宋太宗又诏令编写了《文苑英华》。该书是文章诗赋总集，收录了两千多个作家的两万多篇作品。另外，还拟定了《册府元龟》的纲目，可惜尚未编完宋太宗就去世了，由他的儿子宋真宗继续完成。

如果说，宋太宗扩大科举考试，是为了巩固统治，那么，他修建国家图书馆，编纂四部大书，就体现了宋太宗对文化情有独钟，也是文治天下的需要。不过，宋太宗大力提高文人地位，却忽视了天下百姓的利益，许多地方民不聊生，以至于后来发生蜀地民变。

宋太宗在崇文的同时，也想方设法抑武。赵匡胤时期，解除了一批功勋旧将的兵权，换上了自己的亲信。宋太宗上台后，也照葫芦画瓢，把太祖时期的旧将予以撤换，像张永德、石守信等人，都给了一个很高的名誉职务，而剥夺其兵权。宋太宗新提拔的将领，多是一些资历浅、声望不高的人，大大降低了武将谋反篡位的风险。

赵匡胤时期，限制各地节度使的权力，初步解决了军阀割据问题。不过，为了边防需要，赵匡胤在北部和西北边境，设立了十四个领兵将领，他们的权力依然很大。这些人都是赵匡胤的结拜兄弟或者亲信，赵匡胤自信能够驾驭他们。

宋太宗登基后，没有那么大的自信，便开始削弱他们的权力，将人事任免权和财权收归中央，取消了他们可以做边境贸易的特权。宋太宗还使出一个绝招，把领兵将领的儿子们调到京师做官，充当人质，如果将领们想要造反，他们的儿子们就会首先丢了性命。

宋太宗完善了兵将分离、调兵权与掌兵权分离等制度，极大地限制了武将权力。这样，兵将轮换频繁，互不熟悉，各部门互相制约，谁也搞不成兵变了。在此基础上，宋太宗又制定新的规定，不仅朝中大臣全由文人担任，而且负责军事的枢密院，也由文官负责。

宋太宗实行崇文抑武政策，使得武将的权力地位大大降低，武将们飞扬跋扈的日子一去不复返了。后来，在西北边境发生了一起诈骗事件，说明武将们的处境十分可怜。

有个叫李飞雄的纨绔子弟，单人独马跑到西北各个军营，谎称是朝廷使者，前去巡视。将领们不敢查验他的文书，更不敢怠慢，而是热情款待，并送上厚礼。李飞雄盛气凌人，对将领们非打即骂，有时还喝令把将领捆绑起来。李飞雄一路骗下去，敲诈了大量钱财。数十名将领皆唯唯诺诺，谁也不敢得罪他。后来，李飞雄事发被诛，这事便成一时奇谈。

宋太宗崇文抑武，采取一系列措施，固然稳固了皇权，避免了武将篡位，可也造成了很大的后遗症，就是宋朝军队的战斗力越来越差。

宋太宗为了夺回幽云十六州，发动了两次对辽国的战争，结果均以惨败而告终。这是太祖太宗兄弟自己种下的苦果。

一败高梁河

979年五月，宋太宗灭掉北汉，这令他十分高兴。柴荣、赵匡胤都是公认的英雄人物，但多次打北汉均未成功，如今宋太宗把它解决了。因此，宋太宗异常兴奋，甚至有点得意忘形。于是，宋太宗临时做了一个重大决定，就是乘胜北伐，收复幽云十六州。

幽，是今北京；云，是今山西大同。幽云十六州，大体包括今北京、天津全境和河北、山西北部地区。这些地方，原本属于中原政权，可在五代时期，后晋皇帝石敬瑭把它割让给了契丹，换取契丹出兵，灭掉了后唐。契丹后来改为辽国，幽云十六州一直处在辽国统治之下。

幽云十六州地势险要，又有长城要塞，历来是中原地区抗击北方游牧民族的天然屏障，战略位置十分重要。此地一失，华北平原便无险可守，北方民族的铁骑，可以任意纵横驰骋。因此，凡是有点头脑的中原统治者，无不梦想收回幽云十六州。

宋太祖赵匡胤曾经设想，首先采取赎买的办法，赎买不成，再用武力解决。为此，赵匡胤每年从财政上拨一笔钱，积攒起来，作为赎买的费用。可惜，宋太祖没来得及实施就去世了。

如今，宋太宗带领数十万大军，成功灭掉北汉，打败辽军，他忽然心血来潮，何不率得胜之师，直捣幽州，收复幽云十六州呢？

宋太宗把他的突发奇想向大臣们一说，大臣们立刻分成两派。文官们大多数赞同，认为宋军兵强马壮，乘胜进兵，出其不意，定能马到成功，有的甚至说，北伐就像翻烙饼一样容易。

武将们大多数不同意，认为事先没做准备，不宜仓促用兵，特别是攻打北汉已经四五个月了，将士们十分疲惫，此时应该班师休整，论功行赏，不宜再劳师去打幽州。

武将们的意见是对的，而文官们只是看到了事情的表面现象。可是，宋太宗是一个固执而专制的皇帝，他决定的事情，别人很难改变。于是，仓促北伐的大事，就这样轻率地决定下来了。

五月二十日，宋太宗率军从太原出发，往东翻越太行山，向河北境内进军。将士们攻占太原以后，都满心欢喜，准备班师和领赏，不料翻山越岭又去打仗，一个个怨声载道。

宋军好不容易翻过太行山，来到河北镇州，早已是疲惫不堪，好在这一路都在宋朝境内，没有战事。将士们都想在镇州休息几天，可宋太宗打算趁辽国没有防备，出其不意，便立即挥军向辽境发动进攻。

六月十三日，宋军从镇州出发，向北挺进。辽国没有想到宋朝出兵，确实没有防备，所以宋军推进很快，连续夺取易州、涿州，只用十天时间，就抵达幽州城下。

幽州城外，驻有一支辽军，是耶律沙率领的援助北汉的军队，在石岭关吃了败仗，逃了回来。耶律沙忽见大队宋军到来，吃了一惊，赶紧移师别处，不敢与宋军交战。宋太宗见是手下败将，也不去管他，指挥大军，迅速包围了幽州城，四面攻打。

镇守幽州的主将，名叫韩德让，是个汉人，其祖父、父亲都在辽国为官。韩德让能征惯战，智勇双全，忠于辽国，后来当上了辽国的摄政王，长期与宋朝对抗。辽国境内有许多汉人居住，也有不少汉人当了辽国的文臣武将，辽国的开国功臣和宰相，就是汉人韩延徽。

韩德让见宋军围城，立即部署防御。幽州城内辽兵不多，但城池坚固，韩德让指挥有方，宋军连续攻城二十余日，不能奏效。辽国皇帝得知幽州被围，立即派大将耶律休哥率十万骑兵前去增援。

耶律休哥是辽国名将，有勇有谋。他一边率军南下，一边派人与韩德让、耶律沙取得联系，让耶律沙袭击并缠住宋军。耶律休哥率辽军铁骑，日夜兼程，直扑幽州而来。

七月初六，宋太宗正在督促攻城，忽然耶律沙率军从背后袭来。

宋太宗见败军还敢挑衅，不由大怒，令宋军暂停攻城，回过头来，全力对付耶律沙，想一口吞掉这股辽兵。其实，宋太宗刚到幽州时，就应该首先把这股辽军干掉。

此时，这股辽军却十分顽强，虽然节节后退，但不溃散，而是缠着宋军，顽强抵抗。两军在高梁河一带展开激战，宋军虽然人多，但将士疲劳，打了整整一天，才向前推进十里。

到了傍晚，战事仍然在激烈进行，耶律沙没有息战的意思，他是在拖着宋军，等待援兵。天黑了下来，突然，马蹄声、呐喊声惊天动地，无数的火把将大地照得透亮，耶律休哥的骑兵到了。耶律休哥知道宋军人多，便令辽兵每人手持两个火把，壮大声势，只见漫山遍野都是火把，不知道辽军有多少人。

宋军奋战了一天，精疲力竭，忽见无数的辽兵杀到，顿时大乱。军队一乱，宋军的弊端就显露出来，将找不到兵，兵找不到将，成为一盘散沙。幽州城内的辽军，趁势大开城门，杀了出来；耶律沙回过头来，展开反攻；耶律休哥兵分两路，左右包抄。几路辽军，将宋军团团包围起来。

火光之下，宋太宗的皇帝仪仗十分醒目。耶律休哥亲率一队精锐骑兵，直扑宋太宗的中军大营。宋太宗大惊失色，慌了手脚，急忙跋马而逃，身边只有少数人跟随。辽兵见宋太宗逃了，乱箭齐发，宋太宗腿上中了两箭，不能骑马，手下人在慌乱之中，找了辆驴车，让宋太宗坐上，没命地向南逃窜。

中军将士不见了皇帝，认为他死了，恰巧赵德昭在军中，将士们打算拥立赵德昭为帝，指挥与辽军作战。忽然有人说，皇帝没有死，而是南逃了，于是，此事只好作罢。战后，宋太宗听说了此事，十分不悦。

皇帝逃了，军队乱了，宋军兵败如山倒，争相逃命，溃不成军，任由辽军铁骑追击砍杀，被杀一万余人。耶律休哥身受三处重伤，几近昏迷，不能骑马，但他坚持坐车指挥战斗。辽军乘胜追击，追出几十里地，一直追到涿州。

高梁河惨败，宋太宗郁闷，回师以后，不奖赏将士。赵德昭进言，请求奖赏三军。宋太宗冷冷地说："等你当了皇帝，再奖赏不迟。"赵德昭本无称帝之心，受不了叔叔猜忌，愤而自杀，以明心迹。所以，宋太宗落下一个逼死侄子的坏名声。两年以后，赵德芳病死。宋太祖的两个儿子都死了，有人怀疑，这是宋太宗做的手脚。

高梁河之战，成为宋辽关系的重要转折点，也暴露了宋军的战斗力。此后，辽国不断发兵南侵，掠夺财富和人口，两国长期处于敌对状态。

宋太宗对高梁河惨败并不甘心，一直耿耿于怀，总想找机会挽回脸面。七年之后，宋太宗第二次出兵北伐，不料又是惨败。

再败岐沟关

宋太宗经历了高梁河惨败，声望受到很大影响，这让他十分气恼和郁闷，总想找个机会翻盘，重振雄威。

982年的一天，辽国传来消息，说辽国皇帝突然驾崩，他十二岁的儿子继位，萧太后临朝听政。宋太宗听了，眼睛一亮，心中大喜。

宋太宗对大臣们说："夷族头子壮年而死，由一个小孩和女人掌权，正是主幼国疑。这是天赐良机，朕决定再次北伐，一雪高梁河之耻。"

986年春天，宋太宗做好了一切准备，决定出兵伐辽。当时宋太宗年号是雍熙，史称雍熙北伐。

宋太宗调集了二十万大军，兵分三路伐辽。东路军是主力部队，有十万兵马，主将是曹彬，目标是攻打幽州；中路军主将是田重进，目标是攻打蔚州；西路军主将是潘美，手下副将是大名鼎鼎的杨业，任务是出雁门关，攻打朔州一带。

宋太宗汲取了上次仓促出兵的教训，与枢密院制定了详细的作战方案，计划由东路军缓进，中路军和西路军完成作战任务之后，迅速东进，三路大军合围幽州。

宋太宗对高梁河之战心有余悸，这次不敢御驾亲征了，他坐镇开封，指挥全局。宋太宗不仅亲自制定了作战方案，而且制定了详细的阵图，让将领们按图作战，这叫"将从中御"。将领们虽然领兵出战，但仍然被皇帝控制着，没有多大的自主权，这无疑又削弱了军队的战斗力。

三路大军出发以后，进展顺利，捷报频传。西路军首先取得雁门关大捷，然后迅速攻占云、应、朔、寰四州；中路军在飞狐北大破辽兵；东路军也拿下了涿州，离幽州不远了。战报传来，宋太宗十分高兴，他觉得，辽国由一个女人掌权，肯定是不行的。

然而，宋太宗没有想到，辽国这个掌权的女人，非常不简单，她就是历史上有名的萧太后。萧太后名叫萧绰，也叫萧燕燕，是辽国著名政治家、军事家、改革家，在她临朝听政期间，把辽国推向鼎盛，是武则天一类的人物。萧太后还让韩德让当了摄政王，更是如虎添翼。所以，这个时期，辽国虽然皇帝年少，但统治力是很强的，宋太宗根本不是对手。

得知宋军大举进攻，萧太后并不惊慌，她与韩德让等人商议，制定了一个集中优势兵力各个击破的作战方案。萧太后派出少量部队，去阻击中路军和西路军，而将辽军主力集中起来，利用骑兵优势和平坦广阔的有利地形，准备全歼东路军，然后再去对付中路军和西路军。为了鼓舞士气，萧太后带着小皇帝，亲自到军中督战。萧太后的作战方案相当厉害，曹彬的十万宋军在劫难逃了。

萧太后命耶律休哥为先锋，打头阵。耶律休哥不愧是名将，他没有对据守涿州的曹彬军队发起攻击，而是派兵南下，截断了宋军粮道，造成宋军恐慌。

曹彬久经沙场，经验丰富，他见粮道被断，辽军主力集结而来，马上就意识到危险，唯一的办法，就是赶快撤退。曹彬经宋太宗同意后，立即下令，放弃涿州，迅速南撤。

涿州的百姓，很多人扶老携幼，跟随宋军南撤。曹彬是有名的仁义将军，不忍丢弃百姓，致使行军速度很慢。不料老天也来作对，下起了滂沱大雨，道路泥泞，行军艰难。

辽军都是骑兵，追击速度很快，宋军刚走到涿州西南四十里的岐沟关，就被辽军追上了。辽军人多势众，狂呼乱叫，挥舞马刀，将宋军团团包围。此时，高梁河之战的一幕又重现了。宋军兵无斗志，争相逃命，将找不到兵，兵找不着将，乱作一团，成为乌合之众，失去了战斗力。许多士兵为了逃命，跳入滚滚的河水，溺死者无数，河水为之断流。

有些宋军将士拼死冲杀出来，但已溃不成军，辽兵乘胜追杀，宋军死伤过半，东路军完了。曹彬侥幸逃脱了性命，回去后受到贬官处分。

萧太后击垮东路军之后，立即马不停蹄向西进军，准备攻击中路军和西路军。中路军和西路军也面临着巨大危险。

宋太宗听说东路军惨败，马上意识到，中路军和西路军面临险境，立即下令全线撤退，并要求他们把攻占各州的百姓内迁。

中路军所占地方不多，百姓较少，因而安全返回，没有受到损失。西路军带着云、应、朔、寰四州的大批民众，行动迟缓，被辽军追上，遭受重大损失。杨业带领的军队全军覆没，杨业受伤被俘，不肯投降，绝食而死。

雍熙北伐再次惨败，彻底打掉了宋太宗收复幽云十六州的雄心壮志，此后再也不敢主动对辽用兵了。宋朝对辽国的政策，由战略进攻改为战略防御。辽国也吃不掉庞大的宋朝，只是不断南下骚扰，双方战争不断，对峙多年。

流芳千古杨家将

在宋朝与辽国对抗中，出现了一个英雄家族，这就是流芳千古的杨家将。千百年来，杨家将的故事广泛流传，家喻户晓，其英雄事迹激励着无数中华儿女。

在文学领域，小说、评书、戏曲、影视等，都大力赞颂杨家将的事迹，虚构了许多人物和情节，形成了英雄传奇系列。那么，从史籍记载来看，哪些是真的，哪些是假的呢？

杨家将第一代英雄人物，名叫杨业，确有其人其事，虚构成分不多。《宋史》专门有《杨业传》，介绍了他的生平和英雄事迹。

杨业，原名叫杨重贵，并州太原人，也有说是陕西神木或山西河曲人。杨业的父亲叫杨信，是后汉的麟州刺史，早逝。杨业少年时跟随北汉皇帝刘崇，刘崇很喜欢他，让儿子刘钧收他为养子，改名为刘继业。

刘继业长大以后，身材魁梧，武功高强，善于骑射，成为北汉名将，多次与后周、宋朝作战，人称"无敌"。柴荣、赵匡胤几次攻打北汉无果，与这位"无敌"将军有很大关系。宋太宗早就听说过刘继业的威名，想悬赏得到他。

979 年，宋太宗攻打北汉。北汉皇帝刘继元投降，刘继业也归降了宋朝。宋太宗大喜，专门召见刘继业，任命他为右领军卫大将军，不久又任命他为郑州刺史。从此，刘继业改回杨姓，称杨业，忠心耿耿为宋朝效力。

宋太宗灭掉北汉以后，乘胜进行第一次北伐，不料以高梁河惨败而告终。三个月之后，辽军大举南下，进行报复。宋太宗对此早有防备，调集重兵，在河北满城（今保定一带）将辽军打得大败。宋军取得满城之战大捷。

980年，辽军避开有宋朝重兵的河北，转而向山西进攻，宋军在山西的兵力不多。辽军十万铁骑，气势汹汹地扑向雁门关，大有黑云压城之势。

当时，雁门关的守将是杨业。面对强敌，杨业毫不畏惧，他除了命人坚守雁门关之外，还亲自率领数千精锐骑兵，绕到辽军背后，突然发起进攻。辽军正在全力攻关，没有提防背后，更没有想到杨业会主动出击，顿时大乱。杨业率兵横冲直撞，杀得辽兵胆战心惊，溃败而逃。此后，辽军知道了杨业的厉害，只要远远看见杨字大旗，就不战而退。

雁门关一战，杨业威名远扬，辽兵谈杨色变。宋太宗大喜，升任杨业为云州观察使，并兼郑州、代州刺史和驻泊兵马都部署，委以重任。

可是，杨业前二十年都在为北汉效力，与宋朝为敌，刚降宋不到两年，就升任高官，这引起许多将领嫉妒和不满。有人向皇帝上书，说不该如此重用杨业。宋太宗不听，反而将这些奏章交给了杨业，以示宠信。皇帝的信任，令杨业感激万分，决心以死相报。

986年，宋太宗第二次北伐，兵分三路，任命潘美为西路军主将，杨业为副将，王侁为监军，刘文裕为护军，率兵数万，攻击朔州一带。

西路军进兵顺利，连续夺取云、应、朔、寰四州。不料，萧太后集中优势兵力，迅速击垮了东路军，随即马不停蹄向西进军，攻击西路军。宋太宗大惊，急令全线撤退。

辽军进兵神速，十万铁骑很快攻占寰州，与西路军兵锋相对了。杨业建议，辽军势大，不要与之交战，而在山谷埋伏弓箭手，掩护军队和百姓撤退。杨业的建议是正确的，也符合宋太宗的要求。

主将潘美还未表态，一旁的监军王侁却冷笑一声，说："将军号称无敌，怎么见了敌人就逃跑呢？你难道有别的想法吗？"护军刘文裕也煽风点火，怂恿杨业出战。潘美作为久经沙场的老将，自然知道此时出战不利，竟然也同意了。看来，这几个人沆瀣一气，都不怀好意。

杨业军令难违，只得率兵出战。临行前，杨业流着泪对潘美说："此次出兵必败。我杨业本是降将，承蒙皇上不杀之恩，还给予厚爱，固然应该以死报国，只是可怜了手下众多将士。"

杨业遥指陈家谷口说："我兵败之后，必然经过此谷，请将军在那里安排军队接应，这样，有些将士还有生还机会。"潘美答应了。

杨业率部下数千人向辽国十万铁骑进攻，无异于羊入虎口。萧太后见状大喜，她素闻杨业威名，传下命令，不得伤害杨业性命，务必活捉，打算为己所用。

辽军铁骑将杨业军队团团包围，杨业率军奋力死战，激战一天，伤亡惨重。到了傍晚时候，杨业逐步撤退到陈家谷口，身边只剩下百余人了。不料，陈家谷口并没有宋军接应，潘美等人食言，早就撤兵走了，这等于把杨业送给了敌人。

杨业陷入绝境，拍胸大恸，对身边士兵说："你们家中都有父母妻儿，不要跟着我白白送死，赶快逃命去吧。"

杨业平时爱兵如子，与士兵同甘共苦，士兵们相拥而泣，但没有一人离开。杨业只好带领他们做最后的拼杀，结果士兵们全部阵亡，他的次子杨延玉也战死了。因为有萧太后的命令，杨业才没有被杀，但身受十余处伤，最后力竭被俘。

萧太后听说生擒了杨业，十分高兴，命人轮番劝降。杨业心如铁石，毫不动摇，不说一句话，不吃一口饭，不喝一滴水，直至绝食而死。

杨业之死，本来可以避免，完全是潘美、王侁、刘文裕心怀歹意，联合陷害所造成的。宋太宗自然清楚这一点，下令将王侁、刘文裕罢官，流放外地。对功勋卓著的老将潘美，宋太宗却网开一面，只是将他降职三级了事。

潘美是文学作品中奸臣潘仁美的原型。潘美是宋朝开国功臣，一生战功赫赫，对宋朝的贡献远大于杨业。然而，他对杨业之死负有重要责任，这个抹不掉的污点，使他名声扫地，甚至遗臭万年。

宋太宗对杨业之死非常悲痛，举行了隆重的典礼，表彰他的忠烈。杨业有七个儿子，除次子杨延玉战死之外，其他六个儿子全部封官。此后，杨业的儿子们继承父亲遗志，继续为宋朝尽忠效力。

杨业的长子，名叫杨延昭，原名叫杨延朗。他自幼跟随父亲征战，有勇有谋，父亲死后，杨延昭镇守边关二十多年，成为抗辽主将之一，功勋卓著。杨延昭在文学作品中被称为"杨六郎"，其实他是长子。杨延昭死后，儿子杨文广又继承了父志，保国抗敌，继续延续杨家将的威名。

杨业、杨延昭、杨文广祖孙三人，是正史中记载的杨家将的主要代表人物，名声显赫，受到百姓爱戴。佘太君是杨业的妻子，也确有其人，但作用没有那么大。杨业的其他儿子，没有特别突出的事迹。

至于文学作品中大力渲染的穆桂英、杨宗保以及杨门女将等，大多是虚构的。

杨家将的故事，虽然虚构的成分很多，但以杨业祖孙三代为代表的杨家人，其英勇顽强、忠心保国的精神，是真实的。这种精神，是需要永远继承和大力弘扬的。

党项脱离宋朝

在宋太宗时期，西北地区发生一件大事：长期归附中原政权的党项民族，因不甘心被宋朝吞并，发生叛乱，脱离宋朝，反目成仇，这令宋太宗十分恼火。

党项族是羌族的一支，原先居住在四川松潘高原，后迁居西北地区，依附于唐朝。唐末时期，党项族首领拓跋思恭被封为夏州节度使。他积极参加平定黄巢起义，立有功劳，被封为夏国公，并赐姓为李，改名叫李思恭。

李思恭的后代世袭夏国公，占据今陕西北部的五个州，成为半独立的割据势力。在五代时期，中原政权无论谁当皇帝，李氏政权都俯首称臣。宋太祖赵匡胤对周边少数民族采取宽宥政策，党项依然依附宋朝，双方保持着友好关系。

982年，党项首领去世，十八岁的李继捧继位。李继捧年轻，德才平平，很多人不服气，家族内部产生矛盾，他的叔叔和兄弟们各怀鬼胎，企图抢班夺权。李继捧不能平息事端，地位岌岌可危，于是一气之下，带领家人跑到开封，觐见宋太宗，自愿献出夏、银、绥、宥四州八县的土地，自己在京城做官，不回去了。

宋太宗大喜，以为这是从天上掉下来的一块大肥肉。于是，宋太宗很高兴地接受了李继捧的请求，封李继捧为朝廷高官，诏令李氏宗族全部迁往开封，把党项的地盘纳入宋朝版图，另派官员前去治理。

不料，这引起党项李氏宗族的极大不满，认为此地已由他们统治二百余年，不能轻易让宋朝吞并了。老百姓也是议论纷纷，多数表示反对。

有个二十岁的年轻人，叫李继迁，是李继捧的族弟，更是愤愤不平。李继迁虽然年轻，但自幼勇敢果断，以勇悍有谋而闻名乡里，他不忍祖宗事业毁于一旦，决定兴兵反抗。

宋朝使者催促李氏宗族进京，李继迁披麻戴孝，谎称乳母病亡，外出下葬，骗过了使者。李继迁出城以后，一口气跑到三百里外的地斤泽（今内蒙古境内），联络党项豪族，抗宋自立。

李继迁很有智谋，他外逃时，随身携带了先祖拓跋思忠的画像，每到一处，就把先祖画像悬挂起来，众人看到画像，纷纷跪拜泣涕。李继迁趁机慷慨激昂地发表演说，鼓动党项民众保卫祖宗基业，与宋朝对抗。各地民众纷纷归附李继迁，李继迁拉起一支武装，走上了与宋朝分庭抗礼的道路。

李继迁以地斤泽为根据地，地斤泽地域辽阔，水草丰茂，有利于放牧，李继迁的部众和兵力越来越多。李继迁势力壮大以后，开始攻取夏、银、绥、宥等地，袭杀宋朝官员，企图恢复党项原来的地盘。

宋太宗闻讯大怒，派兵讨伐。李继迁军队刚组建不久，属于乌合之众，不是宋军对手，屡战屡败。然而，李继迁十分顽强，屡败屡战，宋军无法将其彻底消灭。

李继迁到处宣扬说："五州之地，是祖先开创的基业，作为后世子孙，有责任收回旧地。"李氏统治五州多年，治理得不错，百姓们对李氏政权怀有好感，因此，很多人明里暗里支持李继迁，使李继迁势力越来越大。后来，李继迁竟然打败宋朝军队，收复了银、绥两州。

李继迁既然已经公开与宋朝为敌，便决定归附辽国。萧太后是何等精明之人，立即封李继迁为夏国王，给他升了一级，又把宗室之女义成公主嫁他为妻，结为姻亲，还赐给他战马三千匹。李继迁得到名誉地位和实惠，死心塌地倒向辽国，经常与宋朝作战。

李继迁有辽国支持，胆子更大了，不断派兵袭扰宋境，先后攻打夏州、宥州、静州、灵州等地，劫夺宋军粮草四十万斤。宋太宗大怒，出动五路大军攻打李继迁，都不能取胜。宋朝连小小的李继迁都对付不了，可见军队战斗力之差。

宋太宗本想捡个大便宜，没想到弄巧成拙，肥肉变成了大骨头，卡在喉咙里咽不下去。宋太宗死后，宋真宗为了息事宁人，把夏、银、绥、宥、静五州还给了李继迁，承认了他的独立地位。

李继迁却不肯罢休，继续与宋朝为敌，又攻占了宋朝的灵州和凉州，截断了宋朝与西域的联系，禁止西域向宋朝卖马，严重影响了宋朝的军力建设。

后来，李继迁的孙子李元昊，建立了西夏王朝，登基为帝，势力大增，与宋、辽三分天下，成为宋朝大敌。

蜀地爆发起义

在宋太宗时期，除了党项脱离宋朝以外，蜀地也出现了一件大事。王小波、李顺发动农民起义，人数达到几十万，声势浩大，建立了大蜀政权，公开与宋朝作对。

纵观中国历史，大规模的农民起义，一般都发生在一个王朝的末期，很少发生在初期，东汉末年、隋朝末年、唐朝末年都是如此。宋朝建国只有三十多年，正处于上升期，却发生如此暴动，实属罕见。蜀地起义的原因，是由历史和现实两个方面造成的。

蜀地山高路险，相对封闭。孟知祥、孟昶父子经营蜀地四十多年，国库充盈，民众富裕，号称"天府之国"。

965年，宋朝出兵攻灭了后蜀，随即对蜀地进行掠夺。宫中财宝全被运往开封，宋军士兵对百姓大肆抢劫，结果引发大规模民变兵变。宋朝灭后蜀只用六十六天，但平息民变却用了两年多时间，虽然最终平息了民变，但蜀地百姓已经埋下了仇恨的种子。

宋朝建立以后，经历了统一战争，又两伐辽国，战事连年不断，耗费了大量国力人力，加重了民众的徭赋负担，给百姓生活造成困难。

蜀地百姓贫苦，尤其是土地兼并现象十分严重，有百分之八十以上的农民失去了土地，造成贫富悬殊。朝廷将蜀地盛产的茶叶实行官营，使百姓生活雪上加霜。历史仇恨和现实矛盾交织在一起，蜀地百姓民怨沸腾，一场大风暴就不可避免了。

993年，蜀地大旱，粮食歉收，饿殍遍野，百姓活不下去，只得铤而走险。王小波、李顺振臂一呼，十天之内，就聚集了数万饥民，一场大起义爆发了。

王小波，四川青城人，茶贩出身，茶叶实行官营以后，断了他的生路，逼得他不得不举起了造反的大旗。李顺是王小波的妻弟，两人志同道合，共同走上了武装起义、反抗朝廷的道路。

王小波出身茶贩，走南闯北，见多识广，深知社会矛盾的症结所在，于是，他响亮地提出了"均贫富"的口号，道出了贫苦百姓的心声，凝聚了人心。再加上青城是后蜀民变时的中心地带，具有深厚的群众基础，所以，起义瞬间爆发，很快形成燎原之势。

王小波率领起义军攻占了青城、彭山等地，宋朝官员有的被杀，有的闻风而逃。起义军每攻占一地，就打开官府和富豪的粮仓，把粮食分给穷人。起义军纪律严明，抚恤百姓，受到民众拥护，大批青壮年加入起义军，起义军的势力不断扩大。

这年年底，起义军攻打江原。江原守将张玘设下埋伏，万箭齐发。王小波冲在队伍最前面，头上中了一箭，他忍着剧痛，继续指挥战斗。起义军前仆后继，终于消灭了宋军，斩杀了张玘，攻占了江原城。王小波却因伤势过重，不幸牺牲了。

王小波死后，众人推举李顺为首领。李顺性格豪爽，仗义疏财，很有名望。李顺不负众望，率军连续攻占蜀州、邛州、双流、新津等地，势如破竹，所向披靡，队伍也迅速发展到几十万人。

994年正月，李顺率军包围了成都。成都是蜀地的政治经济中心，历来是蜀地的都城，城池坚固，守军较多。起义军气势正盛，毫不畏惧，连续攻城十多日。成都守将郭载招架不住，带领残兵败将突围逃走。

起义军占领了成都，欢欣鼓舞，立即建立了大蜀国，李顺当了大蜀王。李顺为了争取民众，谎称自己是后蜀皇帝孟昶的遗腹子，改名孟顺，结果受到百姓拥护。这从一个侧面反映出孟昶在蜀地还是很得人心的。

大蜀政权按照原来蜀国的模式，组建政府机构，设置了中书令、枢密使等朝廷大臣，任命了刺史、知州等地方官员，还铸造发行钱币，很是有模有样。

大蜀政权继续实行"均贫富"政策，没收富豪的土地财产，分给穷人，颇有打土豪、分田地的味道。穷苦农民喜笑颜开，纷纷拥护大蜀政权，不少人在家中挂起李顺画像，顶礼膜拜。

李顺在成都建立政权以后，派兵继续攻打各州县，占领了蜀地大部分地区。不料，起义军在攻打梓州（今四川三台）时，却碰到了硬钉子。

梓州知州叫张雍，很有谋略，他在王小波、李顺起义之初就感觉不妙，于是加固城墙，扩充士兵，做好了各种准备，所以抵御住了起义军多次进攻。李顺大怒，派了手下得力将领相贵，率二十万军队强攻梓州，结果攻城数月，仍然不能攻克。

起义军在梓州受挫的同时，攻打剑门关也出了意外。剑门关是入蜀的咽喉之地，战略地位非常重要。当时宋军守卫剑门关的士兵只有数百人，李顺派去数千兵马，认为拿下剑门关不成问题。

不料，正当起义军攻打剑门关即将得手的时候，从成都败逃的大批宋军赶到，从背后袭击起义军。起义军大败，多数阵亡，只有三百多人逃回了成都。李顺没有控制住剑门关，造成了严重后患，这是他的一大失误。

宋太宗在王小波、李顺起义初期，并没有引起重视，当时宋军正与党项李继迁作战，也腾不出手来。没有想到，不到一年时间，起义军就攻占成都，建立了政权，形成了气候。宋太宗惊恐起来，决定派大军前去平定。

可是，派谁担任领兵主将呢？宋太宗颇费思量。蜀地地理位置特殊，很容易搞割据，宋太宗猜忌和提防武将，觉得派谁去都不放心。宋太宗思前想后，最终决定任命王继恩为伐蜀总指挥。王继恩是宋太宗的心腹，也有能力，更重要的是，他是一名宦官，没听说有宦官割据称帝的，宋太宗比较放心。

王继恩身负重任，率数十万朝廷大军，顺利通过剑门关，进入蜀地。此时，梓州之战仍在进行，朝廷军队到来，一举击溃起义军，解了梓州之围。

起义军都是临时武装起来的农民，缺乏训练和战斗经验，对付贪官污吏和地方军队还可以，但面对正规的朝廷军队，就不是对手了。王继恩率军连续打败起义军，收复绵州、阆州、巴州等地，包围了成都。

王继恩下令围攻成都，展开激战。此时城内有十万起义军，虽然武器装备很差，又未经训练，但个个不惧生死，奋勇杀敌。宋军连续攻城多日，起义军战死三万多人，伤者不计其数，最后坚持不住，被宋军攻破城池，起义军溃散。

李顺下场如何？史书记载不一，有多种说法。《宋史》简略记载说，李顺被俘处死。有的史书说，李顺化装潜逃，下落不明。有的则说，李顺突围而出，辗转到了广州，三十年后去世。

成都陷落以后，起义并没有完全失败，各地的起义军仍在坚持战斗。后来，李顺的大将张余，将各地起义军收拢起来，仍有十万之众。张余率军沿长江而下，向川南、川东进军，攻克戎州、泸州、渝州、涪州、忠州、万州、开州等地，声势依然浩大。

995 年，起义军在嘉州作战失利，张余牺牲。他的部将王鸬鹚在邛蜀山区称王，又坚持战斗一年多。可见，蜀地民众的反抗精神是极其强烈的。

宋朝在创建初期就爆发了轰轰烈烈的农民大起义，暴露了宋朝建立以后，在治国思想和政策上有着重大缺陷。

宋太祖、宋太宗偏重统一全国、巩固皇权、铲除军阀割据、提高文人地位，却忽视了社会治理和普通百姓的利益，致使社会矛盾尖锐，结果酿成剧变。

半部《论语》治天下

有一位名人，讲过一句名言，叫作"半部《论语》治天下"，对后世影响很大。这位名人，就是宋朝宰相赵普。

不少人认为，这句话的意思是说，《论语》博大精深，只用半部，就可以治理天下。有人甚至把这句话作为儒学治国的名言。其实，从史书记载来看，赵普说这句话，是有着特殊语境的，并不是这个意思。

赵普是幽州蓟县人，后徙居洛阳。他出身小吏，年轻时不爱读书，因而学问不高，还出过取亡国年号作为宋朝年号的笑话。有人认为赵普学识浅薄，不配当宰相。赵匡胤经常劝赵普多读书，于是，赵普认真读起书来。

赵普经常读的书，便是《论语》。在古代，《论语》是儒学的启蒙教材，小孩子上学时，一般都要先学《论语》。因此，那个时候的《论语》，相当于现在的儿童读物。于是，有人嘲笑说，赵普只会读《论语》。赵普听了，很不高兴。

赵光义登基后，仍然用赵普为宰相。有一次，赵光义问他："有人说，你只读《论语》，是真的吗？"

赵普很生气，愤然回答道："不错！臣过去用半部《论语》，就帮助太祖平定了天下；今后再用半部《论语》，也可以帮助陛下治理天下。"很明显，赵普说的是气话。

其实，赵普不光读《论语》，还读了大量史籍经典，后来成为一个很有学问的人。而且，从赵普做事风格和执政情况来看，他并不是完全按《论语》要求去做的。

从 956 年开始，赵普与赵匡胤相识，跟随左右，当了赵匡胤的掌书记，相当于秘书长。赵普虽然学问不高，但做事勤勉，足智多谋，成为赵匡胤的主要谋士。赵匡胤很尊敬他，称他为兄。

960 年，赵普参与谋划陈桥兵变，并发挥了十分重要的作用。当时赵匡胤一直呼呼大睡，是赵普跑前跑后地张罗，结果兵变成功，赵匡胤当上皇帝。陈桥兵变完全是阴谋诡计，与《论语》风马牛不相及。

赵匡胤称帝后，为了稳定大局，仍然让范质、王溥当宰相，任命赵普为谏议大夫、枢密直学士，后又升任兵部侍郎、枢密副使。所以，赵普是开国功臣，但并不是宋朝第一任宰相。

赵普虽然不是宰相，却仍然是赵匡胤最重要的谋士和助手。赵普鼓动和帮助赵匡胤，策划杯酒释兵权，削弱节度使权力，改革禁军制度，加强皇权。这些措施，固然必要，但不够光明正大，也与《论语》没有多大关系。

964 年，赵普终于升任宰相，主理朝政。赵普在收复江南、削夺藩镇权力、实行更戍法、改革兵制官制等方面出谋划策，为统一全国、加强中央集权做出了很大贡献。不过，这个时候，赵普还没有喜欢读书呢，更谈不上靠半部《论语》平天下。

赵匡胤对赵普特别信任，大小事情都与他商议，几乎对他言听计从。但是，有一件事情，赵匡胤始终没有听他的，就是皇位继承人问题。赵普坚决反对兄终弟及，而主张父死子继。

其实，赵普与赵光义的关系也很好。赵光义年轻时，杜太后觉得赵普老成持重，总让他陪着赵光义，两人几乎形影不离。赵普反对赵光义继位，并不是从个人恩怨出发，而是为了维护封建继承制度。这倒符合《论语》的精神。

赵匡胤打算让符彦卿入朝掌管禁军，符彦卿是赵光义的岳父。赵普坚决反对，赵匡胤发了诏书，赵普拒不执行，赵匡胤只好作罢。赵光义知道了赵普的态度，两人由此产生了矛盾。

赵匡胤对赵普十分宽容。赵普为官不廉，经常收受贿赂，还违禁做木材生意，牟取暴利。赵匡胤对肃贪手段强硬，杀了不少贪官，却唯独对赵普不予追究。

有一次，赵匡胤来到赵普府上，见吴越王钱俶给赵普送来十坛海鲜，打开一看，里边装的全是黄金。赵普惶恐，叩头请罪，要求充公。赵匡胤笑着说："你只管收下吧。钱俶认为国家之事，都由你一个书生决定呢。"

974年，深受赵匡胤信任、已经担任十年宰相的赵普，却被赵匡胤罢官，逐出朝廷，到地方当了河阳节度使。按史书记载，赵普被罢相的原因，一是权重，引起赵匡胤不满；二是与掌管军事的枢密使李崇矩结为亲家，引起赵匡胤猜忌；三是涉及一桩腐败案子。

赵匡胤断然将赵普罢相，这从一个侧面反映出赵匡胤没有让儿子继位的打算。赵普是坚定支持父死子继的，并与赵光义有矛盾。赵匡胤如果想让儿子接班，是无论如何不会将赵普赶出朝廷的。后来，赵光义继位以后，曾对左右说："赵普如果在相位上，朕是当不上皇帝的。"

赵普被罢相两年后，赵匡胤驾崩，赵光义顺利继位。赵光义自然不会忘记赵普反对他继位之事，便对他进行打压和冷落。赵光义登基第二年，就免去赵普河阳节度使职务，改任太子少保。太子少保是辅佐太子的官员，可赵光义当时并没有立太子，因而是个虚职，赵普无事可做。

赵普由权倾朝野的宰相，变成了默默无闻的闲官，处境十分艰难。朝中不乏落井下石之人，对赵普冷嘲热讽；过去的政敌，更是逮住机会，对赵普进行打击迫害。当时的宰相是卢多逊，卢多逊与赵光义、赵廷美关系都很好，却与赵普是死对头，他处处与赵普过不去，甚至陷害打击赵普的妹夫和儿子。

赵普忍无可忍，决定反击，重新回到权力中枢。赵普知道，要想达到这个目的，关键在于宋太宗赵光义。于是，赵普面见赵光义，和盘托出了"金匮之盟"的秘密。

"金匮之盟"是杜太后临终前留下的遗命，让赵匡胤将帝位传给弟弟赵光义。遗命由赵普记录，秘藏于金匮之中，多年无人知晓。"金匮之盟"证明了宋太宗继位的合法性，有利于巩固他的统治，宋太宗自然大喜过望。

对于"金匮之盟"的真实性，历来存在争议。杜太后是961年去世的，已经过去了二十年，"金匮之盟"却长期不为人知，甚至连赵光义都不知道。赵匡胤想传位给弟弟，何必如此保密呢？所以，有些人认为，是赵普为了取悦宋太宗，与宋太宗共同伪造了"金匮之盟"。可是，宋太宗已经登基六年，皇位相当稳固，又何必画蛇添足，伪造一份太后遗命呢？

不管"金匮之盟"真假，赵普确实取悦了宋太宗。同时，他向宋太宗阐明了自己一贯的立场，仍然维护父死子继的继承原则，反对由赵廷美继位，建议宋太宗将帝位传给儿子。这样，赵普重新得到宋太宗的信任和重用。

981年，宋太宗任命赵普为宰相，赵普咸鱼翻身，重新掌握了大权。赵普任相的第二年，赵廷美被罢免开封府尹，失去了皇位继承资格，接着被流放房州，不久病死。与此同时，与赵廷美关系密切的卢多逊，被罢免职务，流放到天涯海角的崖州，很快死在那里。

这样，有皇位继承资格的赵廷美、赵德昭、赵德芳全死了，宋太宗只有把皇位传给自己的儿子。所以，宋太宗留下了害死兄弟和侄子的嫌疑，影响了他的形象。

983年，刚当了两年宰相的赵普又被罢相，调任武胜军节度使，不过仍兼朝廷侍中，享受宰相待遇。宋太宗罢免赵普的理由是，赵普对国家有大功，如今牙齿头发都脱落了，不忍心再让他操劳国事。赵普当时六十二岁。

对这次罢相，宋太宗和赵普都做了精心表演。赵普离京时，宋太宗为他设宴送行，并作诗一首，赞美赵普。赵普捧着诗，哭泣着说："陛下赐臣诗，是臣莫大的荣幸，应当刻在石上，与臣朽骨一同葬于地下。"宴席结束后，赵普还对宋太宗的亲信、继任宰相宋琪说："此生余年，无法报答皇上，希望来世再效犬马之力。"

宋太宗虽然将赵普罢相，但这次并没有冷落他，朝中大事常征询他的意见。赵普也时常上书，对国事提出建议。宋太宗第二次北伐的时候，赵普就上书劝阻。这个时期，两人书信不断，保持着比较友好的关系。

987年，宋太宗又一次任命赵普为宰相。当时，宋太宗两次北伐失败，声望受到影响，他需要一位资深望重的大臣辅佐朝政，便又起用了赵普。

赵普虽然已经年近古稀，但仍然兢兢业业，把朝政处理得有条不紊。赵普能力很强，处事果断，他大力整顿吏治，撤换了一批结党营私的大臣，其中有不少是宋太宗的亲信。

此时，宋太宗与赵普的关系，是既相互利用又相互提防。赵普的强势，引起宋太宗不安。于是，在赵普任相半年之后，宋太宗借口天气炎热，让他在家中避暑休息，等秋后天凉再来上班。赵普明白宋太宗的心思，请了病假，后来又提出辞官。宋太宗拖着不批。

992 年，赵普连续三次上表，请求告老还乡。宋太宗答应了，给赵普加太师衔，封魏国公，让他安享晚年。这年七月，赵普病逝，终年七十一岁。

赵普一生，侍奉两朝，三次任相，对于宋朝的建立、稳定和发展做出了卓越贡献，有大功于社稷。

宋太宗不想传位于弟

　　按照"金匮之盟"，宋太宗应该传位给弟弟赵廷美，他登基之后，也确实做出了这种姿态。可是，宋太宗没有赵匡胤那样的胸襟，再加上宋朝江山已经稳固，他不想把皇位传给弟弟了，而想传给自己的儿子，毕竟儿子比弟弟亲。

　　按《宋史》记载，杜太后一共生了五男三女，但只存活了三男二女。赵廷美是杜太后最小的儿子，生于 947 年，比赵匡胤小二十岁，比赵光义小八岁。

　　赵廷美原名叫赵匡美，赵匡胤称帝后，为了避讳，匡字不能用了，改为赵光美；赵光义为帝时，光字也不能用了，又改为赵廷美。

　　赵廷美从小聪明好学，为人谨慎，举止儒雅，有文人气质。南唐灭亡后，南唐后主李煜被押送开封。李煜是有名的才子，赵廷美很钦佩他，常跑去与他谈论诗赋文章，两人关系十分亲密。

　　在赵匡胤时期，赵廷美历任嘉州防御使、兴元尹、京兆尹、侍中、同平章事，属于宰相。赵光义继位以后，任命赵廷美为开封府尹、中书令，封为齐王，明确了他皇位继承人的身份。

　　这个时候，赵廷美三十岁，年富力强，精力充沛。他一面精心治理京师，一面跟随赵光义四处征战，立有战功。灭掉北汉以后，赵廷美因功加授检校太师，晋封魏王。上朝时，赵廷美位列宰相之上，成为大宋王朝第二把手，权势地位与当年的赵光义一样。

　　随着宋朝江山稳固，赵光义产生私心，他想把皇位传给自己的儿子。赵光义知道，赵普历来主张传子不传弟，便把赵普召来，与他商议皇位继承问题。

赵普直言不讳说："父死子继是古之大礼，不能违背。在这件事上，太祖已经做错了，希望陛下不要再错。"赵光义听了，正合心意，频频点头称是。

于是，赵光义重新起用赵普，任命他为宰相。赵廷美为人谦恭，上表说赵普是前朝老臣，功勋卓著，请求排在自己前面。宋太宗答应了，降低了赵廷美的地位。

赵普任相的第二年，有一天，宋太宗准备去金明池检阅水军。忽然，大臣柴禹锡、赵镕密报，说探听到赵廷美计划在金明池刺杀皇帝，夺取皇位。宋太宗闻言大惊，立刻取消了行程。柴禹锡、赵镕都是宋太宗当晋王时的幕僚，是多年的心腹。

后来，赵普奏报，说宰相卢多逊与赵廷美关系密切，两人常在一起密谋，并诅咒皇帝早死。宋太宗又是一惊。赵廷美和卢多逊都不是一般人物，宋太宗便召集群臣商议。

在朝堂上，大臣们炸了锅，议论纷纷。有的主张立即诛杀逆贼，予以严惩；有的则怀有疑问，建议彻查此事。众臣反应强烈，看法不一，最后都表示由宋太宗裁决。

宋太宗流着泪说："廷美谋反，人证确凿，罪不容诛。可是，廷美是朕唯一的弟弟，朕不愿意把他的罪行公布于天下，更不忍心对他施刑。"于是，宋太宗在没有证据也不调查的情况下，宣布将赵廷美免去开封府尹职务，改任洛阳留守，同时将卢多逊流放崖州。表面看来，宋太宗似乎是格外开恩，宽大处理了。

众臣一片沉默，没有人再说什么。此时，人人心里都明白了，免去赵廷美开封府尹，实际上是取消了他的皇位继承人资格，这才是问题的关键，看来宋太宗心里早就谋划好了。事关皇位继承大事，众臣能说什么呢？

赵廷美被迫离开京城，去当洛阳留守。赵廷美对皇位看得不重，没有野心，他认为不当皇位继承人，就应该平安无事了。赵廷美是一介书生，十分天真，他没有想到，这才是哥哥迫害他的第一步。

两个月之后，大臣李符上奏说，赵廷美在洛阳很不老实，怨声载道，恐生事端，建议皇帝及早处置，将赵廷美远迁他乡。李符也是宋太宗的心腹。

宋太宗接到奏报后，仍然不调查，就宣布撤销赵廷美洛阳留守职务，罢免他一切官职，只保留魏王空名，在洛阳闲居。这是宋太宗迫害赵廷美的第二步。

宋太宗仍不罢手，一年之后，又将赵廷美削去魏王封爵，降为涪陵县公，命他全家迁往房州（今湖北房县），并派专人监视看管。

赵廷美遭受无妄之灾，连续受到一连串打击，愤懑忧惧，再也支撑不住了，不久患病，吐血而死，年仅三十八岁。

史学界一般认为，赵廷美谋反之事，纯属子虚乌有，是宋太宗为了让儿子接班，故意陷害逼死了亲弟弟。这个污点，宋太宗永远抹不掉了。

赵廷美被迫害致死，是宋王朝一件大事，人们街谈巷议，不少人指责宋太宗不仁义。宋太宗做贼心虚，想了个浑招，竟然曝出一个大冷门。

有一天，宋太宗从容地对朝臣们说："廷美并不是朕的亲弟弟，他是朕乳母耿氏生的。耿氏后来嫁给一个姓赵的，又生了一个儿子，叫赵廷俊。"这等于说，宋太宗他爹与乳母私通，生下了私生子赵廷美。朝臣们听了，全都大吃一惊，没想到皇帝家里，还有这等丑事！

可是，几乎所有的史书，都记载赵廷美是杜太后的亲儿子，是宋太宗的亲弟弟。当时，宋太宗的父母和耿氏全都死了，死无对证。宋太宗为了减轻自己的罪行，竟撒了一个弥天大谎，甚至不惜给他老爹脸上抹黑。不知道赵弘殷在九泉之下，会不会被气得再死一回？

宋太宗处心积虑地害死弟弟，是为了让儿子接班。他的长子赵元佐，当时已经十八岁了，文武双全，十分优秀，宋太宗喜欢得不得了。赵廷美一死，就为赵元佐继位铺平了道路。

然而，让宋太宗万万没有想到的是，赵元佐不仅不领情，反而与父亲大吵大闹，最后居然疯了。

太宗儿子谁接班

宋太宗在位期间，有皇位继承资格的赵德昭、赵德芳、赵廷美先后而死，能够继承皇位的，只剩下他的儿子了。宋太宗有九个儿子，他最宠爱的，是长子赵元佐。

赵元佐自幼聪明机警，习文练武，很小就能箭无虚发。他十三岁那年，跟随宋太宗打猎，有只兔子跃起，疾跑如飞，众人都射不中它。赵元佐弯弓搭箭，一箭而中，众人惊呼称奇。宋太宗对这个儿子从小就特别钟爱。

赵元佐长大以后，身壮貌美，长得酷似宋太宗，同时又文武双全，性格豪爽，待人宽厚，属于人中俊杰，人见人夸，宋太宗更是视如珍宝。宋太宗不想传位于弟弟，也与自己有这么一个优秀的儿子有关系。

宋太宗对赵元佐精心培养，经常带在身边。赵元佐跟随父亲攻取北汉，征伐辽国，立有战功，在朝中担任检校太傅，同平章事，被封为卫王，后晋封楚王。

982年，宋太宗迫害赵廷美，满朝文武保持沉默，谁也不敢多言。唯有赵元佐为叔叔鸣不平，说叔叔不可能谋反。赵元佐直接找到父亲，为叔叔辩护，父亲不听，便大吵大闹，搞得宋太宗既恼怒，又无奈。

当时赵元佐已经十八岁了，当然知道除掉了叔叔，他就可以继位了。不过，赵元佐心地善良，富有正义感，他不想做亏心事，让叔叔蒙冤。

984年，赵廷美吐血而死。赵元佐听说以后，精神受到巨大刺激，整日号哭，胡言乱语，疯疯癫癫，还拿着刀子，见人就捅，身边侍从被刺伤好几个。

宋太宗大惊，急忙召御医为赵元佐治病，并安排专人昼夜看护他，防止出现意外。经过近一年的治疗，赵元佐的病情有很大好转，行为不再疯狂，说话也清楚了。宋太宗大喜，为此专门下诏，大赦天下。

985 年重阳节，宋太宗在宫中大摆宴席，皇子全都参加。宋太宗觉得赵元佐病情刚好，怕他劳累，没有通知他。

不料，宋太宗的次子赵元僖不怀好意，跑去告诉了赵元佐，并故意用言语刺激他。赵元佐大怒，说："兄弟们都去伺候皇上宴会，唯独不让我参加，这是要抛弃我啊！"赵元佐病情骤然加重，当天晚上，他在宫中放火，烧毁了宫殿。

宋太宗大怒，削去赵元佐楚王封爵，废为庶人，想把他安置到均州。赵元佐走到半路，宋太宗火气消了，于心不忍，急速把他追了回来，安置在京师南宫，派人严格看管。此后，赵元佐病情未能痊愈，在疯疯癫癫中活了六十三岁。

长子疯了，宋太宗只好打算让次子赵元僖接班。赵元僖比赵元佐小一岁，平时沉默寡言，但却很有心计，性格上酷似宋太宗。

986 年，宋太宗任命赵元僖为开封府尹，兼中书令、侍中，晋封许王，明确了他的皇位继承人身份。

赵元僖十分珍惜自己的机遇，小心侍奉父亲，用心协调各种关系。他能力很强，也有政治手腕，治理京师六年，没有出过差错，得到一片赞扬声。宋太宗对这个接班人也很满意，但时刻关注着赵元僖的举止言行，希望他能够顺利继位，光大宋朝事业。

然而，人算不如天算。992 年的一天，赵元僖在上早朝的时候，忽然感到身体不适，赶紧请假回府。宋太宗散朝后前去探视，赵元僖病情突然加重。宋太宗急呼他的名字，起初勉强还能答应，可过了不大一会儿，赵元僖就气绝身亡了。

宋太宗抱着爱子的尸体，悲痛哭泣，不能自持，可他贵为皇帝，也是无能为力、无力回天。赵元僖猝死，年仅二十七岁。

宋太宗的长子疯了、次子死了，好在他的儿子不少，还有挑选余地。宋太宗的三子赵恒，比赵元僖小两岁，正值青春年华，宋太宗打算让他接班。

994年，宋太宗任命赵恒为开封府尹，晋封寿王，第二年，干脆封他为皇太子，使赵恒继承人身份更加明确合法。

997年，当了二十一年皇帝的宋太宗驾崩，终年五十九岁。赵恒继位称帝，是为宋真宗。

那么，宋真宗干得怎么样呢？

宋真宗开创咸平之治

在有些文学作品中，宋真宗赵恒是个昏君和糊涂虫，他袒护岳父潘仁美，迫害杨家将，引起人们憎恨和愤慨。所以，许多人对宋真宗印象不好。

赵恒确实娶了潘美的女儿为妻，可潘氏在989年就死了，岳父潘美于991年也已去世，到了997年，赵恒才当上皇帝，所以根本没有迫害杨家将之事。宋真宗和潘美都背了千年黑锅。

其实，宋真宗是一个才华横溢、很有作为的皇帝。他在位二十五年，实现了与辽国停战和好，维护了天下和平，促进了经济文化繁荣，将大宋王朝推向一个新的阶段，史称咸平之治。

宋真宗是赵光义第三子，初名叫赵德昌，也曾叫过赵元休、赵元侃，当太子时改为赵恒。

赵恒幼时英睿，姿表特异，明显与其他孩子不同。伯父赵匡胤特别喜欢这个小侄子，将他养在宫中。有一次，赵匡胤把赵恒抱到龙椅上，摸着他的头说："天子好做吗？"小赵恒一本正经地回答："由天命耳。"

赵恒聪明好学，满腹学问，为人谦恭，彬彬有礼。他的老师李沆、李至来上课时，赵恒每次都到宫门外的台阶下迎接，恭恭敬敬地行礼。

赵恒排行第三，本与帝位无缘，可他大哥疯了，二哥死了，他便继位当了皇帝，真是天命所至。

宋真宗登基时三十岁，年富力强，精力充沛，正是可以大有作为的好年华。宋真宗将年号改为咸平，决心励精图治，光大父辈开创的事业。

宋真宗知道，事业的兴衰，关键在于人才。他选用李沆、曹彬、寇准、吕端、吕蒙正等人为宰相，处理朝政，制定国家政策。这几个人都是历史上有名的贤臣，他们尽心竭力地辅佐宋真宗，君臣同心协力，开创了大宋王朝的新局面。

宋真宗着重整顿吏治，推行廉政。他颁布了历史上有名的《文武七条》，要求所有官员严格遵守。七条的主要内容是：清心、奉公、修德、务实、明察、勤政、革弊。宋真宗还制定了官员选拔任用制度，努力推动政治清明，风清气正。

宋真宗反对严刑峻法，主张轻刑慎罚，同时推行教化，注重法治与德治相结合。宋真宗上台以后，下诏废除了断截手足、钩背烙身、敲碎胫骨等酷刑，严禁搞刑讯逼供。宋真宗还专门设立了纠察刑狱司的机构，负责对各种案件进行监察，并制定了重大案件复审制度，有效减少了冤假错案。与此同时，宋真宗大力推行儒学，加强文化道德建设。他祭祀孔子，追封孔子弟子数十人为公爵侯爵，兴办学校，收集图书，建设应天府书院，继续推动崇文风气。

宋真宗本人文化素养很高，诗词文章无不精通，还擅长书法。宋真宗亲自写了《励学诗》，流传至今。诗曰："富家不用买良田，书中自有千钟粟。安居不用架高堂，书中自有黄金屋。出门莫恨无人随，书中车马多如簇。娶妻莫恨无良媒，书中自有颜如玉。男儿欲遂平生志，五经勤向窗前读。"从此，"书中自有黄金屋，书中自有颜如玉"的名言便流传开来。

宋真宗爱好文学，厌恶战争。他与辽国签订澶渊之盟，结束了两国战争，维持了较长时间的和平。他承认西夏的独立地位，尽量避免战争。宋真宗时期，战争很少，天下太平，为经济发展创造了良好环境。

宋真宗致力于繁荣经济，特别重视农业。他诏令地方官员的官衔上，一律加上"劝农使"字样，表明要把农业放在首位。制定农业法规，编写农业书籍，推广耕种技术，减轻赋税，平抑粮价，使农作物产量倍增。宋真宗还重视发展纺织、造纸、制瓷等手工业和商业，贸易活动空前活跃。

在宋真宗和大臣们的共同努力下，宋朝开始进入繁荣时期。耕地面积超过唐朝，亩产量从唐代两石提高到三石，国家收入是唐朝的三倍至七倍。全国人口比宋太宗时期增长百分之四十六。都城开封常住人口一百五十万，超过唐朝都城长安，而且比长安更加繁荣。宋真宗执政的早期和中期，被称为咸平之治。

　　可惜，宋真宗到了晚期，骄傲放纵起来。他信任重用王钦若、丁谓、陈彭年、刘承规、林特五个奸佞之臣，朝纲出现混乱，史称五鬼用事。在奸臣操纵下，宋真宗热衷于东封西祀，三次举行盛大的封禅活动，耗费了大量国力民力，在一定程度上败坏了咸平之治的成果。

　　总体来看，宋真宗是一位很有作为、功大于过的皇帝，是他将宋朝带入经济文化繁荣时期。《宋史》评论说，真宗是英明颖悟之帝。

澶渊之盟，宋辽和好

在宋真宗时期，发生了一件事关全局、影响深远的大事，就是宋辽两国签订澶渊之盟，双方息兵和好，保持了百余年的和平。

宋朝与辽国的战争，其实是由宋朝引起的。宋太宗为了收复幽云十六州，两次出兵北伐，结果均遭失败，损失惨重。宋太宗不得已，由战略进攻改为战略防御，从此不再北伐。

可是，辽国却不肯罢休，频频出兵报复。辽军利用骑兵机动性强的优势，经常在边境挑衅，掠夺财物和人口，也曾经几次大规模兴兵南下，进犯中原，却被宋军击退。二十多年来，宋辽两国交战不断，处于敌对状态。

宋真宗即位不久，辽国萧太后和皇帝亲自率领二十万大军，南下攻打宋朝。辽军兵强马壮，士气旺盛，一举攻破遂城，生俘宋将王先知，接着围攻定州。云州观察使王继忠率军增援，却被辽军打败，王继忠做了俘虏。定州守军凭坚据守，苦苦支撑，十分危急。

消息传到京城，朝野震动。宋真宗大惊，急忙召集群臣商议。大臣王钦若等人主张迁都，避敌锋芒。

王钦若说："定州若失，河北平原无险可守，辽军骑兵便可长驱直入，开封难保，不如及早预防，迁都金陵。"大臣陈尧叟却认为，迁都金陵也不保险，不如直接迁到成都去。王钦若是江南人，陈尧叟是蜀地人，都想回到故乡。

宰相寇准闻言大怒，厉声喝道："此乃亡国之言！如果迁都，人心崩溃，辽军趁势而入，天下还能保住吗？如今我大宋君臣一心，国力强盛，辽军远道而来，战线过长，打败他们不成问题。陛下不仅不能迁都，反而应该御驾亲征，以振奋国威军心。"

大臣们多数同意寇准的意见，宋真宗也受到鼓舞，决定率军亲征。皇帝御驾亲征消息传出后，果然军心大振，宋军将士拼死守城。

辽军久攻定州不克，又转攻朔州、瀛州，仍然不能取胜。萧太后恼羞成怒，集中优势兵力，攻破祁州，然后南下，包围了澶州（今濮阳）。

澶州是宋朝重镇，城池坚固，守军较多，辽军多次攻城，不能奏效，反而死伤惨重，大将萧挞凛也中箭阵亡了。

宋真宗率军抵达澶州，城中军民闻之，一齐高呼万岁，如同雷鸣一般，声震数十里。萧太后和辽军听了，皆觉胆寒。

此时，陆续到达澶州的宋军，已有数十万，还有一些宋军，正在包抄辽军的后路。辽军已深入宋朝腹地，战线拉长，补给困难。

萧太后是明智之人，她知道一旦后路被截，粮草中断，辽军将陷入绝境，后果不堪设想。被俘的王继忠看出萧太后的困窘，建议她向宋朝求和。萧太后思虑再三，觉得也只有这个办法了，于是派人向宋真宗表达了罢兵息战的愿望。

宋真宗听了，正合心意，十分高兴，立即回复萧太后，说宋朝是文明之邦，不喜欢穷兵黩武，愿意与辽国和好，永享太平。

寇准知道以后，赶紧找到宋真宗，说："辽国已是强弩之末，处于困境，正好将他们全部消灭，然后乘胜北上，收复幽云十六州。"

宋真宗沉思了半天，说："你的计策固然不错，可辽军有二十万之众，胜负难料。即便能够消灭他们，那得付出多大代价啊？朕宁可不要幽云，也不忍心看到生灵涂炭，无数的将士丢了性命。"寇准长叹一声，只好同意讲和了。

宋真宗命大臣曹利用为和谈代表，去与辽军谈判。曹利用问谈判底线是什么？宋真宗一心想求和，说："只要不割地，什么都好说，辽人提出要钱，也可以给他们。"

曹利用又问，最多能给多少钱？宋真宗说，最好别超过一百万。寇准气呼呼地把曹利用拽到一边，说："你要敢超过三十万，我就砍你的脑袋。"

曹利用与辽国讨价还价，最终达成协议。主要内容有：宋辽以白河沟为界，两国互不侵犯；宋辽结为兄弟之国，辽尊宋为兄；宋每年赐辽三十万银绢；双方在边境开放贸易。

曹利用觉得条件不错，特别是争取当了兄，很有面子，于是兴冲冲回来复命。宋真宗正在吃饭，问曹利用给了多少钱？曹利用伸出三个手指头，宋真宗以为是三百万，说："有点多了。"曹利用忙说是三十万。宋真宗大喜，连夸曹利用会办事，重赏了他。

澶渊之盟结束了宋辽长达二十五年的敌对状态，此后双方没有发生大的战争，保持和平百余年，为发展经济创造了良好条件。

有人却认为，正因为没有战争，导致宋辽两国长期武备松弛，结果都被金国击败。特别是宋朝没有收复幽云战略要地，造成北宋灭亡。

刘太后蒙冤千年

1022 年，宋真宗病逝，终年五十五岁。宋真宗儿子不少，可惜全都早夭，只剩下六子赵祯，只得由他继位。赵祯当时只有十三岁，便由刘太后垂帘听政。刘太后命运坎坷，在历史上是个传奇人物，而且蒙冤千年。

刘太后名叫刘娥，祖籍太原，后迁徙蜀地华阳。刘娥身世十分可怜，她一生下来，就父母双亡，成为孤女，只好寄养在母亲庞氏的娘家。

寄人篱下的刘娥，从小吃尽万般苦头，长大后为生活所迫，不得已当了歌女，到处流浪，卖唱为生，日子过得十分艰难。

无依无靠的刘娥，在十多岁的时候，就不得不嫁给一个叫龚美的银匠，龚美比她大许多。龚美日子也不宽裕，带着刘娥依然四处流浪，后来到了开封。龚美日子过不下去了，狠心将刘娥卖掉。京城有个军官叫张耆，见刘娥歌唱得好，便把她买了下来。刘娥当时只有十五岁。

《宋史》为尊者讳，没有写刘娥少年嫁人之事，只是说龚美把她带到开封。司马光在史书中则直接说刘娥是龚美的妻子，两人一同流落到京城。后来，刘娥发达以后，龚美找来，刘娥看在曾经共患难的份儿上，认他为兄，让他改名叫刘美。龚美此后也过上了好日子。

张耆是宋真宗赵恒的部下，赵恒当时是襄王。在一次偶然的机会，赵恒见到了刘娥，不知道是什么原因，赵恒一见钟情，十分喜欢。张耆自然就将刘娥送给了赵恒，刘娥便进了襄王府。史书只说刘娥歌声婉转动听，没写她如何漂亮。

刘娥得到襄王赵恒宠爱，本以为苦尽甘来了，没想到赵恒的乳母不喜欢她，报告了宋太宗。宋太宗大怒，命赵恒将刘娥赶出王府，随后让赵恒娶了潘美的女儿为妻。赵恒舍不得刘娥，但不敢违背父命，只好将她秘密安置在张耆家里，一有机会就去私会。张耆为了避嫌，从此不敢在家中居住，另找了一处宅子安身。

997年，宋太宗驾崩，赵恒当了皇帝，他立即将刘娥接入宫中。此时，潘美之女已死，赵恒又娶了郭氏为妻，立为皇后。宋真宗还有许多嫔妃，刘娥没有名分。刘娥并不在乎，与其他嫔妃关系都很好。

1004年，刘娥终于有了名分，被封为四品美人，之后，又接连晋升为修仪、德妃。宋真宗嫔妃众多，但对刘娥的宠爱却始终不减。

1007年，郭皇后病逝，宋真宗想立刘娥为皇后，不料遭到大臣们一致反对，都说刘娥出身微贱，不能做一国之母。

宋真宗不是一个专横的皇帝，没有固执己见，但也坚决不立其他人为皇后。这样又过了五年，直到1012年，宋真宗终于下决心立刘娥为皇后。翰林学士杨亿竟敢抗命，拒绝起草诏书，宋真宗只好另找他人起草。可见，刘娥当皇后有多难，阻力有多大。

刘皇后历经苦难，对社会和人性有着深刻的了解，再加上她生性机敏，记忆力强，看过许多史书，对国事颇有见识。宋真宗晚上批阅奏章时，刘皇后陪伴左右，遇有疑难问题，总能提供恰当的建议。这样时间一长，刘皇后就成了宋真宗的得力助手。宋真宗晚年时，身体有病，刘皇后代他批阅奏章，处理军国大事。宋真宗对刘皇后的才能深感惊讶和赞许。

宋真宗与刘皇后感情深厚，而且长久不衰。可惜的是，刘皇后不能生育，没有子女。宋真宗与郭皇后和其他女人共生了五个儿子，可是全都夭折了。宋真宗十分忧虑，后来又与刘皇后的侍女李氏生了一个儿子，自然视为珍宝。

刘皇后亲自抚养这个孩子，视如己出。在刘皇后精心照料下，孩子茁壮成长，取名赵受益，后改为赵祯，就是后来的宋仁宗。宋仁宗是宋真宗唯一存活的儿子，刘皇后为抚养孩子功不可没。

1022年，宋真宗驾崩，十三岁的赵祯继位。宋真宗非常信任刘皇后，又佩服她的才能，因而没有为小皇帝安排顾命大臣，而是留下遗诏说："军国大事皆由皇太后处置。"从此，刘太后身穿龙袍，与宋仁宗一同上朝，开始临朝听政，处理国家大事。

宋真宗晚年，奸臣乱政，大搞东封西祀，还搞天书运动，装神弄鬼，劳民伤财。刘太后在执政当年，就下令终结天书运动，停止建造各地宫观，同时，将奸臣丁谓等人罢官流放。此举得到百官拥戴，万民赞颂。

刘太后临朝听政十一年，政绩卓著。她出身贫寒，深知百姓疾苦，因而十分关注民生，救助鳏寡孤独和穷人，得到百姓赞扬。

刘太后能力很强，处事果断，但并不专横，注重发挥大臣作用，因而得到百官拥护。

刘太后继承发扬宋真宗好的政策，努力克服弊政，发展经济，兴修水利，创设谏院，兴办州学，推动了经济社会发展。宋仁宗亲政以后，出现了仁宗盛治，实际上是刘太后奠定的基础。

刘太后在历史上做出的杰出贡献之一，是制作发行了世界上第一种纸币，当时叫作交子，比欧洲发行的纸币早六百多年。

刘太后执政时期，经济繁荣，商贸兴旺，人们携带铜制货币很不方便。1023 年，刘太后下旨，在成都设立"益州交子务"，发行纸币，首次发行纸币一百二十五万贯。纸币的发行，极大地促进了商贸活动，刘太后功莫大焉。

刘太后威望甚高，当时有人请求依照武则天的例子，立刘氏宗庙，又献《武后临朝图》，暗示刘太后称帝。刘太后表态说："我决不做对不起先帝的事情。"

刘太后平时身穿龙袍，但在临终弥留之际，口不能言，却拼着最后一点力气，撕扯身上的龙袍。众臣明白了，刘太后是不愿意穿着天子服装去见丈夫，于是给她换上了皇后衣服，刘太后这才安详地闭上了眼睛。宋真宗遗命由刘太后临朝听政，把国事托付于她，真是选对人了。

1033 年，刘太后病逝，享年六十五岁。

后世对刘太后给予高度评价，把她与吕后、武则天并称，但说她

"有吕武之才，无吕武之恶"。

刘太后由一个卖唱的孤女，后来成为主宰天下的统治者，极具传奇色彩。特别是她为宋朝发展做出了杰出贡献，又没有称帝私欲，着实令人敬佩。

然而，在文学作品《狸猫换太子》中，刘太后被写成一个心如蛇蝎，迫害李氏的大恶人。由于《狸猫换太子》故事离奇，影响广泛，刘太后在民间成了一代奸妃的形象，使她蒙受了千年奇冤。

按史书记载，刘太后确实把李氏生的儿子赵祯当作自己的儿子抚养，而且始终没有向赵祯说明真相，使赵祯一直认为刘太后是自己的亲生母亲。这虽然有些欠妥，但作为一个母亲来说，这样做是可以理解的，民间这样的事例很多。

特别是，刘太后并没有迫害李氏，反而善待她。李氏是杭州人，出身贫苦，也是父母双亡，她便出家为尼。刘太后在寺院遇见李氏，见她可怜，带回宫中，让她当了侍女。宋真宗没有儿子，刘太后也生不出来，就让李氏侍寝，想借腹生子。李氏果然生了儿子。

宋真宗对外宣称，儿子是刘太后生的，对李氏只封为崇阳县君，后来又封为才人，逐步晋封为婉仪。

刘太后临朝听政以后，晋封李氏为顺容，提高了她的待遇。刘太后听说李氏有一个弟弟，叫李用和，失散多年，不知下落，便命人到处寻找，找到以后，封给官职，让姐弟团聚。李氏十分感激，终生没有透露她是宋仁宗生母的秘密。

1032 年，也就是刘太后去世的前一年，李氏病逝，享年四十六岁。刘太后下令，以皇太后的规格为李氏下葬。

1033 年，刘太后病逝。刘太后刚死，宋太宗第八子赵元俨，就跑去悄悄告诉宋仁宗，说他不是刘太后亲子，生母是李氏，李氏是被刘太后害死的。

宋仁宗一听，如雷轰顶，伤痛欲绝，几天不能上朝。宋仁宗越想越恼，他一面派兵包围了刘太后家人的府邸，一面破棺察看李氏尸体，如果生母尸体有异，他就要诛杀刘太后家人，为母亲报仇。

李氏棺木被打开以后，只见李氏身穿皇太后服装，棺木里灌有水银，在水银养护下，李氏面色如生。宋仁宗这才明白，赵元俨是在挑拨离间，搬弄是非，不由感叹道："别人的话，是不能完全相信的。"

赵元俨是文学作品中八贤王的原型，他在文人笔下是公正无私的正人君子。

宋仁宗得知真相以后，专门到刘太后墓前焚香祭拜，哭着说："从今以后，太后一生清白了。"

从史书记载来看，刘太后的形象，与《狸猫换太子》中有着天渊之别。文学作品固然可以虚构，但对于历史上有真实姓名的人，尤其是对社会做出卓越贡献的人，不应该颠倒黑白，信口雌黄，任意歪曲和诋毁，致使刘太后蒙冤千年。

仁宗盛治，北宋繁荣

宋仁宗是宋朝在位时间最长的皇帝，在位四十二年，实际执政三十一年。他仁慈宽厚，谦恭节俭，继承光大父辈事业，把经济文化推向宋朝全盛，史称仁宗盛治。

宋仁宗自幼离开生母李氏的怀抱，这是他的不幸；刘太后对他视如己出，严格要求，培养了他仁孝宽厚的性格，又是他的幸运；前头五个哥哥全都夭折，使他登上皇帝宝座，更是他的大幸。

1033 年，刘太后病逝，二十四岁的宋仁宗开始亲政。宋仁宗与他爹宋真宗一样，十分重视人才，注重选贤任能，在他亲政以后，两府大臣换了四十多人，多数是贤良俊才。

宋仁宗期间，涌现出大批名臣，著名的有范仲淹、王曾、富弼、欧阳修、韩琦、文彦博、包拯、范镇、司马光等。大批治国贤臣，辅佐宋仁宗开创了盛世。

宋真宗、刘太后给宋仁宗打下了很好的基础，宋仁宗继续执行他们留下的大政方针和治国政策，重视农业，同时大力发展商业和手工业，促进经济进一步繁荣。宋太宗时期的年商税收入约四百万贯，宋仁宗时期猛增到两千多万贯。人口在四十年里净增长三百八十万户。这一时期，政治清明，社会稳定，国库充盈，民众富裕，百姓安居乐业，基本达到了古代小康水平。

经济发展促进了文化繁荣。宋仁宗时期，诗词、小说、杂剧等文学形式得到蓬勃发展，涌现出苏轼、晏殊、柳永、沈括、米芾等一大批文化名人。在著名的唐宋八大家之中，有六位活跃在宋仁宗时期。

宋仁宗崇尚并推广儒学，他对儒学发展做出的重要贡献，是第一次把孔子后人封为衍圣公，将孔子地位推到一个新的高峰。此后，衍圣公作为孔子嫡长子孙的世袭封号，延续了八百多年。

科技发展也取得新的成就。中国古代四大发明，有三个在宋仁宗时期得到广泛应用，转化为现实生产力。指南针用于航海，使宋朝拥有当时世界上最庞大的帆船舰队；人们开始用火药制作火炮、地雷、火箭、火毬等兵器，在战争中发挥了重要作用；活字印刷术的发明，促进印刷业空前发展，使大量典籍能够保存下来。

宋仁宗与他父亲宋真宗一样，喜爱文学，不好战争。广源州蛮人首领侬智高反宋自立，建立大南国。宋仁宗不得已，派名将狄青率军将其平定。党项李元昊建立西夏国，与宋朝开展数年战争，双方损失严重。宋仁宗与西夏签订《庆历和议》，维持了几十年的和平。辽国要求增加岁币，宋仁宗也答应下来，花钱买和平。宋仁宗在军事上没有很大建树，却维护了和平稳定的局面，赢得了经济文化发展的宝贵机遇。

宋仁宗不安于现状，立志变革，他重用范仲淹、富弼等人，搞了"庆历新政"，企图解决土地兼并和冗官、冗兵、冗费问题。改革搞了一年多，取得积极成效，可惜宋仁宗魄力不足，在贵族官僚集团反对下，新政半途而废。改革虽然失败了，却为后来的王安石变法起到了投石问路的作用。

宋仁宗宽厚待人，虚心纳谏，言官们都不怕他，敢于直言，尤其是御史包拯，更是屡屡犯颜直谏。宋仁宗有些怕他，但并不怪罪。

有一次，备受宠爱的张妃，向宋仁宗撒娇，要求封伯父张尧佐为节度使。宋仁宗被缠得没办法，只好答应下来，去与众臣商议。

不料，包拯和七个言官一齐反对。包拯慷慨激昂，大声理论，唾沫星子都溅到宋仁宗脸上。宋仁宗一面用衣袖擦脸，一面接受了他的谏言。回宫以后，宋仁宗责怪张妃，说："你只知道要节度使，难道不知道包拯是御史吗？"

宋仁宗对大臣们宽容，对手下人也很仁慈。有一次，宋仁宗外出，口渴了，回头一看，随从没有带水壶，便忍住不说，直到回宫后才要水喝。

有一天，宋仁宗处理公务到深夜，又累又饿，想喝碗羊肉汤，但忍住没说。第二天，皇后知道了，埋怨他说："陛下想喝羊肉汤，吩咐御厨做就是了，怎么能使龙体受亏呢？"

宋仁宗说："御厨已经睡了，不忍心叫醒他们。再说，朕昨夜如果喝了羊肉汤，搞不好御厨就会夜夜宰羊伺候，那要杀多少羊啊！"

宋仁宗生活俭朴，从不奢华。他用的床帐、垫具都已多年，掉了颜色。有人劝他换新的，宋仁宗说："虽然旧了，但还能用。这都是百姓的膏血啊，怎么能够随便浪费呢？"

1063 年，宋仁宗病逝，终年五十四岁。

宋仁宗驾崩的消息传出，开封罢市，路人痛哭，数日不绝。洛阳民众也停市哀悼，焚烧纸钱的烟雾弥漫上空，天日无光。就连偏远的山区，人们也自发举行哀悼活动。

宋仁宗死后，庙号为仁，这是对皇帝最高的评价。《宋史》说，仁宗皇帝是当之无愧啊！

忧怀天下范仲淹

"先天下之忧而忧，后天下之乐而乐"，是人人皆知的千古名言，体现了忧怀天下的伟大精神和高尚品格。名言的作者，是宋仁宗时期著名大臣范仲淹。

范仲淹，祖籍邠州（今陕西彬州一带），后迁居苏州吴县，是北宋著名政治家、文学家，辅佐宋仁宗开创盛世。

范仲淹出身很苦，两岁时父亲病故，母亲贫困无依，抱着他改嫁山东，嫁给邹平人朱文翰，范仲淹也改名为朱说。

范仲淹长大以后，得知家世，伤感不已，毅然辞别母亲，外出求学。经过多年苦读，范仲淹博通儒学经典，并有慷慨兼济天下之抱负。

1015 年，范仲淹参加科举，考中进士，步入仕途。范仲淹有了俸禄，便把老母接来奉养。范仲淹从基层官吏干起，做过掌管讼狱的小官，负责过盐贮运工作，当过兴化县令。范仲淹为官清廉，刚正不阿，受到人们赞扬。

1028 年，范仲淹给朝廷写了《上执政书》，针对宋朝存在的问题，奏请改革吏治，裁汰冗员，提出治国主张。宰相王曾十分赞赏，推荐给刘太后。刘太后征召范仲淹入朝，任秘阁校理，负责皇家图书的校勘整理工作。

范仲淹给刘太后上书，说宋仁宗已经成年，奏请还政于皇帝。刘太后没有答复。范仲淹在朝中干了两年，请求离京为官，于是被任命为河中府通判，后改为陈州通判。

1033 年，刘太后驾崩，宋仁宗亲政。范仲淹被调回朝中，任命为右司谏。当时，朝中有人私议刘太后执政期间的过失。范仲淹上书，认为刘太后政绩显著，且有养护仁宗之功，不应私下议论。宋仁宗采纳，诏令朝廷内外不得议论刘太后之事。

宋仁宗对范仲淹十分赏识，逐步提拔他当了参知政事，属于副宰相。范仲淹参与朝廷决策，为仁宗盛治做出很大贡献。

1043 年，宋仁宗接受范仲淹建议，令他主持改革。于是，在范仲淹领导下，北宋历史上轰动一时的庆历新政开始了。

庆历新政体现了范仲淹的治国理念和远大抱负，具有革新宋朝弊政的重要意义。新政以整顿吏治为中心，提出了十个方面的改革纲领，目的是解决官僚体制的"三冗"问题和土地兼并问题。

范仲淹推行新政手段强硬，发现不称职的官员，就在花名册上一笔勾掉，予以除名。属下担心地说："您一笔勾下去，就会有一家人痛哭啊！"范仲淹强硬回答："宁可让一家人哭，也不能让一个地方的老百姓哭。"

在范仲淹的强力推动下，新政取得明显成效。一大批碌碌无为的冗官被淘汰，行政效率大为提高；财政、漕运等方面的弊端减少，各方面情况有所改善。

但是，随着改革的逐步深入，阻力越来越大。被裁掉的官员心怀不满，到处造谣生事，诬蔑范仲淹等人是"朋党"，结党营私。特别是改革触犯了贵族集团尤其是皇族的利益，他们纷纷对宋仁宗施加压力。宋仁宗不是刚强坚毅之人，他顶不住压力，只好把范仲淹等人调离京城，庆历新政便半途而废了。

庆历新政虽然失败了，但它代表了社会发展的方向，改革的需求越来越迫切，后来发生了更为广泛深刻的王安石变法。王安石变法是在庆历新政基础上的扩大和深化。

范仲淹被贬出京城以后，先后在邠州、邓州、杭州、青州等地做官，他精心治理地方，爱护百姓，在各地留下了很好的口碑。

范仲淹虽然仕途受挫，壮志难酬，却依然心系天下，为国家和民众担忧。1047 年，范仲淹撰写了著名的《岳阳楼记》，写出了"先天下之忧而忧，后天下之乐而乐"的千古名句。

范仲淹不仅在政治上有远大抱负，在文学方面也成就斐然。范仲淹写了许多散文，他的散文陈述时政，逻辑严密，思想性和感染力都很强。其中有许多名句，比如："不以物喜，不以己悲"；"宁鸣而死，不默而生"，等等。

范仲淹创作了大量诗歌，有三百多首流传后世。他的诗歌内容广泛，或言志感怀，阐述政治理想；或关注民生，抒发忧民情怀；或咏物寄兴，展现人格操守。范仲淹创作的文学作品，都体现了他忧怀天下的高尚情操，这是十分难能可贵的。

范仲淹还擅长书法。他的书法挺劲秀特，字如其人。著名书法家黄庭坚评价说："范仲淹书法，落笔痛快沉着，极近晋宋人书。"

1052年，范仲淹调任颍州，当时他正在患病，只好扶疾上任，不幸在途中病逝，终年六十四岁。宋仁宗亲笔书写"褒贤之碑"，谥号"文正"，追封为楚国公。

后世对范仲淹给予高度评价，尤其他的忧怀天下精神，永远值得人们学习和继承。

文坛领袖欧阳修

宋仁宗时期，经济发展，文化繁荣，当时的文坛领袖，是大臣欧阳修。欧阳修是一代文宗，领导了北宋古文革新运动，开创一代文风，影响深远。

欧阳修，吉州庐陵（今江西吉安）人。他的父亲叫欧阳观，担任蜀地绵州军事推官，在五十六岁的时候，生下了欧阳修。欧阳修四岁时，父亲病故，母亲郑氏带他到湖北随州，投奔了叔叔欧阳晔。欧阳晔家境并不富裕，日子过得十分艰难。

欧阳修幼年丧父，十分不幸，但幸运的是，他有一位伟大的母亲。欧阳修的母亲郑氏，是古代四大贤母之一，她出身名门，知书达理，教子有方。当时家境贫寒，买不起纸笔，郑氏就用芦秆当笔，在沙地上教儿子写字，流传下"画荻教子"的千古佳话。

欧阳修在母亲教育下健康成长，长大后满腹学问，参加科举，考中进士，入仕做官。欧阳修起初当校书郎之类的文吏小官，但他学识渊博，为人忠厚谦恭，逐渐有了名气。

宋仁宗亲政以后，重视人才，征召欧阳修入朝做官，先任馆阁校勘，编修《崇文总目》，后擢升为谏官，担任右正言、知制诰，参与朝政。

1043年，范仲淹等人推行庆历新政，欧阳修积极拥护，并提出改革吏治和贡举法等主张，成为革新派重要干将。不料改革失败，范仲淹等人被贬，欧阳修也被贬到地方，先后在滁州、扬州、颍州等地做官。

欧阳修对仕途并不在意，而热心于文学，这段时间，正好给了他学习创作的好机会。欧阳修在滁州写下了不朽名篇《醉翁亭记》，标志着他的古文艺术达到成熟。

1049 年，宋仁宗把欧阳修召回朝中，任命他为翰林学士、史馆修撰。欧阳修与宋祁主持修撰了《新唐书》，自己又撰写了《新五代史》，对史学做出了重要贡献。

从 1057 年开始，欧阳修担任礼部贡举主考官、参知政事等重要职务，多次主持进士考试。欧阳修公正无私，唯才是举，使一大批默默无闻的青年才俊脱颖而出，如苏轼、苏辙、曾巩、程颢、吕大钧等。另外，像包拯、韩琦、文彦博、司马光等，都得到过欧阳修的推荐或激励。欧阳修桃李满天下，在唐宋八大家中，有五人出自他的门下，从而奠定了欧阳修文坛领袖的地位。

当时，文坛上流行一种"太学体"，故意玩弄古书里的生僻字词，显得学问高深。欧阳修反对这种文风，主张通达平易，对"太学体"的考生不予录取，惹得这些考生闹事。可是，宋仁宗支持欧阳修，最终"太学体"消失，北宋文风焕然一新。

从汉末以来，文坛上流行一种骈文体，南北朝之后十分盛行。骈文讲究对仗工整和声律铿锵，过于重视形式。唐代韩愈、柳宗元提倡古文运动，骈文遭受挫折，但后来再度兴盛起来。

欧阳修继承韩愈、柳宗元的文学传统，又根据现实需要有新的发展，领导了北宋的古文革新运动，形成了一种便于论事说理、抒情述志的新型古文，结束了骈文体长达数百年的统治地位。

欧阳修在变革文风的同时，对诗风也进行革新，提出了"诗穷而后工"的诗歌理论，更加重视社会现实，形成了朴实无华的风格，对北宋诗坛影响很大。

欧阳修既是政治家，又是文学家，是唐宋八大家之一，并与韩愈、柳宗元、苏轼合称为"千古文章四大家"。欧阳修文学成就突出，留下了大量散文、诗歌、词作，在史学方面也做出重要贡献。

欧阳修文学造诣深厚，但仍然精益求精。他曾对人说，他常在马上、枕上、厕上构思文章，称为"三上"。这说明，欧阳修无时无刻不在思考他的作品，全身心地投入到文学创作之中。

欧阳修在晚年时，仍在精心修改他年轻时写的作品，一丝不苟，相当认真。夫人开玩笑说："你又不是小学生了，难道还怕老师骂吗?"欧阳修笑着说："我当然不怕老师骂了，但却害怕被后人笑话。"正是这种潜心治学精神，才使欧阳修成为一代文学巨匠。

1072年，欧阳修病逝，享年六十六岁，获赐谥号"文忠"。

欧阳修作为北宋文坛领袖，为宋朝文化繁荣做出卓越贡献，对后世也产生重大影响。欧阳修去世后，朝廷仍不断对他加封，先后获赠太尉、太师，追封康国公、兖国公、秦国公、楚国公。

才华横溢苏东坡

苏轼是文坛奇才，他仕途不是很顺达，但在文学领域成就非凡，代表了宋朝文学的最高水平，与欧阳修并称"欧苏"。

苏轼，号东坡居士，眉州眉山（今四川眉山）人，祖籍河北栾城，出身于文豪世家，先祖是唐朝大臣和诗人苏味道。

苏氏一家声名显赫，皆以诗文闻名于世。苏轼的父亲叫苏洵，苏洵是著名文学家，诗词文章无不精通，尤其擅长政论。苏洵文章议论明畅，笔势雄健，字字珠玑，警句连篇。在宋仁宗嘉祐年间，欧阳修将苏洵的二十二篇文章推荐给朝廷，名动京师，文人竞相模仿。苏洵文集取名《嘉祐集》，流传后世。

苏轼的弟弟叫苏辙，比苏轼小两岁。苏辙与苏轼同时考中进士，文章诗词以秀杰著称，有一唱三叹之美誉。苏洵父子三人皆声名远扬，合称"三苏"，共同名列唐宋八大家，在文学史上传为美谈。

民间广泛流传的才女苏小妹，其人并不真实存在，苏轼、苏辙没有成年的妹妹，只有一个姐姐，十六岁嫁给舅舅的儿子程之才，不幸婚后被虐致死，年仅十八岁。

1057年，苏轼、苏辙进京参加科举考试。当时欧阳修是主考官，他看到一份试卷出类拔萃，十分赞赏，觉得文风很像他的学生曾巩。欧阳修认为是曾巩写的，为了避嫌，便把试卷判为第二名，结果试卷拆封以后，才知道作者是苏轼，欧阳修十分懊悔。

苏轼不知内情，觉得第二名也不错，便给欧阳修写了封感谢信。欧阳修读了苏轼的信，不觉汗出，认为苏轼才华在自己之上，感叹道："此人是奇才，他日文章必定独步天下。"从此，欧阳修对苏轼青睐有加，极力推荐。

苏轼虽然文章独步天下，但他生性放达，无拘无束，为人率直，直来直去，又喜欢酒茶美食和游山玩水，不适应官场，仕途很不顺畅。他在朝中时间不长，就被贬到地方为官，先后在凤翔、杭州、密州、徐州、湖州等地任职，而且升迁很慢。

苏轼在地方做官也不顺利，意外遭受横祸。他反对王安石变法，写了一些讽刺诗文，被人诬告，逮捕入狱。苏轼在狱中待了一百多天，险遭杀身之祸，幸亏宋朝有不杀士大夫的传统，他才保住性命，被贬到黄州。这就是北宋著名的"乌台诗案"。

后来，王安石一派的新党倒台，以司马光为首的保守派得势，苏轼被调入朝中做官。可是，苏轼生性率直，不会协调关系，又疾恶如仇，不断抨击时政，结果引起保守派不满，对他进行迫害打击。在政治斗争中，苏轼既不容于新党，也不容于旧党，遭到两派打压。

苏轼在朝中待不下去，又先后到杭州、颖州、扬州、定州等地为官，晚年时被贬到惠州（今广东惠州）、儋州（今海南儋州），官越做越小，被贬得越来越远。

正因为苏轼不谙政治，才使得他成了一位伟大的文学家。苏轼才华横溢，在诗词、散文、书法、绘画等方面，都取得很高成就。他的诗文题材广泛，清新豪放，纵横恣肆，独具风格，给后世留下许多佳作，成为一代大师。

苏轼在文学方面的一大贡献，是把词发展到一个新的阶段。过去，词被视为"小道"，人们普遍有诗尊词卑的观念。苏轼认为，诗词同源，本属一体，不应厚此薄彼。

苏轼对词体进行了全面改革，突破了词为"艳科"的传统格局，以诗为词，创作了大量脍炙人口的词作，受到人们喜爱，使宋词得以蓬勃发展。苏轼改变了词史的发展方向，提高了词的文学地位，使得宋词与唐诗齐名。

苏轼的诗和散文，也达到很高的境界。苏轼在他两千七百多首诗作中，淋漓酣畅地表达了对社会和人生的思考，把批判现实作为重要主题。苏轼的散文，则呈现出多姿多彩的艺术风貌，像行云流水一样自然、畅达，代表了宋代散文的最高成就。

　　苏轼的书法自成一体，与黄庭坚、米芾、蔡襄并称宋代四大书法家。苏轼绘画重视神似，主张画外有情，画有寄托，并明确提出"士人画"的概念，对后世绘画影响很大。

　　苏轼继承了欧阳修精神，重视培养文学人才，许多文学青年围聚在他周围，著名的有黄庭坚、张耒、晁补之、秦观，被称为"苏门四学士"，后来又加上陈师道和李廌，合称为"苏门六君子"。继欧阳修之后，苏轼成为文坛领袖，为推动宋朝文化繁荣做出重大贡献。

　　1101年，一代文学巨匠苏轼与世长辞，享年六十五岁。

　　后人对苏轼给予高度评价。清代大学者王士禛说，自汉魏以来两千多年间，能称上"诗仙"的，唯有曹植、李白和苏轼三人。

铁面无私包青天

宋仁宗时期，出现了一位大清官，名字叫包拯。包拯威名远扬，妇孺皆知，被称为包青天。有关包拯的文学作品很多，最出名的是铡死了皇帝女婿陈世美。那么，在史书中，包拯究竟是个什么样的人呢？

《宋史》专门有《包拯传》，记载说，包拯是合肥人，自幼好学，长大后考中进士，先任大理评事，后当建昌知县。因父母年迈，包拯辞去官职，回家赡养双亲。

数年之后，包拯父母相继病故，他就在父母坟墓旁边建一草庐守孝。守孝期满，包拯仍不忍离去。乡亲们多次相劝，包拯才依依不舍地离开，赴京听选，被任命为天长（今安徽境内）知县。由此可见，包拯首先是一个大孝子，同时也说明，他并不是由嫂子养大的。

据包氏族谱记载，包拯是春秋时期楚国忠臣申包胥的后代。包拯的父亲，叫包令仪。包令仪也是进士出身，当过福建惠安县知县，做过朝廷虞部员外郎，任过应天府（今河南商丘）留守等职，1033 年病逝，终年七十四岁。包令仪生了三个儿子，包拯是第三子。

包拯在任天长知县期间，有一天，一农民前来报案，说他家的耕牛被人割去了舌头。包拯立刻断定，此事是仇家所为，于是心生一计，让农民回家把耕牛杀了。耕牛没了舌头，肯定也活不成了。

按当时的法律规定，宰杀耕牛属于犯法，要被判刑的。包拯料定，割牛舌的人既然是仇家，肯定会来状告那个农民。果然，时间不长，有个贼眉鼠眼的家伙前来告状，说那个农民私宰耕牛，犯了国法，要求严惩。

包拯把惊堂木一拍，厉声喝道："你割了人家牛舌，逼得人家不得不宰杀耕牛，如今却来告状，是何道理？"那人一听，脸都吓白了，认为包拯是神人，赶紧招供求饶，包拯依法做了处理。包拯不出门，略施小计，就破了此案，说明包拯确实机智过人，断案如神。

包拯在知县位置上成绩斐然，得到百姓拥护，不久升任端州（今广东肇庆）知府。端州出产优质砚台，天下闻名，是向朝廷进贡的珍贵物品。从前的州官，都擅自扩大砚台生产数量，比进贡数量多几十倍，拿去给权贵送礼。

包拯上任以后，下令只按照进贡数量生产，不允许多产一块，大大减轻了百姓负担。包拯任职期间，不给任何人送礼，家中也没有一块端砚。包拯为官清廉，从不牟取个人私利。

宋仁宗听说了包拯的名声，把他调入朝廷，担任监察御史。监察御史负责监察百官，巡视郡县，纠正刑狱，整肃朝仪等事务，主要任务是弹劾与建言。包拯公正无私，性情耿直，疾恶如仇，一身正气，干这事再合适不过了。宋仁宗算得上是知人善任。

包拯忠于职守，执法严峻，不畏权贵，弹劾了一批贪官污吏，使朝廷风气大为好转。不管是功勋重臣，还是皇亲国戚，只要违法或有过失，包拯都毫不留情地予以弹劾。宰相宋庠、仁宗伯父的女婿郭承祐、张妃的伯父张尧佐、大臣王逵、宋祁等人，都被包拯弹劾过。满朝文武都惧怕包拯，送他外号叫"包弹"。

包拯不光弹劾坏人坏事，还推荐良臣。杨纮、王鼎、王绰是范仲淹提拔的人才，因严厉打击恶势力，被誉为"江东三虎"，后受范仲淹连累被贬官。包拯大声疾呼，秉公力荐，使三人重新得到重用。

包拯积极建言，提出许多好的建议。包拯主张严格选拔官员，裁汰冗杂，对七十岁以上官员强令退休；包拯反对增加民众负担，建议关注民生。包拯建言的奏议有十五卷，包括奏折、陈表和各种各样的意见建议，其中有十卷留存下来。

包拯还敢于向皇帝提意见，屡次犯颜直谏，有时慷慨激昂，语言尖锐，不留情面。宋仁宗有点怕他，但更加敬重他，不断提升他的职务。包拯先后升任三司户部副使、天章阁待制、知谏院、龙图阁直学士，还当过几个地方的转运使。转运使是当时地方最高长官。

后来，宋仁宗任命包拯为开封知府，让他治理京师。京师权贵聚集，历来很难治理。此时，包拯已经威名大振，权贵们听说包拯担任开封知府，吓得奔走相告，说"阎王爷来了"。百姓们听说以后，一个个喜笑颜开，尊称包拯为"包待制"。

开封府原来的规定是，凡来衙门诉讼的人，不准直接到大堂，先将状纸交给看门人，是否受理、何时受理，再听通知，由此造成许多弊端。

包拯到任后，下令打开府中正门，告状人可以直接到大堂陈述是非。包拯端坐大堂，亲自听取诉讼，明断是非，主持正义，为百姓申冤。从此，开封风清气正，恶人再也不敢欺压百姓了。

开封城中有条河，河边风景秀美，许多皇室和权贵在河边建了豪华住宅，甚至占用水面，修了楼台水榭，影响了河水畅通。百姓们意见很大，可长期无人敢管。

包拯在任期间，有一年发了大水，河水不畅，泛滥成灾。包拯大怒，一声令下，将河边的建筑物全部拆掉，使河水畅通无阻。百姓们拍手称快，权贵们无可奈何。

包拯性格严峻正直，十分痛恨坏人，平时虎着脸，很少有笑容，肃穆威严。包拯一心为公，从不考虑私事，更不置办家产，与亲戚朋友都断绝了来往。包拯身居高位，却十分节俭，衣服、饮食和用具，都与普通百姓一样。

包拯后来擢升为御史中丞，御史中丞是中央监察机关的最高长官。不久又担任三司使，三司使是中央最高财政长官。后来，包拯被任命为枢密副使，掌管军事。

1062 年，包拯在枢密院视事时，突然得病，不久逝世，享年六十四岁。宋仁宗亲临吊唁，并为其辍朝一日，赐谥号"孝肃"。

包拯临终遗言说："我的后代子孙有做官的，如果贪污犯罪，活着不准回老家，死了不许入祖坟。"

包拯有两个儿子，长子早死，次子包绶后来做官，也落下了廉洁勤政的好名声。

从史书记载来看，包拯虽然没有铡皇帝女婿之事，却依然光彩夺目，是一个高大的清官形象，人们会永远怀念和敬仰他。

宋神宗力图革新

宋仁宗赵祯是个大有作为的皇帝，他在位四十二年，实际执政三十一年，实现了仁宗盛治，把宋朝经济文化推向全盛。

遗憾的是，宋仁宗没有儿子，他一共生了三个儿子，全都早夭。另外，他生了十三个女儿，也有八个早死。宋仁宗没有办法，只好领养了堂兄赵允让的儿子赵曙。

1063 年，宋仁宗病逝。赵曙继位，是为宋英宗。

宋英宗当时三十二岁，正是黄金年龄，可惜他长年体弱多病，刚即位就病了一年多，由曹太后垂帘听政。宋英宗只当了四年皇帝就死了，自然难有作为。

1067 年，宋英宗驾崩，长子赵顼继位，是为宋神宗。宋神宗当时二十岁，年轻气盛，踌躇满志，很想有一番作为。

当时，宋朝虽然经济文化繁荣，但深层次的矛盾逐渐显现出来。最重要的是两大问题：一是官僚机构庞大，冗员过多，财政不堪重负；二是土地兼并严重，出现大量无地农民，社会矛盾尖锐。

这两大问题，实际上是由宋太祖、宋太宗建国之初的政策制度造成的，称为祖宗之法。宋太祖和宋太宗汲取五代篡权频繁的教训，全力巩固皇权，严防臣子权力过大，建立的官僚体制互相制约，人员庞杂。同时又实行崇文抑武政策，大力提高文人地位，却忽视了社会治理和普通百姓的利益，造成土地兼并严重，贫富悬殊。

宋仁宗时期，试图解决这些问题，推行了庆历新政。可是阻力太大，宋仁宗魄力不足，导致新政半途而废。宋英宗拖着病体，也无力解决，致使问题越来越严重。

宋神宗即位时，国家财政入不敷出，已经亏空一千七百五十余万钱；农民遭受压迫，时常发生暴动。宋神宗对宋太祖、宋太宗制定的祖宗之法产生怀疑，试图革新变法。

庆历新政虽然失败了，但它符合社会发展的需要，许多有识之士纷纷上书建言，要求变法的呼声越来越高。王安石就写过《上仁宗皇帝言事书》，提出了治国理财建议。宋仁宗读了王安石的奏书，对他十分赞赏，但没有采纳。

宋神宗即位第二年，召王安石入宫，当面听取他的意见。王安石对革新变法早已考虑多时，胸有成竹，侃侃而谈，全面阐述了对政治、经济、财政、军事等方面的改革建议。宋神宗听得津津有味，很合自己的心思。

1069年，宋神宗任命王安石为参知政事，属于副宰相，第二年又擢升他为宰相，让他全面主持变法。王安石异常兴奋，开始实施多年的政治抱负。

王安石变法大体包括三个部分，即富国之法、强兵之法、取士之法，涉及政治、经济、社会、文化、军事等各个方面，是一次规模巨大的社会变革运动。

王安石雷厉风行，大刀阔斧，连续推出农田水利法、青苗法、保马法、保甲法、免役法、市易法等一大批新的法律规定，天下震动。一段时间以后，新法取得成效，一些弊端被革除，大批冗官被裁减，财政收入大幅提高，豪强地主受到压制。不过，由于变法操之过急，有些措施不切合实际，也出现一些弊病，损害了普通百姓的利益。青苗法、保马法等，受到农民抵制。

随着改革不断深入，反对声音越来越高。反对最激烈的，是皇族、官僚贵族集团和地方豪强势力，因为变法触犯了他们的特权和利益。同时，一些贤良之臣也反对变法，如司马光、欧阳修、苏轼等人。

宋神宗起初对变法全力支持，为此罢免了一批反对变法的官员，起用了一批新人。但随着阻力越来越大，宋神宗有些犹豫了，他让王安石稳妥一些，有时还泼点冷水。宋神宗既想通过变法实现富国强兵，又怕失去皇族和官僚集团的支持。

王安石也感到压力巨大，特别是宋神宗的犹豫，使他觉得沮丧，感叹道："变法就像煮汤，底下烧一把火，上边再泼一勺水，哪还有烧开的时候呢？"

1076年，王安石身体有病，恰在这时，他的长子壮年而逝，给了他沉重打击，使他再也没有精力推行变法了，于是辞去相职，离开朝廷。

王安石走了，变法仍在继续，只是更加艰难，新党旧党之争愈加激烈。宋神宗本质上是支持变法的，他不愿意让变法半途而废，于是从幕后走到前台，亲自主持变法。

宋神宗为了减少阻力，暂时绕开难度较大的经济和土地兼并问题，着力改革官僚体制。他对中央机构进行整改，合并机构，裁减官员，使官员有职有权，解决了扯皮问题，提高了行政效率，并统一了全国官员的俸禄。对王安石推行的新法，宋神宗尽量把它保留下来，继续贯彻执行。

宋神宗是一位有抱负的皇帝，他希望通过革新变法，实现富国强兵。宋神宗在位十八年，主要精力用于推行改革，也取得一些积极成效。新法的实行，增加了国家收入，促进了生产力发展，使宋朝在体制上有了一些生机，但并未从根本上彻底解决问题。同时，变法遇到强大的阻力，这是宋神宗始料未及的，使他在精神上受到打击，心情忧郁。

宋神宗怀着富国强兵的梦想，积极开发湘西，经略熙河，征服交趾。不过，在与西夏的战争中屡遭失败，使得宋神宗更加忧郁。

1085年，宋神宗满怀忧郁和遗憾，离开了人间，年仅三十八岁。

后世对宋神宗给予较高评价，认为他是一位有思想、有作为的皇帝，而且勤政爱民，谦恭节俭，但气魄不够宏大，性格不够刚毅。

也有人认为，宋神宗的变革，搞乱了朝廷，涣散了人心，宋朝的政局之乱，始于宋神宗。

《宋史》对宋神宗个人品质给予赞赏，说他天性孝顺友善，为人谦恭，体恤百姓，没有不良嗜好，但对他的改革，却持否定态度。

王安石主持变法

宋神宗在位期间，做的头等大事，就是不懈地推动变法，因他的年号是熙宁，故称熙宁变法。变法的倡导者和主持者是王安石，所以也叫王安石变法。

王安石，字介甫，号半山，抚州临川（今江西抚州）人，是宋朝著名政治家、思想家、改革家、文学家。

王安石出生于一个小官吏家庭。他的父亲叫王益，当过临川军判官。王安石自幼聪颖，酷爱读书，而且有一个特异功能，一过目便终生不忘，堪称天才。

王安石长大以后，满腹经纶，擅长写文章。他写作的时候，不假思索，动笔如飞，一挥而就，并且立论高深，旁征博引，文采飞扬，见者无不佩服文章之精妙。

王安石与曾巩是同乡和好朋友。曾巩是江右人，后居临川，是欧阳修的得意学生。曾巩把王安石的文章拿给老师看，欧阳修赞赏不已。

王安石在二十二岁的时候，考中进士，名列上等，被授予淮南判官，后担任鄞县（今浙江宁波鄞州区）知县。王安石在任四年，为官清廉，勤政爱民，兴修水利，兴办学校，成绩斐然。

王安石很有思想，当时土地兼并盛行，有些农民因贫困所致，不得已出卖土地，土地便逐步向少数人手里集中。

王安石想了个办法，他在春天青黄不接的时候，把官库里的粮食借贷给百姓，秋后加上利息一块偿还。这样，既解了百姓的燃眉之急，又增加了官府收入，一举两得。后来，王安石就按照这个办法，在全国推行青苗法。

王安石不久升任舒州通判、常州知州。欧阳修、文彦博等人多次向朝廷推荐，举荐王安石入朝做官。王安石却婉言谢绝，这事为他赢得了很好的声誉，认为他谦恭，不图功名。后来，王安石入朝任直集贤院、知制诰。

王安石确实不热衷功名，但他想做事，有远大的政治抱负。他给朝廷写了长达万言的《上仁宗皇帝言事书》，指出了国家存在的主要问题，主张全面进行革新变法。宋仁宗搞庆历新政失败，心有余悸，没有采纳。

宋神宗继位以后，仰慕王安石名声，召他入宫面谈。宋神宗真诚地对王安石说："我想效法唐太宗，你有什么办法吗？"

王安石不屑地说："陛下应当效法尧舜，何必效法唐太宗呢？尧舜之道，简明而不繁杂，扼要而不迂阔，并非高不可及。"王安石向宋神宗详细阐述了他的政治主张和变法设想。

宋神宗大喜，打算重用王安石，向宰相韩琦询问，问他对王安石看法如何？韩琦是有名的贤臣，与王安石关系也不错，但他直言不讳说："安石有才，当个翰林学士绰绰有余，但不可处于辅弼的位置。"宋神宗不听，先任王安石为参知政事，后擢升为宰相，主持变法。

1069 年，在宋神宗支持下，一场大规模的社会变革运动轰轰烈烈地展开了。当时朝廷有四位宰相，除王安石外，其他三人资历深、年龄大，但不赞成全面变法。宋神宗撇开宰相，专门设立了变法机构，叫制置三司条例司，提拔吕惠卿、章惇、蔡确等人作为王安石的助手。

王安石当时四十九岁，阅历丰富，名望甚高，雄心勃勃，想要一展胸中抱负。在不长时间内，王安石和他的助手们陆续推出一大批新政，涉及经济、政治、军事、社会等各个方面。比较重要的有：

一是农田水利法。鼓励大修水利，促进粮食增产。在此法实行期间，全国共兴修水利一万多处，受益农田三十六万多顷，有力促进了农业发展。但操之过急，加重了农民负担。

二是方田均税法。全国丈量土地，作为收税依据，结果清查出大量豪强隐瞒的土地，国家税收成倍增加，豪强们却普遍心怀怨恨。

三是免役法。民众可以不服徭役，但需交免役钱，结果形成了一种变相的新税，引起民众不满。

四是市易法。国家对市场进行控制和收税，有利于市场稳定和增加财政收入，但触犯了大商人的利益。

五是均输法。国家控制运输业，增加财政收入，限制了富商大贾的操纵和利益。

另外，还推行了青苗法、保马法、保甲法、裁兵法、置将法、军器监法等。同时，整顿太学，实行三舍法，改革科举制度，等等。

这些改革措施，出发点是好的，许多新法见到了成效。但在执行过程中，有些走了样，出现了许多弊病。其中，影响最大、效果最差的，是青苗法。

青苗法规定，每年四、五月份青黄不接的时候，由官府给农民贷款、贷粮，收取二至三分利息，秋后本息一并归还。此法如果执行得好，可以帮助农民度过暂时困难，免受高利贷剥削，抵制土地兼并。王安石在鄞县时就采取这个办法，收到良好效果。

然而，许多地方政府和官员，为了获得利息，增加官府收入，强制进行摊派，把借贷变成了谋财手段，既不合理，也加重了农民负担。由于青苗法涉及全体农民，量大面广，结果造成民怨沸腾。

王安石变法，目的在于富国强兵，可是，他的主要着眼点，在于富国，即增加国家财政收入，因而这方面的成效最大。变法之前，国库亏空已经高达一千七百五十余万钱；变法之后，不仅填补上亏空，而且国库积蓄可供朝廷二十年财政支出。另外，军队战斗力有所增强，军事上取得一些胜利；抵制了豪强地主的兼并势力，维护了社会秩序，促进了经济发展。总体来看，变法的成效还是十分明显的。

但是，王安石没有正确处理富国与富民的关系，在富民上采取的措施不多，甚至出现了扰民、损民、加重民众负担的现象。

比如，免役法一出，人人都要交税，理发、摆摊等商贩，不交免役税不准经营，引得民众怨声载道。青苗法更是让广大农民叫苦不迭。1072 年，山东东明县一千多农民集体进京，在王安石府前闹事。

变法触犯了官僚集团和豪强地主的利益，遭到他们抵制不足为奇。可是，许多人们公认的贤臣也反对变法，如司马光、欧阳修、苏轼、苏辙、文彦博、范镇等人。其实，这些人并不是完全反对变法，只是提出一些意见建议，希望能纠正变法中的一些错误做法。

王安石性格坚毅，对变法毫不动摇，坚持"天变不足畏，祖宗不足法，人言不足恤"，矢志不渝推进变法。"三不足"是不是王安石说的，尚有争议，但却十分符合他的思想和性格。王安石这种大无畏精神，是值得肯定和令人敬佩的。

不过，王安石性格倔强，人称"拗宰相"。他毫不妥协，也不纠正变法中的一些偏差，而是把所有对新法有意见的言行，一概斥责为奸佞之论。这样，王安石与朝中大臣的关系越闹越僵，致使变法的阻力越来越大，反对的人越来越多。

1074年，天下大旱，饥民流离失所，有人借机归罪于新法。大臣郑侠绘制《流民图》，陈述百姓困苦，抨击新法。郑侠是北宋诗人、著名清官。

曹太皇太后、高太后和一些皇族，也指责"王安石乱天下"。宋神宗面临很大压力，不得已免去王安石宰相职务，改任他为江宁知府。不过，第二年又重新任他为宰相。

1076年，王安石有病，又逢长子病故，身心遭受巨大创伤，便请求辞去宰相职务，担任了镇南军节度使。

王安石离开朝廷以后，他的助手吕惠卿、章惇等人仍然坚持变法，宋神宗亲自主持。直到宋神宗病逝，变法才告结束。

王安石不仅是改革家，还是著名文学家，是唐宋八大家之一。王安石不好奢华，不拘小节，衣服穿得很脏很破，也不换新的，有时甚至几天不洗脸。黄庭坚评价说，王安石视富贵如浮云，不溺于财利酒色，是一代伟人。

1086年，在宋神宗去世的第二年，王安石病逝，享年六十六岁。

后世对王安石的评价截然不同，分歧很大。王安石变法结束四十多年后，北宋灭亡。不少人认为，变法加剧了社会矛盾，引起激烈党争，是北宋灭亡的重要原因。所以，从南宋到清朝，史学界对王安石及其变法都持否定态度。

到了近代，肯定王安石变法的人越来越多。新中国成立以后，对王安石及其变法，基本给予肯定。

王安石变法，虽然有些缺陷和问题，但总体来看，是一次旨在富国强兵的社会变革运动，对中国社会产生了重大影响，这是应该予以肯定的。

司马光反对变法

王安石变法的时候，最主要的反对者是司马光。后来，司马光执政，将新法全盘否定，恢复了旧制。可是，司马光并不是奸佞之人，在历史上名声颇佳，是著名的政治家、史学家、文学家，是一位正人君子。

司马光，陕州夏县（今山西夏县）人，出身官宦之家。他父亲叫司马池，司马池也是名人，仁孝宽厚，有长者风度。《宋史》有《司马池传》。

司马光自幼聪慧好学，七岁就能讲解《春秋》，俨然成年人的样子。有一天，司马光和几个孩童玩耍，一个小孩不慎掉进水缸里。孩童们都吓得四散奔跑，司马光却不惊慌，搬起一块石头砸破水缸，救了同伴性命。不久，有人把这件事画成图，流传开来，人们都夸司马光机智勇敢。《宋史》记载了这个事情，使司马光砸缸救人的故事流传至今。

司马光二十岁时，考中进士，踏入仕途。在庆祝宴会上，被录取的考生每人胸戴一朵大红花。司马光生性不爱华丽，不想戴。同伴们说："红花是皇上所赐，是不能违背的。"司马光这才勉强戴上。

司马光入仕后，当了十几年地方官吏，在华州、苏州等地当过判官，还做过主簿，升迁很慢。司马光不追求功名，安然自得，读了大量书籍，也写了很多文章。更难能可贵的是，他经常深入农村，了解到许多社会底层的情况。

司马光三十三岁时，调入朝廷，任馆阁校勘，后任史官。司马光对史学产生了兴趣，潜心进行研究。司马光与王安石、包拯等人成了好朋友。司马光在朝中干了三年，又去当了地方官，担任郓州和并州通判。

1058年，司马光升任开封府推官，不久入朝，修撰起居注。在欧阳修的推荐下，司马光先后任天章阁待制兼侍讲、龙图阁直学士、翰林学士、御史中丞等职，成为朝廷重臣。

1069 年，王安石开始变法。司马光虽然与王安石交情深厚，但政治主张不同，他连续给王安石写了三封信，力主祖宗之法不能变。王安石回信予以驳斥，批评了士大夫阶层的因循守旧，表明坚持变法不动摇。

司马光见劝不动王安石，便向宋神宗进谏，并讲了萧规曹随的故事。宋神宗反问他："汉代如果永远遵守萧何的法规不变，能行吗？"

司马光说："汉武帝对高祖的约束之法多有改变，于是盗贼满天下；汉元帝改变宣帝的政治，于是汉朝衰落。所以，祖宗之法是不能改变的。"

新法实行以后，很快见到了成效。司马光上书，陈述了新法的好处，同时也指出了一些弊端。这说明，当宋神宗下决心推行新法的时候，司马光并不是顽固地坚决抵制，而是承认新法的积极作用。司马光也是希望能够富国强兵，只是政治主张和思想观念不同。

可是，随着改革的深入和全面推开，一些弊病暴露出来，尤其是青苗法和免役法，引得民怨四起。司马光本来就不赞成变法，如今见出了乱子，于是态度坚定起来，经常在朝堂上抨击新法。

王安石固执己见，并不承认过失，也不纠正偏差，两人互不相让，针锋相对。在司马光的带动下，一些贤臣也纷纷批评新法，甚至范仲淹的儿子范纯仁也站到反对派行列。欧阳修当初积极拥护庆历新政，现在对变法也有意见。

宋神宗变法的决心很大，罢免了一批反对变法的官员，司马光也被贬出朝廷，当了西京御史台，西京就是洛阳。从此，司马光在洛阳住了十五年，不问政事，专心编撰《资治通鉴》。

司马光被贬官，却塞翁失马，写出了一部千古巨作，流传后世。《资治通鉴》是一部多卷本编年史，记载了中国一千三百多年的历史。司马光早在宋英宗时期就开始写作，到洛阳后有了时间，更是全身心地投入，共花费十九年时间，才完成了这部传世巨著。宋神宗阅后很赞赏，认为此书鉴于往事，有资于治道，于是定名为《资治通鉴》。

1085 年，宋神宗病逝，他的儿子赵煦继位，是为宋哲宗。宋哲宗当时只有十岁，他的祖母高太后临朝听政。

高太后小名叫高滔滔，亳州蒙城（今安徽蒙城）人，母亲是名将曹彬的孙女。高太后是宋英宗的皇后、宋神宗的母亲，时年五十四岁。高太后在历史上有贤名，被誉为"女中尧舜"。

高太后赏识司马光，向他征询治国方略。司马光提出自己的主张，即废除新法，广开言路，对农民施以仁政。于是，高太后重新重用司马光，擢升他为门下侍郎，即副宰相，不久又正式拜为宰相。

司马光主持了朝政，开始施展自己的政治抱负。司马光决定全盘否定新法，恢复旧制。范纯仁劝他说："只废掉一些不好的法就行，没必要全部废掉。不然的话，老百姓又要遭殃。"苏轼等人也不同意将新法一刀切。

司马光与王安石一样，性格十分固执，他把新法比作毒药，认为必须全部更新。司马光在高太后支持下，几乎将新法全部废除，史称"元祐更化"。此举矫枉过正，果然搞得社会动荡不安。

司马光重新起用被贬的保守派官员，排挤压制改革派，引发了激烈的新党旧党之争，朝廷也动荡不安。

保守派有些人对王安石恶意进行攻击和诋毁，甚至骂他是奸臣。司马光却说："有人说安石奸邪，太过分了。安石不过是不明事理，又太固执罢了。"

司马光与王安石的矛盾，不是权力之争，更不是个人恩怨，只是思想观念和治国方法不同。所以，在司马光执政时期，并没有对王安石进行迫害打击，王安石死后，还被追赠为太傅。

司马光与王安石一样，个人品质都很不错。司马光为人宽厚，刚正不阿，生活节俭，一直到死都是薄衣粗食。

1086 年，在王安石死后五个月，司马光也撒手人寰，享年六十八岁。

司马光执政只有一年多时间，他干的唯一大事，就是废除了新法。令司马光没有想到的是，宋哲宗亲政以后，又翻烙饼似的把新法恢复了。

宋哲宗恢复新法

　　王安石搞了十几年变法，司马光一年时间就把新法废除了，可没有想到的是，宋哲宗亲政以后又翻案，恢复了新法。

　　宋哲宗是宋神宗第六个儿子，他前头的五个哥哥全都夭折，只得由他继承了皇位。因他年龄小，祖母高太后临朝听政。

　　高太后是宋神宗的母亲、宋哲宗的奶奶。她贤明睿智，威望很高，对宋哲宗登基功不可没。宋神宗病重时，想让儿子继位，但口不能言，尚未确定继承人。他的弟弟赵颢、赵頵见侄子年幼，皆有觊觎皇位之心。

　　赵颢、赵頵都是高太后的亲儿子，当时三十多岁，年富力强。有些大臣也有兄终弟及的想法，朝廷一时议论纷纷，皇储难定。

　　高太后却与当年的杜太后不同，她坚持父死子继。高太后把大臣们召来，当众夸奖赵煦，说他虽然年少，但性情至孝，聪明好学，已能背诵《论语》，还写得一手好字。自宋神宗有病以来，赵煦一直手抄佛经，为父亲祈福。

　　高太后如此夸赞赵煦，还把他抄的佛经传给大臣们看，大臣们自然明白高太后是什么意思，纷纷表示拥戴赵煦为帝。于是，高太后按照宋神宗的愿望，当天降旨，立赵煦为皇太子，皇储之争至此告终。

　　高太后临朝听政期间，为政宽和，体恤百姓，生活节俭，而且不为娘家人谋私利，得到人们好评，被誉为"女中尧舜"。不过，她重用司马光，废除新法，引发后世议论。

　　高太后崇尚宋仁宗时期的清平盛世，经常教育年少的宋哲宗，让他学习宋仁宗的治国之道，不要像他父亲宋神宗那样，擅改祖宗之法。高太后试图把宋哲宗培养成一个恪守祖宗法度、通晓经义、稳稳当当、不出乱子的皇帝。

不料却适得其反，宋哲宗对父亲宋神宗的治国之策进行了认真研究，反而认为变法是对的，因循守旧没有出路，只有不断革除弊病，社会才能发展。再说，宋仁宗不是也搞过庆历新政吗？

高太后看出了宋哲宗的倾向，但孙子逐渐长大，有自己的想法，特别是他继承了父亲的基因，很想锐意进取，干一番事业。高太后无可奈何，她在临终之时，委婉地告诫宰相范纯仁等人，希望他们适时而退，给新人让位。

1093年，听政八年的高太后病逝，享年六十二岁。宋哲宗开始亲政，他决心继承父亲的事业，大展宏图，开创一个新的时代。

宋哲宗年轻气盛，行动果断，他刚一亲政，就免去范纯仁等人的职务，提拔章惇为宰相，主理朝政。章惇是王安石的得力助手，是北宋著名政治家、改革家。高太后执政时期，章惇遭到保守派攻击，被贬到遥远的岭南。

章惇虽然历经磨难，依然斗志高昂，他在宋哲宗支持下，大刀阔斧地进行反正。凡是司马光废除的新法，一律恢复；凡是被贬的改革派官员，统统予以重用。而保守派官员却遭了殃，或罢免，或贬官，或流放，无一幸免。好在宋朝不杀士大夫，没有发生流血事件。

宋哲宗对王安石予以褒扬，赐谥号为"文"，配享宋神宗庙庭。后来，王安石地位进一步提高，被追封为舒王，配享孔庙。不过，到了靖康元年，保守派得势，王安石又被剥夺王爵，毁掉画像，清除出孔庙。

与此同时，司马光则被诋毁。司马光死时十分风光，获赠太师、温国公，谥号"文正"，宋哲宗还赐碑"忠清粹德"。如今，宋哲宗下诏，削夺司马光一切赠谥，把赐碑也毁掉了。不过，司马光后来再次获得赠谥，配享庙庭和孔庙。

章惇等人的胸怀比不上司马光，竟然要求挖掘司马光的坟墓，砍他的棺材，以泄私愤。宋哲宗没有同意。

章惇等人恢复了新法，改革派扬眉吐气，但他们此时所考虑的重点，不是如何推行和完善新法，而是着力打击保守派，以巩固自己的地位。这期间，士大夫获罪者达八百三十多家，重罪者千余人。变法终于演变成了权力之争，而且时常反复，造成朝廷混乱，人心离散，国力衰弱，这是导致北宋灭亡的重要原因。

所以，笔者认为，北宋灭亡的一个重要原因，不在于王安石变法本身，而在于变法的反复性。如此反复折腾，人们无所适从，人心离散，什么样的朝廷也承受不了。

宋哲宗具有雄心壮志，很想干一番大事。他励精图治，重用新党，继续推行新法。在军事上发动河湟之役，收取青唐地区；打败西夏，使得西夏臣服。

可惜天不假年，宋哲宗亲政只有七年，就英年早逝，年仅二十五岁。宋哲宗没有儿子，只好由弟弟赵佶继承皇位，是为宋徽宗。

宋徽宗多才多艺，是历史上有名的艺术型皇帝。可他缺乏治国才能，又骄奢淫逸，重用奸臣，造成内忧外患，北宋不可避免地走向衰败和灭亡。

宋徽宗才高德寡

　　1100年，宋哲宗英年早逝，没有确定继承人。朝廷围绕谁当皇帝，展开了一场争论。

　　此时，宋神宗的皇后向氏，被尊为皇太后，在皇室辈分最高。向太后召集宰相们，商议立皇帝之事。

　　向太后哭泣着说："国家遭遇不幸，哲宗没有儿子，天不可一日无主，要早点确定下来。"

　　宰相章惇首先发言，他高声说："按照礼制法规，应该立哲宗同母弟简王。"简王名叫赵似，是宋神宗十三子，时年十八岁。

　　向太后心里其实早有人选，赶紧说："在神宗各个儿子中，应该按长幼顺序继承。申王年长，但他眼睛有病，不合适，接下来就是端王了。"申王赵佖，是宋神宗第九子，时年十九岁；端王赵佶，是宋神宗十一子，也是十九岁。

　　章惇听了，明确表示反对，而且直言不讳说："端王轻佻，不可以君天下。"

　　可是，向太后主意已定，大臣蔡卞、曾布、许将赞同向太后意见。曾布还呵斥章惇说："要听从太后安排。"于是，便确定由赵佶继位，是为宋徽宗。

　　章惇说得没错，宋徽宗确实轻佻。他长于深宫，从小养尊处优，养成了浪荡好玩的性格，喜好笔墨、丹青、骑马、射箭、蹴鞠、游乐，也喜欢奇花异石、飞禽走兽和美女，完全是一副花花公子的派头。

　　也许向太后正是看中了宋徽宗的轻佻，以利于控制。果然，宋徽宗即位以后，恳请向太后处理军国大事，朝廷事务均由向太后裁决。

向太后倾向保守派，又把变法翻了过来，重新重用被贬逐的保守派官员，压制改革派，并对王安石、司马光重新进行评价。章惇自然又被逐出朝廷，贬为地方团练副使，不久病逝，终年七十一岁。好在向太后掌权一年多就死了，终年五十六岁。

向太后死后，宋徽宗只好自己亲政。可是，他的兴趣并不在治国理政上，也没有治国才能。宋徽宗的才能，全都表现在艺术上。

宋徽宗是公认的绘画大师，他的绘画尤其是花鸟画，达到了炉火纯青的境地，有作品流传后世，成为珍宝。宋徽宗成立了宫廷画院，画家的地位空前提高。著名的《清明上河图》，就诞生在宋徽宗时期。

宋徽宗在书法上也造诣很深，他独树一帜，创造了"瘦金体"。"瘦金体"笔法犀利，铁画银钩，飘逸劲特，为后人竞相仿效，开创书法一大流派。

宋徽宗喜欢奇花异石，到处搜集抢夺珍奇之物，北宋便有了"花石纲"这个名词。花石纲是奇花异石和珍宝之物的通称。全国各地尤其是江南的百姓，深受花石纲之苦。方腊起义，就是由花石纲引起的。

宋徽宗更喜欢美女，尤其偏爱妓女。皇宫中美女无数，宋徽宗仍不满足，经常去逛妓院，寻求不同感觉的刺激。京城中有名的妓女，几乎都与他有染。宋代野史笔记中，记载了宋徽宗许多寻花问柳的故事，李师师就是其中之一。

宋徽宗热衷艺术，迷恋声色犬马，不爱治国理政，朝政就委托大臣们去处理。宋徽宗不识贤良，喜欢阿谀之辈，重用了一批奸臣。比较出名的奸臣有：蔡京、童贯、王甫、梁师成、朱勔、李彦，史称"六贼"。《水浒传》中的奸臣高俅，还排不上名次。

蔡京是六贼之首，他是兴化军仙游县（今福建莆田）人，进士出身。蔡京心术不正，为人奸诈，善于投机。他起初是改革派，得到提拔重用，后又附和司马光，左右逢源。宋徽宗即位后，任用蔡京为宰相，主理朝政。

蔡京大权在握，便为所欲为。他重用奸佞，排挤忠良，增税加赋，搜刮民财，欺压良民，卖官鬻爵，公开受贿，简直无恶不作。

蔡京擅长书画，得到宋徽宗赏识，他又会溜须拍马，哄得宋徽宗团团转。蔡京任相长达十七年，搞得天怒人怨，声名狼藉。宋钦宗继位以后，才将蔡京罢相流放，蔡京死于途中。

宋徽宗有才无德，偏偏他在位时间挺长，当了二十六年皇帝。在此期间，奸臣当道，朝纲混乱，政治黑暗，赋税繁重，民不聊生，怨声沸腾，大宋江山基本上被败坏完了。

宋徽宗时期，天下骚动，暴动不断。人民活不下去，只能铤而走险，比较著名的，是北方的宋江起义和南方的方腊起义，大宋王朝处于崩溃的边缘。

宋江和方腊起义

由于宋徽宗昏庸荒淫，造成民不聊生，社会乱荡，结果引发了宋江起义和方腊起义，给宋王朝沉重一击。

宋江起义规模不是很大，但由于小说《水浒传》的影响，使水浒英雄家喻户晓，妇孺皆知。

《宋史》对宋江起义记载比较简略，没有专门的传记，只是散落在其他一些人物传记当中。

宋江起义确实是官逼民反。在蔡京主理朝政期间，为了解决财政困难，便大肆搜刮民财，增加了许多苛捐杂税。当时梁山泊一带水域面积很大，许多人入湖捕鱼采藕，以此维持生计。从前官府并不收税，可后来规定，凡进湖捕鱼、采藕、割蒲者，都要交税，而且赋税很重。这等于断了附近百姓的生路，引起民众愤慨。

1119年，以宋江为首的三十六人在梁山泊聚义，公开反抗官府，百姓纷纷参加，很快拉起一支队伍，宣告起义。

宋江起义军起初占据梁山泊，凭借有利地形，几次打败前来镇压的官兵。不过，宋江起义军在梁山泊并没有待很长时间，而是离开此地，转战于山东、河南、河北一带。这期间，起义军攻打过青州、濮州、沂州等地，攻陷十余座城池。起义军惩治贪官，杀富济贫，受到百姓拥护，声威日盛。

1121年，宋江起义军转战到海州（今江苏连云港），在那里遇上了一个强大的对手，就是海州知州张叔夜。

张叔夜是北宋名将，年轻时就喜欢谈论兵法，从军后屡立战功，在朝中任职，因得罪了蔡京，被贬为海州知州。《宋史》有《张叔夜传》，详细记载了张叔夜平定宋江起义的经过。

宋江起义之后，转战十郡，官军不敢触其锋芒。海州离山东不远，张叔夜时刻关注起义军动向，并做好了相应准备。后来，听说起义军来到海州，张叔夜立即派出侦探，摸清了起义军情况。

宋江率军到达海州以后，在海边抢了十多艘大船，把粮食、军需物资和战利品都装到船上。宋江此举，可能是打算水战，也可能是想乘船转战其他地方。

张叔夜设下计谋，命军队在城外埋伏，并用重金招募死士一千余人，然后派轻骑兵向起义军挑战，把起义军引诱到埋伏圈里。起义军见官军人少，追杀过来，忽见伏兵四起，大批官军蜂拥而上。起义军并不畏惧，与官军展开激战。

张叔夜见宋江上了钩，心中大喜，急令死士们出动，直奔海边。宋江在海边留的兵力不多，被死士们杀散，一把火把十余艘大船全部烧为灰烬。

宋江起义军正在与官军鏖战，忽闻海边有失，顿时军心慌乱，失去斗志，败退下来，起义军副首领被擒。史书没有记载副首领的名字。

张叔夜趁机劝降。宋江见粮食和军需物资均被烧毁，难以坚持，于是率部投降。这样，坚持两年多的宋江起义被平定了。

宋江投降后结局如何？《宋史》没有记载。张叔夜在金国灭亡北宋的时候，不愿受辱，自缢身亡。另外，宋江是否真的投降，后世存有争议。

在《水浒传》中，梁山好汉的死敌是高俅。但从史书记载来看，宋江起义与高俅没有关系。高俅确有其人，但史书记载很少，并且对他的评价含混不清。

宋江起义虽然规模不大，影响却不小，因为有一部名著《水浒传》，使宋江起义名闻天下。不过，《水浒传》是文学作品，许多人物和故事都是虚构的。这些人物深受人们喜爱，只不过不要当成真实历史。

方腊起义比起宋江起义，规模要大得多。《宋史》专门写有《方腊传》，记载得比较详细。

方腊，睦州青溪（今浙江杭州淳安县西）人。当地盛产名贵树木花草，宋徽宗喜欢奇花异石，便大量搜集，百姓不堪重负，怨声载道。方腊趁机发动民众，准备起义。

1120年，方腊公开举旗造反，不到十天，就聚众数万人。起义军很快攻占青溪和睦、歙二州，然后向南攻克衢州，向北横扫新城、桐庐、富阳，最后占领了杭州。方腊在杭州建立政权，自称圣公。

方腊起义在数月之内，就攻占六州数十县，镇压一批贪官污吏和豪强地主，声势浩大，天下震动，朝廷惊慌。

朝廷命童贯率军前去镇压。童贯是北宋"六贼"之一，他虽是宦官，却被蔡京提拔重用，长期执掌兵权。

童贯带领部将刘延庆、王禀、王涣、杨惟忠、辛兴忠等人，率十五万大军南下，征讨方腊。方腊起义军都是刚聚集起来的农民，未经训练，武器又差，不是朝廷军队对手。不过，起义军将士对朝廷有着刻骨仇恨，宁愿战死，也不肯投降。经过半年多激战，起义军战死七万多人，方腊被刘延庆部下韩世忠擒获，惨遭杀害。

方腊起义是北宋末年农民起义中规模最大的一次，虽然只坚持了一年时间，却沉重打击了宋朝的黑暗统治，显示了人民群众的力量，削弱了宋朝国力，加速了北宋灭亡。

从史书记载来看，方腊起义军并不是被宋江起义军消灭的，两者没有关系。至于宋江投降后是否参加了镇压方腊起义，也存在争议。

宋江起义和方腊起义，是北宋末年的重大事件，它显示了朝廷已经腐朽不堪，宋朝的内忧十分严重。

然而，宋朝面临的不仅有内忧，还有更严重的外患。这个外患，就是迅速崛起的金国势力。

金国迅速崛起

宋徽宗在位二十六年，把宋朝搞得一团糟。就在宋徽宗骄奢淫逸、醉生梦死的时候，一个强大的外敌迅速崛起，即将给大宋王朝敲响丧钟。这个外敌，就是地处中国东北的金国。

1115 年，在宋徽宗称帝十五年之后，金国建立。金国是由居住在东北的女真族建立的政权，与西夏、辽国接壤。

女真族发源于白山黑水，自古繁衍在东北地区，其先祖可以追溯到几千年前的肃慎人。肃慎民族是东北地区最早的居民之一，现在一般认为，东北地区最早的民族，有肃慎、汉族、东胡、濊貊四大基本族系。女真族历史上被称为挹娄、勿吉、靺鞨等，后来发展成满族，建立了大清王朝。

女真族的生产方式，主要是狩猎，也有农业、渔业和畜牧业。女真人身体强壮，机智勇敢，骑射精良，敢于同猛兽搏斗，十分强悍。但部落分散，力量不统一，因而长期被契丹统治着。

契丹人畏惧女真人的凶猛，采取分而治之的政策，把一些强宗大姓迁往辽东半岛，编入契丹国籍，称为熟女真；另一部分散居在松花江流域，称为生女真。

生女真分为几十个部落，其中较大的是完颜部。11 世纪之后，部落首领完颜石鲁和他的儿子完颜乌古乃，经过数十年努力，征服了女真各部落，成立了部落联盟，女真族开始兴盛起来。

1113 年，完颜乌古乃的孙子完颜阿骨打，继位当了首领。完颜阿骨打是个英雄人物，射箭超过三百二十步远，并且胸有谋略，志向远大。完颜阿骨打声望很高，他加强部落管理，完全统一了女真各部落，又大力发展冶铁业，制造了大量兵器，尤其是弓箭，使女真族力量进一步增强。

女真族力量强盛以后，开始反抗契丹，企图摆脱辽国的统治。完颜阿骨打很有办法，他广泛联络东北地区的汉族、渤海族、室韦族、铁骊族等，甚至还拉拢了契丹族的一些部落，形成统一战线，共同反辽。经过两年奋战，完颜阿骨打控制了东北地区，将辽国势力驱逐出去。

1115 年，完颜阿骨打在东北地区建立金国，当了皇帝，死后被称为金太祖。从此，金国登上了中国历史舞台，成就了非凡的事业。

金太祖具有雄才大略，他崇尚汉文化，借鉴汉族政权的做法，建立了中央集权的国家制度，设置机构和官吏，制定法律，还创造了女真文字。金太祖尤其重视军队建设，改革兵制，扩充兵力，加强训练，将金军打造成一支威武雄壮之师。所以，金国虽然建立时间不长，却显示出勃勃生机，正处于上升期。

金太祖胸怀大志，他建立金国以后，随即展开了长达十年的灭辽战争。辽国是契丹人建立的政权，907 年成立，已有二百多年历史。辽国曾经十分强大，长期统治北方草原，与宋朝对抗。1005 年，宋辽签订澶渊之盟，息兵和好，此后一百多年间，双方没有发生大的战争，保持和平状态。

和平固然是好事，但也造成辽宋两国武备松弛，军队战斗力不强。这个时候，辽国皇帝骄奢淫逸，朝政废弛，横征暴敛，民怨四起，内部又发生叛乱，辽国已经腐朽没落，这给金国灭辽创造了良好条件。

金国伐辽，以攻占辽五京作为战略目标。辽五京，是指上京临潢府、中京大定府、东京辽阳府、南京析津府、西京大同府。五京都是辽国重要而繁华的城市，五京若失，辽国就完了。

金国军队兵强马壮，勇猛善战，辽军屡战屡败，损失惨重。不过，辽国毕竟是大国，仍然坚持了十年之久。在此期间，金太祖病逝，其弟完颜吴乞买继位，是为金太宗。金太宗继承哥哥的事业，继续攻打辽国。

1125 年，辽五京全被攻占，辽国皇帝被俘。辽国终于灭亡了，享国二百一十八年。

金国攻打辽国的时候，为了全力对敌，自然对西夏和宋朝表示友好。金国把部分辽国土地送给西夏，西夏便向金国称臣了。宋朝则想趁机收复幽云十六州，与金国签订海上之盟，联合攻打辽国。不过，宋军战斗力很差，对灭辽没有起到多大作用，反而暴露了自己的弱点。

金国迅速崛起，实际上给宋朝带来很大危机，形势十分严峻。可惜宋徽宗愚笨，看不到这一点，不仅没有防范，反而做出错误决策，给了金国可乘之机。

金国依仗强大军力，灭掉了辽国，统治了北方草原，势力强大。辽国灭亡的厄运，很快就要降临宋朝头上了。

金国灭掉北宋

在金国势力崛起的时候，宋徽宗稳坐开封，过着逍遥自在的生活，并不在意，也不知道详情。

在女真族势力兴起、尚未建国的时候，宋徽宗派童贯出使辽国。当时宋辽友好，使者往来不断。童贯在出使期间，遇见辽国的一个读书人，名叫马植。马植是幽云十六州的居民，汉族人，长期在辽国生活。

马植打算投靠宋朝，对童贯说："现在辽国混乱，宗社倾危，必然亡国。女真势力骤兴，肯定要攻打辽国。大宋可以遣使过海，结好女真，共同图辽。这样，便可以收回幽云十六州了。"马植是宋金议和的首倡者。

童贯回来以后，把马植的话报告了宋徽宗。宋徽宗又惊又喜，十分重视，派人将马植秘密接来，予以重用，并赐姓赵氏。

女真族建立金国以后，出兵伐辽。宋徽宗再一次又惊又喜，赶紧召集群臣，商议如何应对。

蔡京、童贯认为，辽国灭亡在即，金国必会取而代之，应该与金交好，联合攻辽，借机收复幽云失地。

有不少大臣反对，太宰郑居中尤为激烈，说："澶渊之盟至今百年，兵不识刃，农不加役，四方无虞。如果贸然毁约，恐招天怒人怨。况且以太宗之神勇，收复幽云，两战皆败，怎能轻言再开战呢？"

枢密院执政邓洵武慷慨激昂，讲得更是深刻，他说："如今我朝国力匮乏，民力凋敝，处于弱势。所以，我们宁可与疲弱的辽国为邻，也绝不能与强盛的金国为邻，否则后患无穷。"

郑居中、邓洵武的意见是对的，可是，宋徽宗只信任蔡京，于是决定照蔡京的意见办，联金攻辽。宋朝迈出了危险的第一步。

1118 年，宋徽宗派武义大夫马政和名将呼延庆为使者，从山东蓬莱乘船渡海，以买马为幌子，去和金国谈判。当时宋朝与金国在陆地上并不接壤，双方使者都由海上往返谈判，所以称之为海上之盟。

宋金双方经过谈判，达成一致意见。一是双方联合出兵伐辽，金国负责攻取上京、中京，宋朝负责攻打南京、西京。二是灭辽之后，宋朝把原来给辽的岁币转送给金国，金国则把幽云十六州还给宋朝。协议表面上还算公平。

在此之前，金国已经攻占了辽国的东京，协议签订后，金国集中兵力，很快攻克了上京和中京，辽国皇帝被迫逃往沙漠。

宋军由童贯率领，首先攻打南京（燕京），却很不顺利，连攻数月，没有丝毫进展，反而伤亡惨重。童贯见南京城池坚固，又去攻打西京（大同），仍然不能得手。辽军战斗力不强，难以与金军抗衡，但宋军战斗力更差，打不过辽军。

宋军攻打辽军毫无战绩，而是屡战屡败，损兵折将，只好请金军帮忙。金军将士见宋军如此窝囊无能，都嗤之以鼻，嘲笑他们是豆腐军。最后，金军攻克了西京和南京，俘虏了辽国皇帝，辽国宣告灭亡。

辽国灭亡以后，宋朝要求按照协议归还幽云十六州，金国却认为宋朝未建寸功，拒绝归还。经过多次交涉，宋朝送给金国二十万两银、三十万匹绢，再加一百万贯钱，金国才答应归还幽云十六州中的六个州。

不过，金国在归还六州之前，把财物搜刮一空，把居民全部迁往北方，只留给宋朝一些空城。宋朝心中不满，与金国产生嫌隙。

金国在迁移百姓过程中，发生了意外。许多百姓不愿意北迁，有个叫张觉的人，鼓动三个州的百姓与金朝对抗，打算归附宋朝，还想复辟辽国。

宋徽宗不满意金朝的做法，有些大臣也认为，金本是一蛮夷小国，世代向辽称臣，现在侥幸强大起来，却藐视天朝大国，实属无礼。于是，宋徽宗下诏，公开支持张觉他们，致使宋金关系迅速恶化。宋朝又迈出了危险的一步。

1125 年十月，金国以张觉事件为借口，南下攻宋。金军刚刚灭掉辽国，士气正盛；宋朝军队腐败不堪，无力抵抗。金军所向披靡，势如破竹，连续攻占燕京、易州、定州、朔州等地，一直打到京师开封城下。

金兵大举入侵，宋朝一片惊慌。宋徽宗更是六神无主，他惊恐地拉着大臣的手，说："想不到金兵如此长驱直入！"说着，竟然昏厥过去了。

大臣李纲等人对宋徽宗失去信心，建议他将皇位让给太子赵桓，宋徽宗很爽快地答应了。于是，二十六岁的赵桓继位，是为宋钦宗，年号靖康。

宋钦宗即位后，立即罢免了蔡京、童贯的职务，重用李纲，命李纲负责守城。李纲临危受命，带领军民进行抵抗，并亲自登城督战，打退金军多次进攻。

宋钦宗并不是坚定的抗金派，他一面抵御金兵，一面派人求和，并答应割让河北三镇。金国见短期内难以攻破开封，又获得三镇土地，便同意议和，撤军走了。金军第一次南侵总算是有惊无险。

宋钦宗与他父亲一样，也是懦弱无能，优柔寡断，不明事理。他听信谗言，罢免了主战派李纲，一心想与金国求和。然而，金国看出宋朝朝廷腐朽，军队软弱，人心涣散，决定一口吞掉宋朝，夺取天下。

1126 年八月，金国第二次举兵南下，攻击宋朝。这一次，金国准备充分，两路出兵，志在必得。只经过三个月时间，金军就抵达开封，将城池团团包围起来。宋钦宗派使者去金营求和，遭到拒绝。金军攻破开封，宋徽宗、宋钦宗当了俘虏，北宋灭亡，史称靖康之难。北宋存在一百六十七年。

金军攻占开封后，大肆抢掠，将财宝洗劫一空。金国立了张邦昌为傀儡皇帝，国号"大楚"，然后撤兵北返。

徽钦二帝、嫔妃、皇子公主、宗室贵族、大臣、宫中各类人员和一些百姓，共计一万四千多人，全被掳到金国。宋徽宗、宋钦宗受尽苦难，死在异国他乡，分别活了五十四岁和五十七岁。

金国灭掉北宋，统治了北方。幸亏宋徽宗第九子赵构当时不在开封，幸免于难。赵构跑到南方，建立了南宋，总算保存了宋朝半壁江山。

高宗建立南宋

北宋灭亡以后，宋徽宗的儿子赵构在应天府称帝，被称为宋高宗。此后，大宋王朝只剩下半壁江山，而且积贫积弱，史称南宋。

赵构，1107年生，是宋徽宗的第九子。其母姓韦，是宋徽宗的妃嫔。韦氏是侍女出身，夜里有遗尿的毛病，不受宠爱。

赵构只有半岁，就被封为广平郡王。宋徽宗比宋太祖赵匡胤大方，儿子不大就全封王。赵构天性聪明，记忆力很强，每天背诵书籍千余言，长大后学识渊博，擅长书法、绘画，多才多艺。

1125年，金国第一次南侵宋朝，宋军战斗力差，抵挡不住，金军很快包围了开封。宋徽宗惊慌失措，匆忙将皇位让给长子宋钦宗。宋钦宗一面令李纲守城，一面寻求与金国和议。金国提出要求，必须派皇子前来谈判。

当时，赵构前边有五个哥哥，可谁都不愿意去金营。赵构却自愿前往，徽钦二帝大加褒奖，封他的母亲韦氏为"龙德宫贤妃"。赵构时年十九岁。

赵构带着大臣张邦昌，一同去了金营，在金营住了十多天。这期间，宋将姚平仲夜袭金营，给使者带来极大危险。张邦昌大惧，伏地痛哭，再三向金军元帅解释。赵构却气定神闲，没有表现出畏惧。金军元帅怀疑赵构是冒充的皇子，点名让肃王赵枢前去，替换赵构。

赵枢是宋徽宗第五子，比赵构大四岁。赵枢不得已，带秦桧去了金营，继续与金国谈判。最后，宋朝答应割让河北三镇的土地。由于李纲坚守开封，金军攻城不力，又得到三镇土地，便撤兵北返。不过，金国只放回了秦桧，却把赵枢扣作人质，带回了北方。赵枢四年后死在异国他乡，年仅二十七岁。

第二年，金国又一次攻打宋朝。宋钦宗命赵构再次去金营议和。赵构奉命北上，在路过磁州时，磁州知州宗泽力劝赵构不要去金营涉险。

宗泽是坚定的主战派，他对赵构说："金国野心很大，和议没有出路，况且他们不讲信义，肃王一去不返，您去了，肯定也会有危险。"赵构觉得有道理，便留了下来。相州知州汪伯彦听说以后，把赵构请到了相州。汪伯彦是主和派，是秦桧的老师。

金军很快渡过黄河，再次包围了开封，而且拒绝和议，猛力攻城。宋钦宗无奈，只得抵御，任命赵构为河北兵马大元帅，宗泽、汪伯彦为副元帅，让他们组织兵力，援救京师。

赵构接受任命后，随即在相州建立大元帅府，召集河北各地兵马。按照宋朝制度，地方军队人数很少，而且懦弱，以防止地方官员拥兵自重。赵构费了很大力气，聚集兵力不满一万，只好又临时招募了三千新兵。赵构率兵渡过黄河，到达东平。

这时，金军已经攻克开封，俘虏了宋徽宗、宋钦宗，北宋灭亡。金国这次攻打宋朝的目的，主要是掠夺财富，于是，金兵在开封大肆抢劫，获得大量财富后，押着徽钦二帝、王公大臣等返回金国，在中原只留少量军队。

金军在撤退之前，立张邦昌为皇帝，改国号为"大楚"。张邦昌是河北阜城人，任宋朝太宰职务，是主和派首领。对金国灭宋立楚的做法，大多数朝臣都强烈反对，包括主和派骨干成员秦桧。

张邦昌知道这个皇帝并不好当，装病推辞，但金国找不到其他人选，以屠城相要挟，强迫他当。张邦昌只好答应下来，由此落了一个卖国贼的恶名。

金军主力撤走时，把皇族几乎全都掳走，留在中原的皇子，只剩下赵构一人。此时，赵构率军已到达济州（今山东巨野一带）。于是，各地宋军和一些官员，纷纷向济州聚集，人数达到十几万。他们纷纷表示，要拥戴赵构当皇帝。

张邦昌虽然当了傀儡皇帝，但不能控制局面，他知道人心并不服他，于是也向赵构写信，表示愿意尊他为帝。赵构即位没有合法手续，犹豫不决。张邦昌想了个办法，他把元祐皇后请了出来。

元祐皇后是宋哲宗的皇后，宋徽宗的嫂子，赵构的伯母，属于长辈。可是，元祐皇后早被宋哲宗废黜皇后称号，逐出皇宫，出家当了道士。正因如此，她没有被金军掳走，逃脱了一劫。

张邦昌把元祐皇后请到宫中，接受百官朝拜，尊称为元祐太后，后改为隆祐太后。隆祐太后写了一道诏书，让赵构即位。这样，赵构当皇帝，就名正言顺了。

可是，在哪里登基呢？手下人议论纷纷，有的说应该回开封，有的说就在济州。宗泽建议说："对张邦昌不能完全信任，防备他有奸谋，因而不能回开封；济州地方狭小，也不合适；应天府是太祖兴王之地，交通便达，可在那里登基。"赵构同意了。

1127年五月，赵构在应天府登基称帝，从此开创了南宋历史。此时，宋高宗二十一岁。

宋高宗登基时，向北方大哭，跪拜徽钦二帝。张邦昌让位劝进有功，被封为同安郡王。

宋高宗任命主战派李纲为宰相，任命宗泽为开封知府、东京留守，各地领兵勤王的韩世忠、张俊、张浚、刘光世、苗傅、刘正彦等人，一概予以奖赏重用。

看起来，年轻气盛、血气方刚的宋高宗，是打算抗击金国，洗刷靖康之耻，报国恨家仇了。

李纲力主抗金

宋高宗一登基，就任命著名主战派李纲为宰相，主理朝政，表明他要与金国势不两立，决心报仇雪耻。

李纲，江苏无锡人，祖籍福建邵武。李纲出身官宦之家，父亲叫李夔，通晓军事，官至龙图阁待制、京西南路安抚使。

李纲年轻时，参加科举，考中进士，步入仕途，累迁至太常少卿。李纲为人磊落，正直敢言，有些人佩服他，有些人对他有意见。

金国第一次南侵宋朝，包围了开封。李纲力主抵御，反对议和，并劝宋徽宗让位。宋钦宗继位后，擢升李纲为尚书右丞、兵部侍郎，让他主持防御。李纲临危受命，组织军民守城，打退金兵，取得开封保卫战胜利。

李纲立下大功，但不仅没有得到奖赏，反而遭到主和派的排挤和诬陷。其中对他攻击最厉害的，是太宰张邦昌。宋钦宗昏庸，听信谗言，将李纲调任河东、河北宣抚使，驱逐出朝廷。不久，李纲又被贬官，调往遥远的夔州（今重庆奉节）。

金军再次攻打宋朝，形势危急，宋钦宗这才又想起李纲，急令他回朝，主持抗敌。可是为时已晚，李纲尚在半途，金兵就攻破开封，北宋灭亡。

宋高宗称帝后，派人去召李纲，打算任用他为宰相。御史中丞颜岐进言说："金人不喜欢李纲，不宜任他为相。"宋高宗生气地说："金人恐怕也不喜欢朕即位吧？"颜岐哑口无言。

右谏议大夫范宗尹也进言说："李纲性格刚毅，有震主之威，不适合为相。"宋高宗没有吭声。

当时，朝中大臣分为两派，一派主战，一派主和，主和派人数还挺多。宋高宗在重用李纲、宗泽、韩世忠、张浚等主战派的同时，也重用了颜岐、范宗尹、汪伯彦、黄潜善等一批主和派官员。李纲还没有上任，主和派就把矛头对准他了。

李纲有感于宋高宗对他的信任，决定尽忠竭力，报答皇恩。他在上任之初，就一连提了十条建议，主要是加强战备、整顿军队、治理朝纲、惩治投降派、处死张邦昌等。

宋高宗对惩治投降派、处死张邦昌不能接受。当时主张议和的人很多，宋高宗不想打击面过宽。尤其是张邦昌对他登基立有大功，还被封了王，不好杀了他。

李纲疾恶如仇，坚持认为，张邦昌作为国家大臣，在国难之时，本应以死报国，可他却借金国势力，另立政权，僭逆称帝，实属大逆不道，必须明正典刑，以警戒后世。

宋高宗不肯。李纲跪在地上不起来，流着泪说："臣决不与张邦昌同朝共事，臣见到那个奸人，就会忍不住与他拼命。陛下如果一定要任用张邦昌，臣只能辞官。"宋高宗没有办法，只好把张邦昌贬到潭州，去做节度副使，后来又将他赐死。

李纲除掉张邦昌，开始重整朝纲，积极准备抗金。他罢免一批接受过张邦昌任命的官员，起用主战派人士；颁布新军制二十一条，整顿军队；在沿江、沿淮、沿河修筑工事，部署防御；派人四处买马，扩大骑兵。所有这一切，都是为了抗金。

主和派官员趁机攻击李纲，对宋高宗说，李纲如此大张旗鼓地抗金，必会惹怒金人。应天府一带无险可守，如果金兵再次南下，我们是抵御不住的，十分危险。所以，不如暂时到江南去，有长江天险，可保无虞。说得宋高宗动了心，准备下诏去江南。

李纲听说以后，大吃一惊，急忙要去阻止。有人说，皇帝已经做了决定，不要再多言了。李纲坚定地说："国家存亡，在此一举，我非找皇上力争不可！"

李纲找到宋高宗，义正词严说："自古有为君主，都是据中原而兴；只有亡国之君，才跑到江南躲避。陛下一旦去了江南，人心涣散，金人就会乘虚而入，再想回来就不可能了。陛下即位时，颁发诏书说，要坚守中原，驱逐金人，迎回二帝，现在笔墨未干，为何失信于天下？"宋高宗无言以对，脸上红一阵、白一阵，只好暂时取消了南下打算，心里却十分不满。

主和派继续大肆攻击李纲，说他名为买马，实为抢马，引发民众不满；擅用职权，包庇犯罪的亲戚，因私怨乱杀人；刚愎自用，不听劝言，专横跋扈；对皇上不恭，甚至擅自篡改皇上诏令，等等。真的假的都有，宋高宗听了很生气。

不仅主和派攻击李纲，有些主战派官员看不惯李纲的作风，也与他有矛盾。张浚经常在宋高宗面前说，李纲树敌过多，不是宰相之才。

就这样，李纲在许多人的攻击下，失去了宋高宗的信任，只当了七十七天宰相，就被免去相职，改任其他职务。此后，李纲壮志难酬，五十八岁病逝。

李纲性格上虽然有些缺点，但在国家危难之时，挺身而出，坚持抗敌，忠心为国，所以，李纲被后世誉为抗金名臣。

宗泽保卫京师

宋高宗建立南宋后，金兵再次南下，进逼东京开封，与南宋爆发了东京之战。南宋领导东京保卫战的，是宗泽。

宗泽，婺州义乌（今浙江义乌）人，出身贫寒。他少有大志，勤奋好学，长大后博学广识，文武兼备，富有理想和抱负。宗泽通过科举入仕，担任过四个县的县令，后升迁为磁州（今河北磁县一带）知州。

磁州在河北南部，正处于金兵南下的路上。宗泽上任的时候，在金军第一次南侵之后，磁州经过金兵蹂躏，城池破败，百姓逃亡，仓库空虚。宗泽立即组织民众，修缮城墙，整顿器械，招募兵勇，积极备战。这期间，宗泽劝阻了北上议和的赵构，赵构听从了宗泽的劝告，去了相州，避免了灾祸。

金军第二次南侵，攻克了北方门户真定（今石家庄一带），然后分兵南下，有数千骑兵攻打磁州。宗泽披甲操戈，亲上城头指挥战斗，多次击退敌人进攻。宗泽胆大，趁敌不备，打开城门，冲杀出来。金兵没想到宋军敢于出城，猝不及防，溃散而逃，被斩杀数百人。磁州之战，是宋军的首次胜利，有力地鼓舞了军民士气。

金军攻克开封，掳走徽钦二帝。宗泽闻之大悲，打算率军拦截金兵，救回二帝。宗泽兵少将寡，便与各地宋军将领联系，可无一人响应。宗泽只好南下投奔赵构，以图大计。在此期间，宗泽率军与金兵连续作战十三次，皆获胜利。

宋高宗即位后，很信任宗泽，打算让他镇守京师开封。李纲也积极推荐，说守京师非宗泽莫属。开封是宋朝都城，是金军攻取的首要目标，特别是开封无险可守，是个危险之地。当时宗泽已经六十九岁高龄了，但他毫不犹豫，毅然受命前往。

宗泽到任后，见京师一片破败。黄河北岸，仍有部分金兵驻扎，战鼓之声，日夜可闻；开封城内，士兵与百姓杂居，盗贼横行，人心惶惶。宗泽首先稳定社会秩序，捕杀了一批盗贼，百姓得以安宁。然后，整顿军队，加固城防，进行备战。

在金军攻陷开封、灭掉北宋之后，中原大乱，许多英雄豪杰自发组成义军，与金军对抗，小股数千人，多则数万人。宗泽派人联系他们，有时自己单人独马，亲自去招抚。

义军见宗泽须发俱白，仍然大义凛然，都深受感动，表示愿意听从宗泽指挥。此后，这些义军成了宗泽抗金的骨干力量。义军虽然未经训练，武器简陋，但都是忠勇之士，一腔热血，战斗力反而比官军强得多。

时间不长，京城就恢复了秩序，形成了良好局面。宗泽多次给宋高宗写信，希望他能够回到开封，说皇帝如果坐镇京城，将会极大地鼓舞士气。可是，宋高宗胆怯，主和派反对，宋高宗始终没有再回开封。

1128 年春，金国以宋高宗擅自恢复宋朝、废除大楚、处死张邦昌为借口，又一次兴兵南犯，直取开封。宗泽知道开封无险可守，如果被敌人围城，那就被动了，于是采取了主动出击的策略。

宗泽命将军刘衍北上滑州，将军刘达奔赴郑州，分别率军迎敌。兵马派出后，宗泽与宾客们围坐谈笑。宾客们都很惊慌，只有宗泽谈笑自如。宗泽笑着对客人们说："不用担心，两位将军一定会打败敌人的。"果然，不久传来捷报，宋军大胜。

宗泽很有智谋。有一次，俘获了金军将领王策。王策本是辽国人，辽国灭亡后无奈投降了金国。宗泽亲自解开王策身上的绳索，请他坐在堂上，很诚恳地对他说："宋辽本是兄弟之国，金人灭掉你们国家，又来侵犯我朝，我们应该同心协力，共同报仇雪耻才对。"王策感动流泪，愿为宗泽效命。于是，宗泽详细地掌握了金军情况，更为主动，不断出击打击敌人。

东京保卫战的一个突出特点，就是宗泽没有坐守孤城，而是采取主动出击的战术，专打敌人的薄弱环节，烧掉敌人的辎重粮草，打得金军顾此失彼，狼狈不堪。所以，这个阶段，金军始终没有再打到开封城下。这体现了宗泽超人的谋略和灵活机动的战法。

金军多数是骑兵，十分凶悍，宋军的步兵难以抵挡。宗泽为了对付敌人骑兵，发明创造了大型战车。每辆战车配备五十五名士兵，有人负责推车行驶，有人执长枪，有人用弓箭，其威力相当于现在的坦克。

宗泽制造了一千二百多辆战车，每十车为一队，所向无敌，是敌人骑兵的克星。宋军依靠这些威力巨大的战车，渡过黄河，收复河东、河北地区，打得金军闻风丧胆。

宗泽做出的另一个杰出贡献，是发现并重用了岳飞。当时，岳飞在军中任秉义郎，是下级军官。有一次，岳飞犯了军法，被绑赴刑场，即将处斩。

宗泽见岳飞身材魁梧，是个壮士，交谈几句，发现他是个人才，感叹道："此将才也。"于是，宗泽交给岳飞五百骑兵，让他杀敌赎罪。岳飞率骑兵大败金兵而回，宗泽大喜，随即提升岳飞为统制。从此，岳飞在战场上叱咤风云，威名显赫。

宗泽率军抗击金兵，屡战屡胜，威名远扬。金人崇尚武力，也佩服忠勇之人，都称宗泽为"宗爷爷"。

宗泽打算率得胜之师，挥师北伐，直捣金国，解救二帝。可惜天不假年，宗泽操劳过度，身患重病，不幸病逝，享年七十岁。全军闻之痛哭。

宗泽在临终前留下遗书，仍然希望宋高宗还都开封，收复宋朝江山。宗泽在弥留之际，嘴里不停地喊着："北伐！渡河！"直到气绝。

宗泽病逝后，宋高宗命杜充接替了宗泽职务。杜充与宗泽有着天渊之别，他喜功名，性残忍，好杀戮，而短于谋略。大批义军将士离他而去，宗泽开创的大好局面损失殆尽，开封城也被金军攻陷。杜充后来叛国投敌。

金军重新占领了开封，形势急转直下，十分严峻。主和派惶恐不安，纷纷劝宋高宗逃到江南去，并与金国议和。主战派与主和派展开了激烈斗争，矛盾逐步激化。

大敌当前，宋朝内部却发生兵变，给了宋高宗沉重一击。

苗刘兵变颠覆皇位

在金国重新占领开封、大兵压境的危急关头，南宋朝廷不是同仇敌忾，一致对敌，而是内斗激烈，竟然发生了兵变，逼迫宋高宗下台。发动兵变的将领，是苗傅和刘正彦，史称苗刘兵变。

苗傅，上党（今山西长治）人，出身将门，为宋朝立过大功。刘正彦，《宋史·叛臣传》中言其"不知何许人"，从军多年，也立有战功。苗傅和刘正彦都是坚定的主战派，但性格鲁莽，没有谋略，也没有文化。

宗泽病逝以后，金军再次攻占开封，随即向南进军，直扑应天府。这时，朝廷内部分成主战、逃跑两派，争斗激烈。宋高宗宠信的枢密使王渊，宰相汪伯彦、黄潜善，以及以康履为首的宦官们，全都主张逃跑，躲避金兵。宋高宗听从了他们的意见，迅速向南逃到扬州。金兵紧追不舍，奔袭扬州。宋高宗又南渡长江，逃到杭州，设置临安府，此后杭州成为南宋的都城。

宋高宗一仗没打，丢弃江北大片土地，偏安一隅，引起众多将士不满。主战派纷纷指责逃跑派丧失国土，误国殃民，一时舆论大哗。

宋高宗怕出乱子，只好罢免了汪伯彦、黄潜善的宰相职务，让他俩当了替罪羊。宋高宗命韩世忠、张俊、张浚、刘光世等将领，率兵驻守在杭州之外，由苗傅、刘正彦的部队守护杭州。

苗傅、刘正彦对宋高宗十分不满，对没有处罚王渊、康履更是愤愤不平。王渊、康履依仗皇帝宠信，平时作威作福，民愤很大。于是，苗傅与刘正彦商量，打算发动兵变，除掉王渊、康履。

1129年三月五日，是宋神宗的忌日，百官都要行香祭祀。苗傅、刘正彦决定，就在这一天动手。

苗傅命手下将领王世修，在城北桥下埋伏士兵。不久，王渊祭祀完毕，骑马在此地经过。王世修一声令下，士兵蜂拥而出，将王渊拖下马来，一刀砍死，割下了他的首级。

苗傅、刘正彦提着王渊的首级，领兵进入皇城。守卫城门的将军吴湛，是他们的同伙，在前边带路，引士兵入城。士兵们齐声高喊："苗傅不负国，只为天下除害。"

宋高宗听说发生了兵变，顿时慌了手脚，但身边没有部队，毫无办法。宰相朱胜非、杭州知州康允之等大臣，建议宋高宗亲自出面安抚将士，先把叛军稳住再说。

宋高宗无奈，只好登上城楼，接见将士。苗傅、刘正彦和将士们见皇帝到来，马上跪拜，口称万岁，行君臣之礼。宋高宗见状，心里宽慰了许多。

苗傅慷慨陈词，说王渊、康履惑君误国，致使大好河山丢失，百姓蒙难，罪大恶极，死有余辜。今日兴兵，是为天下除害，王渊已经被杀，康履也必须伏法，以谢天下。

康履就在宋高宗身边，一听此言，吓得面如土色，浑身发抖，乞求饶命。宋高宗有些不忍，说可以把康履流放，苗傅不答应。宋高宗身边的大臣们急了，说："事情紧急，陛下何必珍惜一康履？"他们七手八脚把康履捆起来，用绳子缒到城下。士兵们一拥而上，将康履乱刀砍死。

宋高宗在城楼高喊："奸臣已除，朕知道将士们忠义，所有将士一律无罪。另外，擢升苗傅为承宣使兼御营都统制，刘正彦为观察使兼御营副都统制。请各位回营吧。"

苗傅高声回道："我们不是为了升官，如果想升官，只要交结宦官就能做到，何必如此呢？"

刘正彦小声对苗傅说："皇上明显是想稳住我们，我俩犯下了弥天大罪，不如借此机会，把昏君除掉，否则，我们会死得很惨。"

苗傅不想背负弑君恶名，而是想逼宋高宗退位，于是，让宋高宗派一位大臣前来谈判。

宋高宗没有办法，只好让宰相朱胜非下城谈判。宋高宗嘱咐道："不管什么条件，先答应下来再说。"

朱胜非来到城下，苗傅提出条件，要求宋高宗退位，高宗三岁的儿子赵旉继位，由隆祐太后垂帘听政，并且说："民为贵，社稷次之，君为轻，皇上应该以天下百姓为重，主动退位，况且已有宋徽宗的先例。"

朱胜非没想到苗傅会提出这个条件，自然不敢答应，说需要禀报皇帝。苗傅也知道他做不了主，让他速去报告隆祐太后，让隆祐太后前来主持大局。

朱胜非回到城楼一说，大臣们全都反对，只有宋高宗一人同意。宋高宗知道，如果不答应条件，叛军必不肯罢休，恐怕会有性命之忧。再说，眼下不管答应什么条件，都是权宜之计，过后再算账不迟。

至于隆祐太后去叛军那里，大臣们也不同意，担心她会有危险。朱胜非说："我看叛军请隆祐太后前去，并没有恶意，叛军如果谋反，必然加害皇上，加害太后干什么？"宋高宗同意了，让朱胜非急速去请太后。

隆祐太后本是出家之人，没想到几次涉足朝政，但国难当头，无可奈何，只好乘轿来到城下。

苗傅、刘正彦见太后来到，立即率众将士跪倒在地，哭泣着说："国家破败，百姓无辜，生灵涂炭，恳请太后出面主持局面。"隆祐太后已经知道了宋高宗的意思，很爽快地答应了。

苗傅和将士们大喜，以为大功告成，立即撤军，并在闹市欢呼跳跃，大叫"天下太平了！"可是，刘正彦心里却忐忑不安。

有个大臣悄悄对朱胜非说："苗刘二人，忠心有余而学问不足，太天真了！"

宋高宗见苗傅撤兵，长出了一口气，立即下发诏令，命韩世忠、张俊、张浚、刘光世等人，迅速率军前来平叛。

韩世忠等人接到诏令，吃了一惊。他们虽然也是主战派，但一致认为，现在大敌当前，苗傅、刘正彦发动兵变，逼宋高宗退位，是危害国家的叛逆行为，应当予以严惩。于是，韩世忠等人立即起兵，杀向杭州。

苗傅、刘正彦闻讯后大惊，他们知道自己根本不是韩世忠等人的对手，于是又来了天真劲，赶紧让宋高宗复位，赵旉仍为皇太子。不过，赵旉经兵变一折腾，得病死了，致使宋高宗无后。

苗傅、刘正彦提出请求，让宋高宗赐给他们免死铁券。宋高宗知道他俩学识浅薄，耍了个滑头，写道："除大逆外，其余罪一概免死。"苗刘二人见有免死二字，便乐不可支。这就不是天真，而是愚昧了。

苗傅、刘正彦要求宋高宗下令，让韩世忠等人停止进军。宋高宗口头上答应下来，糊弄过去了。

韩世忠大军兵临杭州城下，苗傅、刘正彦这才感觉大事不妙，匆忙逃出城去，但很快被韩世忠军队抓获，押回杭州。

宋高宗对苗傅、刘正彦恨之入骨，下令将他们凌迟处死。苗刘手下将领王世修、张逵、马柔吉、苗翊以及吴湛等多人被杀。

在刑场上，刘正彦大骂苗傅："苗傅匹夫，不听我的话，果真惨死！"

苗傅、刘正彦发动兵变，不是为了个人私利，而是出于义愤，但在大敌当前，显然不合时宜，也有些荒唐，所以遭到众人反对，很快被平息了。不过，苗刘兵变打击了投降派势力，表明妥协逃跑不得人心。

宋高宗在兵变中受到惊吓，使他意识到，威胁他皇位的，不仅有外敌金国，还有来自内部的势力，尤其是手握兵权的将领。宋朝历来有崇文抑武传统，此后，宋高宗对领兵将领心存猜疑，小心提防，这对抗金事业十分不利。

刘豫建立伪齐政权

宋高宗南逃以后，北方落入金国之手。当时，金国势力有限，情况不熟，难以管理偌大的中原地区，于是建立了傀儡政权，帮助他们奴役中原民众。

金国灭掉北宋之后，建立的第一个傀儡政权是大楚，张邦昌为皇帝。可是，张邦昌尚有自知之明，主动让位，大楚消失。金国重新攻占开封以后，又扶持刘豫当傀儡皇帝，建立了大齐政权，史称伪齐。

刘豫，景州阜城（今河北阜城）人，出身农家，从小品行不端，曾经偷窃同学的白金盂和纱衣。长大后考中进士，累迁至殿中侍御史，被谏官弹劾贬官，后来又任河北提刑。

宋高宗登基后，任命刘豫为济南知府。济南是金国攻击的重要目标之一，局势混乱，盗贼蜂起。刘豫不愿去，请求到东南任职，但不被允许。刘豫窝了一肚子火，气愤地上任了。

刘豫到任不久，金军包围了济南。刘豫想起先前的愤恨，决意投降。济南府勇将关胜激烈反对，竟然被刘豫杀害。

这个关胜，就是《水浒传》中大刀关胜的原型。在《水浒传》里，关胜是因醉酒堕马而死。《宋史》《金史》都记载说，关胜是被刘豫杀害的。

1130年，金国册封刘豫为皇帝，国号大齐，建都大名府。刘豫设置左右丞相、监察御史等文武百官，招募士兵，组成军队，颁布法令，十分卖力地帮助金国统治北方，奴役人民。

对刘豫卖国求荣、甘当傀儡的行径，人们或嗤之以鼻，或纷纷咒骂。刘豫从前的朋友、同事，许多人给他写信，劝他不要做民族罪人。刘豫奉行有奶便是娘的信条，一概不听。刘豫铁了心，死心塌地做金国的走狗。

刘豫在政治上，秉承金国旨意，使用金国年号，按照金国要求制定法令，完全是一个傀儡政权。刘豫依照金国的统治方法，以乡为寨，指定土豪为寨长；五家为保，每征发一人，同保四家均备衣粮器甲；每户双丁者出一人征战，单丁则负责夜间巡逻。刘豫还控制人们的思想和言行，凡拥护宋朝、反对金国者，一概予以治罪，对民众实行残暴压迫。

刘豫在经济上，积极为金国聚敛财物，以满足金国的需要。实行"什一税法"，按百姓收入的十分之一收税，这在历史上是比较重的赋税。除"什一税法"以外，还有名目繁多、多如牛毛的各种杂税，以至于造成四境百姓，无一日不纳税。

刘豫为了搜刮财富，竟然干起了盗墓的勾当，将许多墓葬中的财宝洗劫一空，引发人神共愤。中原百姓承受沉重的经济剥削和政治压迫，生活在水深火热之中。

刘豫在军事上，公开与南宋政权为敌，充当金国进攻南宋的马前卒。刘豫为了配合金国灭宋的总体规划，大力扩充军队，招降纳叛，收编土匪，拼凑形成了几十万兵马的武装力量。刘豫的军队虽然人数不少，但不讲正义，人心不齐，矛盾丛生，因而战斗力并不强。

刘豫为了取悦金国主子，几次大规模进犯南宋，每次都动用几十万兵力。但在岳飞、韩世忠等抗金名将打击下，均遭失败，损兵折将，损失惨重。刘豫弄巧成拙，反而让金国瞧不起。

后来，岳家军兴起，岳飞数次北伐，收复襄阳六郡，攻取商州、虢州等地，重点打击的就是刘豫。刘豫地盘丢失，大量兵力被歼，势力遭到重创。金国见刘豫如此无能，追究他的责任，开始有了废刘豫之意。刘豫灰心丧气，惴惴不安。

刘豫感觉情况不妙，打算试探金国主子的态度，请求立儿子刘麟为太子。果然，金国借口慢慢来，没有同意。

恰在这时，南宋淮西发生军变。将领郦琼、王世忠、靳赛等人叛乱，带全军四万多人投降了刘豫。刘豫像打了一针强心剂，十分兴奋。可是，金国担心郦琼带来的军队靠不住，把他们解散了。

这个时候，金国占领中原已经七八年了，完全熟悉了情况，而且势力增强，觉得用不着傀儡了，再加上刘豫无能，与南宋作战屡战屡败，于是决定，废掉刘豫的皇帝称号，由金国直接统治中原。

1137年的一天，刘豫正在讲武殿射箭，突然，一队金兵闯入，将他挟持而去，囚禁于金明池。第二天，金人召集百官，责备刘豫罪状，宣布废去他皇帝称号，改为蜀王，后又改封曹王。金国直接掌握统治权，百官仍然为金国效力。

金国将刘豫父子迁往临潢府（今内蒙古境内）。临行前，刘豫哭丧着脸说："我们父子没有对不起大金的地方。"

金国将领说："当初，宋朝皇帝离开京城的时候，百姓哭号之声传得很远，甚至有人自焚而死。如今你被废黜，却没有一个人同情，你不感到自责吗？"刘豫无言以对，只得默默地上路。

几年以后，刘豫在北方孤独地死去。《宋史》记载他活了七十岁，《金史》说他活了七十四岁。

淮西发生军变

在南宋与伪齐政权对峙期间，发生了一件震惊天下的大事，驻守淮西的几个宋军将领叛乱，带领四万军队，裹挟十余万民众，北上投降了刘豫，史称淮西军变。

宋高宗定都杭州以后，逐渐站稳了脚跟。各地义士纷纷聚集杭州，南宋势力大增。在不长时间内，南宋组建了几支规模较大的部队，每支部队都达数万人。尤其令人鼓舞的是，涌现出岳飞、韩世忠、张俊、刘光世等抗金名将，被誉为"中兴四将"。

"中兴四将"率领的部队，已经不是原来的官军，而是大量招募的新兵。这些士兵，多数是贫苦百姓，不堪忍受外族人欺辱，立志报国，同仇敌忾，因而战斗力很强。金军主力北返以后，中原由刘豫政权控制着，而刘豫的士兵，根本不是宋军的对手。宋军连打胜仗，不仅拥有江南地区，而且还占据了江北淮河一带，形势十分乐观，大有中兴的味道。

宋高宗受此鼓舞，也增强了信心，恰在这时，他得到了父亲宋徽宗去世的消息，不由得悲愤交加。国恨家仇，似乎坚定了宋高宗抗金之决心，他重用主战派张浚为宰相，筹划北伐大计。

张浚，汉州绵竹（今四川绵竹）人，是名人张良的后代。张浚行为端正，性情耿直，以天下为己任，被誉为范仲淹式的人物。张浚受此重任，激动不已，他决心厉兵秣马，收复国土，即使肝脑涂地，也在所不惜。

当时，宋军已击退刘豫两次大规模进攻，士气正盛，于是，张浚制订了全面出击、大举北伐的作战计划。张浚令刘光世屯驻淮西，张俊进驻建康，韩世忠居淮阳，岳飞居襄阳，杨沂中为后翼，打算伺机进兵，一举收复中原。

张浚的北伐计划很宏大，也很振奋人心，但要想实现，必须依靠各部队协调一致，互相配合，不能出现纰漏。张浚对屯驻淮西的刘光世部队有些不放心。

刘光世，保安军（今陕西志丹）人，抗金名将，"中兴四将"之一。刘光世出身将门世家，从军多年，屡立战功。北宋灭亡以后，他率手下三千兵马投奔宋高宗，得到重用，是南宋建立后第一个建节的将领，他的部队很快发展到五万多人。

刘光世作战勇猛，但治军不严，士兵中有许多流寇土匪，纪律性很差。刘光世喜欢饮酒，常常喝酒误事，他又居功自傲，不听指挥。有一次，刘光世擅自行动，差一点造成全线崩溃。张浚对刘光世不放心，便奏请宋高宗同意，免去他的军职，改任少师、万寿观使。

刘光世无故失去兵权，他本人倒没说什么，但却引起军中将士不满。刘光世手下有两员大将，一个叫郦琼，另一个叫王德，都是凶悍粗暴之人。

郦琼原是宗泽手下，宗泽死后，他回到家乡，聚集了七百勇士，后归附刘光世，受到刘光世器重。郦琼为刘光世鸣不平，大发牢骚。另外，郦琼素与王德不和，王德人称"王夜叉"，两人互不服气。

张浚免去刘光世兵权，打算由朝廷直接指挥这支部队，他派朝中大臣吕祉去做监军，任命王德为都统制，郦琼为副都统制。不料，这一下激怒了郦琼。

郦琼本来就对刘光世被免心怀怨恨，如今又让他当副职，位于王德之下，更是大怒。郦琼在盛怒之下，与将领王世忠、靳赛等人商议，打算北上投降刘豫。

郦琼在军中很有威望，他下令部队开拔，向北进军，并胁迫十万民众一同前往。士兵们起初并不知道干什么，但军令如山，只能遵令而行，连监军吕祉都摸不着头脑。只有王德和部下八千多人未动。

等到大军渡过淮河，进入刘豫地盘，士兵们才明白过来，这是要投敌啊！吕祉跳下马来，坚决不肯走，并向士兵们大喊："你们都是大宋英雄，岂能投降刘豫逆贼！"有数千士兵停止不行。

郦琼策马奔来，威胁吕祉说："你要不从，这里就是你的死地。"吕祉毫不畏惧，说："我就是死在这里，也决不做叛臣，免得死后无颜去见祖宗。"郦琼大怒，一刀把吕祉砍死，胁迫士兵继续前行。

吕祉的妻子吴氏，十分贤惠，闻得吕祉噩耗，悲哀伤痛，不愿独生，悬梁自尽了。

淮西军变，其实大多数士兵都蒙在鼓里，并非真心投敌。金人见军心不稳，恐生事端，下令将军队解散，后来不少人又回到南宋，民众也都一哄而散了。

郦琼留下来为金国服务，五十岁病死。郦琼为了泄私愤，不识大体，变节投敌，由抗金英雄沦落为卖国贼，令人不齿。

张浚处置不当，负有重大责任，被免去宰相职务。后来，张浚受到秦桧主和派排挤，无法施展抱负，六十八岁病逝。

淮西军变给南宋造成重大影响，破坏了大好局面，使北伐成为泡影。更严重的是，淮西军变继苗刘兵变之后，再一次给宋高宗敲响了警钟，加重了他对领兵将领的猜忌和防范，后来发生了岳飞被害的悲剧。

韩世忠大战黄天荡

韩世忠，抗金名将。他忠勇善谋，赤胆报国，多次与金军作战，威名远扬。尤其是韩世忠大战黄天荡的故事，曲折感人，流传至今。

韩世忠，延安府绥德军（今陕西绥德）人。他出身农民，家境贫寒，自小练武，长大后身材魁伟，武功高强，勇猛过人。

韩世忠为人仗义，崇尚气节，嗜好饮酒，不拘小节。他年轻的时候，似乎没有大志，也不慕功名。有人说，看他的面相，将来能当三公。韩世忠以为那人嘲笑他，将其痛打一顿。

韩世忠为生活所迫，十八岁应募从军。他作战勇敢，多次立功，但因为没有关系，经过十年奋战，才当了个进武副尉，属于下级军官。好在韩世忠并不在乎。

韩世忠鲜为人知的一件事，是他生擒了方腊。在《水浒传》中，方腊是被鲁智深擒获的；在民间，武松单臂擒方腊的故事流传更广。可是，那都是文学作品和传说，不是真的。历史的真相，是韩世忠活捉了方腊。对此，《宋史》有明确的记载。

1121 年，韩世忠跟随刘延庆征讨方腊。方腊兵败，逃入睦州青溪峒。韩世忠追至溪谷，遇一农妇，得知路径，随即只身仗戈前行，深入数里，格杀数十人，擒获方腊而出。可是，此大功却被他的上司冒领，韩世忠也不上诉。过了很长时间，朝廷知道了实情，才奖赏韩世忠，升他为承节郎。

后来，韩世忠参加对西夏作战、对辽作战，平定山东、河北盗贼，久经沙场，威名显赫。金军入侵，韩世忠又屡次抗击金兵。北宋灭亡以后，韩世忠跟随宋高宗，辗转到了杭州，成为南宋的领兵大将。

1129 年底，金军元帅金兀术（完颜宗弼）率十万大军南侵，突破长江，直捣杭州，企图一举灭掉南宋。宋高宗带群臣暂避浙东沿海一带，令韩世忠率军镇守镇江，抗击金兵。

韩世忠知道金军势大，不可硬碰，便率军由镇江退守江阴，避其锋芒。金军一路南下，连续攻克建康（今南京）、杭州等地，抢掠了大批财物，高高兴兴地得胜回返。

此时，镇江已成敌后，是金军回返的必经之地。韩世忠迅速回到镇江，安排伏兵，准备截击金军。

金军凶悍，但不习水战，韩世忠抓住金军这一弱点，在江中摆下战场，大败金军，还活捉了金兀术的女婿。金兀术吃了败仗，慌不择路，全军乘船进入黄天荡，企图从此处渡江北返。

黄天荡位于南京栖霞山和龙潭之间，现在已成陆地，宋朝时候则是一片水域。当时，黄天荡是长江中的一条断港，早已废置不用，只有进去的路，没有出来的路，金军进入黄天荡，无疑是进了绝地。

韩世忠见金军误入黄天荡，心中大喜，立即用战船堵住出口，又连夜赶制大批铁绳、铁钩等水战之物，准备将金军来个瓮中捉鳖。

金兀术正在前行，忽见前方路绝，急忙掉头回去，出口却被堵住，在江中又打不过宋军，真是上天无路，入地无门，只好对天长叹，一筹莫展。

金兀术无奈，便派使者讲和，表示愿意把所有的金银财宝都献出来，买条出路。

韩世忠不答应，义正词严说："送回我帝，归还疆土，才能给你们一条生路。"

金军被困黄天荡，粮食也快吃完了，眼看陷入绝境。不料，当地有渔民说，黄天荡内有一条老鹳河，直通建康的秦淮河，因年久不用而淤塞，只要挖通河道，就可以驶出黄天荡。

金兀术闻之大喜，立即命全军疏通河道。金兵逃命心切，人人卖力，一夜之间，竟然挖通了三十里河道。金军赶紧驾船冲出黄天荡。

可没有想到，在出口的地方，有岳飞军队驻守。岳家军十分勇猛，见金军到来，迎头痛击，万箭齐发，金军死伤惨重。金军见冲不出去，只好又掉头回到黄天荡。

这样，金军被围困黄天荡中，人马疲惫，粮草断绝，即将全军覆没。这时，有人献策，说只有孤注一掷，集中力量火攻，烧掉宋军船只，才能死里逃生。

金兀术没有别的办法，只好试一试，赶紧让士兵们制作火箭火器。等到与宋军船只靠近，火箭火器齐发，引燃了宋军船上的船篷，江面上顿时陷入一片火海。

金军冒火突围，果真冲出了黄天荡，侥幸逃脱了性命。

黄天荡一战，虽然没有全歼金军，但韩世忠以不到万人的兵力，围困十万金军长达四十八天，给金军造成重大伤亡，还差一点使其全军覆灭，极大地鼓舞了南宋军民的士气。

此后，金军心有余悸，再也不敢与宋军水战，也不敢轻易过江了，使南宋半壁江山得以保全。

黄天荡大战之后，金军返回北方，宋高宗也回到杭州。韩世忠继续率军与金兵交战，取得大仪镇大捷等一系列胜利。韩世忠与岳飞，成为南宋的中流砥柱。

后来，宋高宗由主战转向了主和，以秦桧为首的主和派得势，陷害处死了岳飞，韩世忠也被解除了兵权。

韩世忠眼看大好的抗金形势丧失，忠臣良将受到迫害，自己又无能为力，报国无门，心力交瘁，便愤然辞官，只在朝中保留一个虚职。

韩世忠本来就不热衷功名，晚年的时候，喜好道家学说，自号清凉居士。他闭门谢客，口不言兵，时常骑驴携酒，纵情游览西湖。其实，韩世忠是用这种方式，排解心中的苦闷。

1151年，一代英雄韩世忠与世长辞，享年六十三岁。韩世忠病逝后，被追封为蕲王，谥号"忠武"。

岳飞精忠报国

岳飞，相州汤阴（今河南汤阴）人，出身世代农家。据《岳氏宗谱》记载，岳飞祖籍是山东聊城。在岳飞爷爷岳成那一代，迁到了汤阴。

岳飞的父亲岳和，存活了两个儿子，长子岳飞，次子岳翻。岳翻被杨再兴所杀，岳飞不计私仇，招降杨再兴，使其成为抗金名将。杨再兴后来战死沙场，为国捐躯。

岳和为人宽厚，淳朴善良，崇尚义气，虽然家境并不富裕，但遇荒年，常常救济穷人，自己则节衣缩食。平时借给别人的粮食财物，岳和从不催要。岳飞二十岁那年，岳和病故。

1103 年，岳飞出世，恰好一只大鸟从屋顶飞鸣而过，于是取名岳飞，字鹏举。

岳飞出生尚未满月，就遇到一次大难。当时，黄河在内黄一带决堤，大水突然冲来。岳飞的母亲急中生智，抱着岳飞坐到瓮里，顺水漂流。后来，洪水把瓮冲到岸边，母子俩才幸免于难。《宋史》记载了这件事情。

岳飞的母亲姓姚，是古代四大贤母之一。姚氏克勤克俭，教子有方，精心抚养教育儿子。岳母刺字的故事，广泛流传，令人肃然起敬。

《宋史》记载，岳飞背上，确实刺有四个大字"尽忠报国"，但没有说是什么人刺的。宋代的野史笔记，也没有提及此字是岳母所刺。在明代小说中，有的说是岳飞自己找工匠刺的，有的说是岳飞令部下张宪刺的。到了清代，小说《说岳全传》才有了岳母刺字的故事，并由"尽忠报国"改为"精忠报国"。从此，岳母刺字的故事便流传后世。

《宋史》虽然没有明确记载岳母刺字，但岳飞曾经说过，他奉母命从戎报国，说明岳母深明大义，激励儿子报效国家。她在岳飞背上刺字，是完全有可能的。岳母活了七十岁左右。

岳飞生活在这样的家庭环境中，对他的思想观念和性格形成，产生了重要影响。

岳飞年少的时候，就有气节抱负，性格深沉淳厚，寡言少语。他用心读书，学识广博，尤其喜爱《左氏春秋》《孙吴兵法》。岳飞文学功底深厚，能诗善文，书法精湛。

岳飞从小力气很大，长大后身体强壮，能拉动三百斤的强弓和八石的劲弩。岳飞拜著名武术家周侗为师，尽得周侗真传，武功高强，能左右开弓，箭不虚发。周侗死后，岳飞每逢初一、十五，都要到周侗坟前祭奠。父亲岳和对此很赞许，说："如果有一天报效国家，你一定会成为忠义之人。"

1122 年，在父母的鼓励下，二十岁的岳飞投军从戎，抗击辽军，走上了精忠报国之路。岳飞作战勇敢，担任了敢死队队长。不料，当年父亲病故，岳飞回家奔丧守孝。

1124 年，岳飞守孝未满，母亲让他以国家大义为重，催他重回战场。岳飞遵从母命，第二次从军。第二年，金军开始入侵宋朝，岳飞在抗金战场上大显身手，随部转战于开德、曹州一带。

金兵十分凶悍，许多宋军士兵胆怯。有一次，岳飞所在部队一百多骑兵正在训练，忽然遇见数千金兵前来。宋军惊慌，不少人想跋马而逃。岳飞却大喝一声，单人独马，挺枪向金兵杀去。

金军将领见一年轻士兵独自冲了过来，嗷嗷狂笑，挥舞大刀，前来迎战。两马相交，只有一合，岳飞一枪刺金将于马下。众人全都惊愕。

岳飞枪挑金将，并不停留，径直向金军冲去。岳飞铁枪上下飞舞，神出鬼没，瞬间将十余名金兵刺落马下。金军自入侵宋朝以来，还没遇到过这么厉害的对手，纷纷惊呼溃逃。岳飞匹马退金兵，很快在全军传开，士气大振。岳飞被提升为秉义郎。

岳飞所在部队的将领畏敌，不敢与敌交战，令岳飞十分不满。岳飞听说宗泽是抗金名将，十分敬佩，便带领手下投奔了宗泽部队。

不过，岳飞此举，属于违犯军纪，按律当斩。宗泽宽恕了岳飞，让他戴罪立功，从此，岳飞成为宗泽手下一员得力大将。宗泽率军与金军连战十三次，皆获胜利，岳飞起了关键性作用。

宗泽十分器重岳飞，对他说："依你的勇敢和才能，即使古代良将，也不能超过。国家中兴，看来要靠你了。"宗泽不断提升岳飞的职务，并把自己多年的作战经验和作战阵图，一并传授给岳飞，使岳飞的军事才能得到进一步提高。

宗泽病逝后，岳飞悲痛不已，与宗泽儿子宗颖一起，护送宗泽遗体回老家安葬。随后，岳飞投奔宋高宗，继续与金兵作战。

宋高宗即位以后，任用主战派李纲为相，可只过了七十多天就将其罢免，改用汪伯彦、黄潜善为相。两人都是主和派，主战派对此十分不满。

岳飞愤然上书，建议宋高宗不要重用汪、黄二人，更不要南逃，而应该率军北进，收复中原。当时，岳飞只是一名中级军官。朝廷以他越级言事为借口，免去了他的军职，将他赶出军队。这事大概是汪、黄二人干的，宋高宗不一定能看到岳飞的奏书。

岳飞受此挫折，并不气馁，报国热情丝毫未减，他再一次投军，又从普通士兵干起。不过，凭他的勇敢和才能，岳飞很快在抗金战场上声名鹊起。岳飞曾在张所、张俊手下为将，先后取得黑龙潭之战、清河之战、常州四捷、牛头山之战、平定江淮等一系列胜利，威名远扬。岳飞屡立战功，被朝廷授予建州观察使，成为高级将领。

岳飞一面与金兵作战，一面扩充军队，由于他威名显赫，大批义士纷纷聚集在他的麾下，很快拥有三万之众。后来，岳飞奉命剿灭了杨幺起义，又招降士兵五六万人，总数达到十万左右，壮大成善战的岳家军。

岳飞是善于治军的典范，他以保国爱民、收复中原为军魂，着力教育培训士兵，使得岳家军士气高涨，纪律严明，训练有素，战斗力特别强，是一支正义威武之师。岳家军以"冻死不拆屋，饿死不掳掠"而闻名，深受百姓拥护和爱戴。金军常感叹"撼山易，撼岳家军难"。金兵称岳飞为"岳爷爷"。

1133年秋，由于岳飞取得卓越战绩，宋高宗龙颜大悦，亲笔写下了"精忠岳飞"四个大字，制成锦旗，赐予岳飞。

岳飞得此殊荣，心潮澎湃，壮志满怀，他决心实现自己毕生的理想，驱逐金人，收复中原，尽忠报国。于是，岳飞率领威武正义的岳家军，连续四次北伐，战绩辉煌，威震敌胆。

岳飞四次北伐

岳飞组建了威武的岳家军，手握数万精兵，便开始实施自己的报国大志，决心驱逐金人，收复中原。从 1134 年至 1140 年，岳飞连续四次率军北伐，战果辉煌，威震敌胆。

刘豫投降金国、建立伪齐政权之后，积极充当金国灭宋的马前卒，派大将李成南攻襄阳地区。

李成是雄州归信（今河北雄县）人，勇力绝伦，能挽弓三百斤。北宋灭亡后，李成聚众为盗，被刘豫招降，成为伪齐政权最凶悍的大将。

李成率领伪齐军队，在金兵协助下，打败宋将李横的军队，连续攻占邓州（今河南邓州）、随州（今湖北随州）、郢州（今湖北钟祥）、襄阳等地，控制了这一战略要地，切断了南宋联系川陕的通道，准备来年再攻南宋，南宋处于不利态势。岳飞上书，请求率军收复这一地区，得到宋高宗批准。

1134 年五月，岳飞率三万五千多将士，从江西九江出发，开始第一次北伐。岳家军很快抵达郢州，郢州守将荆超号称"万人敌"，恃勇拒降。岳家军士气高昂，一举攻破城池，荆超跳崖自杀。

占领郢州以后，岳家军兵分两路，张宪、徐庆率军攻占随州，岳飞率主力直取襄阳。襄阳由李成亲自镇守，但敌不过勇猛的岳家军，弃城北逃。

李成不甘心失败，从河北、河东调来援军，号称三十万，企图夺回襄阳，双方展开大战。李成军队惨败，横尸二十余里。岳飞乘胜进军，只用两个月时间，就攻克襄阳六郡，控制了这一战略要地。

岳飞第一次北伐，收复了襄阳地区，是南宋取得的第一次大捷。宋高宗闻之大喜，亲笔书写"精忠岳飞"，并授予岳飞节度使的头衔，让他驻军鄂州。从此，鄂州成为岳家军的大本营。

1136年七月，岳飞奏请第二次北伐，目标是收复河南、陕西一带。主战派宰相张浚积极支持。此时，岳家军已达十万之众，兵强马壮，英勇善战。岳家军兵分两路，由牛皋率军北上，攻取许昌、蔡州一带；岳飞率主力直扑西北，很快占领了商州。

岳飞这次北伐，收复了陕西商州全境和河南灵宝至栾川一带，几乎将伪齐统治区拦腰砍断，沉重打击了刘豫势力，显示了岳家军强大的战斗力。

刘豫感到了南宋的威胁，急忙向金国求助，打算与金兵联合，南下攻宋。不料，金太宗病死，继位的皇帝打算改变对宋政策，拒绝出兵。

刘豫恼羞成怒，自己组织了二十万大军，兵分三路，向南宋发起报复性进攻。刘豫儿子刘麟率一路兵马，进犯庐州；刘豫侄子刘猊率一路兵马，攻击濠州；大将孔彦舟率一路兵马，攻打六安。朝廷命岳飞与诸将共同作战，粉碎刘豫的进攻。

1136年十一月，岳飞奉命进行第三次北伐。刘豫虽然兵多势众，来势汹汹，但部队战斗力很差，在岳飞、张俊、刘光世等人的联合打击下，三路兵马皆败，溃散而逃。

岳家军紧追不舍，在一个叫牛蹄的地方追上了敌军。当时敌军正在吃饭，忽见岳家军漫山遍野杀来，顿时大乱，仓皇逃命，挤入山涧摔死者不计其数。岳家军俘虏几十名敌军将领、数千士兵，大胜而归。

金国也有主战、主和两派，金太宗死后，主和派掌权，表示愿意送还宋高宗的母亲韦氏和宋徽宗的灵柩。宋高宗并不是坚定的主战派，闻之大喜，随即遣使入金，举行和谈。

宋高宗把岳飞、韩世忠、张俊三员领兵大将召入朝中，商议和谈之事。韩世忠、岳飞坚决反对，张俊赞同。宋高宗和谈意愿强烈，任命主和派首领秦桧为宰相，主持与金国和谈事宜。这期间，宋高宗自然不允许岳飞再进行北伐了。

不料，政局多变，金国主战派首领金兀术发动政变，重新控制了朝廷。金兀术亲率十万金兵南下，与刘豫军队联合攻打南宋。和谈受挫，宋高宗只好命岳飞迎敌，并允许他北伐。

1140 年六月，岳飞率军第四次北伐。这几年，岳家军几次要求出兵北伐，均不被允许，早就憋了一肚子气，这次北伐令一下，全军将士群情激奋，士气高涨。出征之前，将士们纷纷与家人约定：不收复中原，不回来相见。

岳飞亲率大军北伐。岳家军经过几年整训，更是锐不可当，势如破竹，连续攻克蔡州、光州、曹州、陈州、颍昌、汝州等地，打得敌人鬼哭狼嚎，溃不成军。

金兀术是金国有名的大将，凶猛强悍。他对岳家军不服气，亲自率军前来决战。

金兀术有一张王牌，他组建了一支由一万五千骑兵组成的精锐部队，每人身穿重甲，刀枪不入，三骑一组，用皮绳连在一起，号称"拐子马"。"拐子马"在战场上横冲直撞，威力很大，所向无敌，从未打过败仗，宋军闻之色变。

岳飞早就谋划好了对付"拐子马"的办法，他训练了一批步兵，人人手持长刀，专砍敌军马腿，一马倒地，另两匹马也跟着倒下。敌人骑兵甲胄沉重，倒地后爬不起来，被宋军像砍瓜切菜似的全部斩杀，金兀术也差点当了俘虏。

"拐子马"全军覆灭，金兀术心疼地大哭，说："我自起兵以来，全靠'拐子马'获胜，没想到今天全完了。"金兀术对岳飞恨之入骨，发誓报仇。

岳飞乘胜进军，又攻克重镇洛阳和郑州，距离开封只有四十多里地了。此时，岳飞已收复黄河以南大部分地区，驱逐金人、收复中原的宏图大志，眼看就要实现了。

中原民众翘首以待，宋军将士欢呼振奋。岳飞满怀豪情地对将士们说："下一步，我们要北渡黄河，长驱直入，直捣金国老巢黄龙府。到那时候，我和众将士开怀痛饮。"

金兀术亲身经历了岳家军的勇猛无敌，知道难以灭掉南宋，于是向南宋宰相秦桧写信，表示愿意继续和谈，但提出一个条件，必须杀掉岳飞。

秦桧见金国愿意继续和谈，欣喜若狂，马上奏报宋高宗，并建议让岳飞撤军。宋高宗同意了，于是连下十二道金牌，措辞严厉，令岳飞即刻回师。

《宋史》记载说，岳飞收到金牌后，愤慨泪下，悲怆地说："十年努力，毁于一旦。"君命不可违，岳飞只得下令班师。大批民众拦着他的坐骑，痛哭失声，不让他走。岳飞也相对哭泣，哭声震撼原野。

《宋史》对十二道金牌之事有明确记载，是历史事实。

岳飞第四次北伐，规模最大，成果最辉煌，可惜由于宋高宗和秦桧的阻挠，竟然功亏一篑，令人痛惜和悲愤。

岳飞四次北伐，表现了他卓越的军事才能，彰显了他精忠报国的崇高气节。四次北伐取得重大成果，沉重打击了敌人，粉碎了金国灭宋的企图，保住了南宋江山。

秦桧陷害岳飞

与千古流芳的岳飞相对立的，是遗臭万年的奸臣秦桧。秦桧早在南宋时期，就被定为奸臣。《宋史》写有《奸臣传》，秦桧名列其中。

秦桧，字会之，江宁（今江苏南京）人，生于 1090 年，比岳飞大十三岁。秦桧的父亲叫秦敏学，做过玉山和古县的县令。

1115 年，秦桧考中进士，补为山东诸城教授。后来，秦桧又考中词学兼茂科，任太学学正，入朝做官。秦桧的学问还是很好的，擅长诗文，字写得也不错，尤其是篆体。

1126 年，金军攻打开封，随之发生了靖康之难。据《宋史》记载，当时，秦桧的表现还是不错的，他反对割地，也反对废除宋朝，立张邦昌当皇帝。

1127 年，秦桧与夫人王氏随同徽钦二帝，一起被掳到金国，在北方住了三年。这期间，秦桧发生了重大变化，主张议和，并同金国上层交往密切。所以，有人认为，秦桧已经叛国投敌，成为金国的奸细了。

1130 年十月，秦桧夫妻带着仆人，从海上回到杭州。秦桧自称是杀死监视自己的金人，抢了小船，才逃了回来。许多人都不相信，被金国掳去那么多大臣，为什么只有秦桧逃出来了，而且还带着老婆和仆人？

可是，宋高宗却不怀疑，或者他想利用秦桧，另有打算。宰相范宗尹想安排秦桧当经筵官，没有多大权力。宋高宗却任命秦桧为礼部尚书，第二年又升任他为参知政事，成为副宰相，很快又升他为宰相。

秦桧自到杭州以后，就主张与金国解仇议和，提出"南人归南，北人归北"，与主战派产生了矛盾。这个时期，刘豫在金国支持下，不断进犯南宋，金国也没有和谈的意思。宋高宗不得不任用主战派，秦桧只当了不到两年宰相，就被罢免了。

1138 年，金国表现出议和的意向，宋高宗觉得秦桧有用，再次任命他为宰相，让他主持与金国和谈。

和谈并不顺利，时有反复。金国的掌权者金兀术不想和谈，企图灭掉南宋。可是，在岳家军的沉重打击下，金兀术灭宋计划成为泡影，不得已继续与南宋谈判，但提出了杀掉岳飞的条件。

宋高宗求和心切，连发十二道金牌，召回了岳飞。岳飞回师不久，宋高宗下令，免去岳飞、韩世忠、张俊三大将的军职，担任枢密使，名义上升了官，但却没有了兵权。

为了满足金兀术杀害岳飞的要求，秦桧开始了陷害岳飞的罪恶活动。他首先在宋高宗面前诬陷岳飞，说岳飞曾经说过，宋太祖赵匡胤三十岁时当的节度使，我岳飞也是三十岁做节度使，说岳飞自比宋太祖，明显有篡权夺位的野心。

秦桧的诬陷，击中了宋高宗的软肋。宋朝皇帝从赵匡胤开始，都有猜忌武将、提防武将的观念和传统，这是造成宋军战斗力差、北宋灭亡的重要原因。

南宋建立以后，为了抗击金军，不得已扩大了领兵将领的权力，形成了岳家军、韩家军、张家军等。随着领兵将领权力扩大，宋高宗的猜忌心也在增强，特别是苗刘兵变、淮西军变以后，宋高宗觉得，领兵将领对他的皇位威胁很大，越是权势大、声望高、功勋卓著的人，宋高宗越不放心，只有及早除掉，才能绝后患。

秦桧极力拉拢张俊。张俊是"中兴四将"之一，为抗金立过战功。可是，张俊人品不好，贪婪好财，而且赞同议和，与秦桧沆瀣一气，共同陷害岳飞。

张俊找到岳飞的部下王俊、王贵，威逼利诱，让他们出面诬告，说岳飞对失去兵权心怀不满，串通张宪，阴谋夺回兵权，图谋造反。王俊利欲熏心，答应了；王贵态度含糊，默认了。

秦桧和张俊立即逮捕了张宪，严刑拷打，逼他承认岳飞谋反。张宪是忠义之士，很早就跟随岳飞，他受尽酷刑，却宁死不招。秦桧便捏造张宪口供，将岳飞和其子岳云收捕入狱。

秦桧命御史中丞何铸任主审官，对岳飞进行审讯。面对审讯，岳飞坦然大笑，一把扯开自己的上衣，露出背上"尽忠报国"四个大字，只见字迹已经深入肌理。岳飞慷慨陈词，说："我岳飞只知道尽忠报国，岂能谋反？"

《宋史》在《何铸传》中记载说，何铸经过审理，认为岳飞是冤枉的，据实报告了秦桧。秦桧一脸的不高兴，说："给岳飞定罪，是皇上的意思，我们只能遵旨行事。"

何铸说："我并不是为了岳飞，只是强敌未灭，无故杀一大将，非社稷之长计。"秦桧无言以对，只好改由万俟卨为主审官。何铸不肯陷害岳飞，不久被贬官。

万俟卨是秦桧的死党，在此之前，就曾弹劾诬告过岳飞。万俟卨对岳飞、岳云、张宪用尽酷刑，三人宁死不招一字。在没有任何证据的情况下，万俟卨仍然判三人死刑。

岳飞蒙冤的消息传出，人们愤愤不平。大理寺丞李若朴、何彦猷与万俟卨激烈争辩，却被罢官。老百姓也群情激奋，布衣刘允升代民上书，为岳飞申冤，竟被逮捕处死。可见宋高宗、秦桧杀害岳飞的决心十分坚定。

已经赋闲在家的韩世忠，愤然找到秦桧，质问他有何证据？秦桧含混不清地说："飞子云与张宪书虽不明，其事体莫须有。"韩世忠愤慨说："莫须有三字，何以服天下？"

绍兴十一年十二月二十九日（1142年1月27日），一代英雄岳飞在狱中被害，年仅三十九岁。岳云、张宪同时遇难。

岳飞死讯传出，百姓痛哭流涕。金兀术和金国大臣们摆酒庆贺。

岳飞遇害二十多年后，宋孝宗为岳飞平反昭雪。岳飞后来被追封为鄂王，谥号"武穆""忠武"。岳飞精忠报国的伟大形象，永远活在人民心中，受万世景仰。

而陷害岳飞的奸臣秦桧等人，却永远被钉在历史耻辱柱上，遭世代唾骂，遗臭万年。

绍兴和议丧权辱国

1141 年，南宋与金国打了十四年之后，签订了极不平等的《绍兴和议》，双方暂时息兵罢战，南北对峙局面正式形成。

北宋灭亡以后，宋高宗在今河南商丘即皇帝位，建立南宋政权。宋高宗在即位诏书中，慷慨激昂，信誓旦旦，号召宋朝军民奋起抗金，收复中原，迎回二帝，似乎是个坚定的主战派。

然而，宋高宗只是说说而已，并不真的这样做。他重用主战派李纲为宰相，但只过了七十多天，就免去他的相位，任用主和派汪伯彦、黄潜善等人，打算与金国议和。

可是，宋高宗想议和，只是一厢情愿，金国根本不理这个茬。金国轻松灭掉北宋，俘虏了宋朝两个皇帝，气势正盛，见南边又出现一个宋朝政权，取代了他们扶立的"大楚"，岂肯善罢甘休？金国立即出动大军，攻打南宋。宋高宗一路南逃，渡过长江，跑到了杭州。

金国仍不肯罢休，继续以消灭南宋为目标。1129 年，金兀术亲率金军南下，渡过长江，攻占建康、杭州等地。宋高宗只好入海逃难，在浙东沿海漂泊四个多月。

金兀术掌握金国兵权，是个顽固的主战派，一心要灭掉南宋政权。他带兵追击宋高宗，但没有追上，于是抢掠了大批财物，得胜回返，不料在黄天荡被韩世忠打得大败，使他第一次感受到南宋军民的不屈精神和反抗力量。

此后十年间，南宋主要与刘豫的伪齐政权作战。宋高宗始终在战和之间摇摆不定，但他本质上是个主和派。金国的政策是支持刘豫，灭掉南宋，并没有议和的打算。宋高宗没有办法，只好任用主战派，支持岳飞、韩世忠等人与金作战。同时，宋高宗也任用了一批主和派官员，随时准备与金国议和。

1138年，金国主和派掌握了朝廷，改变了对宋政策，释放出议和信号。宋高宗大喜，随即任命秦桧为宰相，主持和谈大计。从此，宋高宗变成了坚定的主和派。

宋高宗坚持和议，主要有三个方面的考虑。一是从宋金力量对比来看，南宋势力仍处劣势，收复中原难度很大，更是难以灭掉金国；二是从南宋内部情况来看，由于连年战争，经济衰退，百姓负担过重，民不聊生，相继爆发了钟相、杨么农民起义，局势很不稳定；三是苗刘兵变、淮西军变给宋高宗敲响了警钟，让他感到，武将势力过大，会威胁到他的皇位，只有与金国议和，才能削弱武将们的权势。

宋高宗对议和的考虑，是从他个人利益出发的。宋高宗缺乏雄才大略，并不以国家民族利益为重，一心想保住自己的皇位，只求偏安一隅，苟且偷生。

许多人都看穿了宋高宗的心态，所以，当金兀术被岳飞打败，准备渡过黄河北返的时候，宋朝有个太学生建议他，不要轻易放弃中原，而应该通过和议除掉岳飞。

金兀术被提醒，于是给秦桧写信，表示愿意继续和谈，并提出了杀害岳飞的条件。金兀术坚持要杀岳飞，并不是完全出于个人恩怨，而是忌惮岳家军，只要岳飞一死，岳家军就不足为虑了。

此时，金国见难以灭掉南宋，又遭受惨败，不得已与南宋和议，并摆出一些示好态势。宋徽宗、宋钦宗被掳到金国以后，金国封他们为昏德公、重昏侯，予以侮辱，现改为天水郡王和天水郡公。金国答应将宋高宗生母韦氏和宋徽宗灵柩归还。金国还让韦氏给宋高宗写了一封亲笔信。

宋高宗、秦桧见金国同意和谈，大喜过望，立即命岳飞班师，停止了对金国的军事行动，还撤销了对金作战机构，解除了岳飞、韩世忠、张俊等人的兵权，为和谈扫除了障碍。

秦桧全权负责对金议和，他似乎完全站在金国立场上，为金国谋取到最大利益。经过几轮谈判，双方签订了极不平等的《绍兴和议》。

《绍兴和议》的主要内容：一是宋向金称臣，金国册封宋高宗为皇帝，南宋作为金的附庸国，每逢金国节庆，南宋都必须遣使庆贺；二是南宋割让曾被岳飞收复的土地，双方以淮河和大散关为界；三是南宋每年向金国进贡银二十五万两、绢二十五万匹。南宋答应这些条件，并杀害岳飞，金国就同意停战，并把韦氏和宋徽宗灵柩送还。

岳飞被害之后，南宋派使者去金国，报告了此事，金国才将韦氏和宋徽宗灵柩送了回来。

《绍兴和议》丧权辱国，但也只维持了二十年的短暂和平。1161年，金国撕毁和约，再度入侵南宋，双方重开战端。

《绍兴和议》签订以后，遭到朝野普遍反对，一致痛骂秦桧是卖国奸臣，甚至有军士企图刺杀秦桧。秦桧进行残酷镇压，一批官员获罪流放。

1155年，秦桧病死，终年六十六岁。宋高宗竟然追赠秦桧为申王，谥号"忠献"。不过，五十年之后，宋宁宗下诏剥夺秦桧王爵，并改谥号为"谬丑"。可见，在南宋时期，秦桧就臭名昭著了。

秦桧遭到后世万代唾骂，从宋代以来，一直被定位为奸臣。到了近代，有个别文人企图为秦桧翻案，甚至说由于秦桧力主议和，才保存南宋一百多年，秦桧立有大功。

笔者认为，这完全是颠倒黑白。金国之所以同意议和，完全是因为以岳飞、韩世忠为代表的南宋军民顽强抵抗、浴血奋战，使得金国灭宋图谋不能实现。当初，徽、钦二帝也力求议和，但金国不予理睬，照样灭掉了北宋。南宋之所以延续一百多年，完全依赖于南宋军民的殊死奋斗，与秦桧何干？秦桧的所谓议和，只不过是投降而已。

秦桧屈膝媚敌，杀害岳飞，葬送了抗金的大好局面，分裂了国家。秦桧是不折不扣的奸臣和民族罪人，他的案是永远翻不了的。就算翻案，也不得人心。当然，秦桧的背后，还有那个只顾个人私利、苟且偷安的宋高宗。

真假公主千年谜案

《绍兴和议》签订之后，宋高宗母亲韦太后被放了回来。韦太后一来到杭州，马上就揭露了一起大案，即真假公主案。然而，千百年来，人们对此案议论纷纷，莫衷一是。

宋高宗还是挺孝顺的，与金国议和，迎回母亲，是他的心愿之一，如今母亲回到自己身边，宋高宗异常高兴。为了给母亲接风，宋高宗大摆宴席，朝中大臣和皇族宗室，都来为韦太后祝贺。

其中有位公主，名叫赵多富，也叫赵嬛嬛、赵瑗瑗，是宋徽宗的第二十女，宋高宗同父异母的妹妹，被称为柔福帝姬。靖康之难的时候，柔福帝姬被掳到金国，不久逃了回来，投奔宋高宗，继续过着公主生活。

宋高宗大摆宴席，柔福帝姬自然前来，向韦太后表示庆贺。不料，韦太后一听是柔福帝姬，陡然变色，仔细打量了一番，厉声呵斥道："柔福帝姬早就死了。你是何人，竟敢冒充皇室？"宋高宗和众人皆大吃一惊，惊诧愕然。

据韦太后讲，金国灭掉北宋以后，将宫中嫔妃、皇子公主、宫女等，一股脑儿全都掳到北方，柔福帝姬也在其中。当时柔福帝姬只有十七岁，年少貌美，金兵将她献给金太宗为妾。

柔福帝姬由大宋公主沦落为金人之妾，又有亡国之痛，整日以泪洗面，自然不会讨好逢迎金太宗。金太宗恼了，将她打入浣衣院。浣衣院是洗衣服的地方，柔福帝姬又沦为洗衣工，成了奴隶。

柔福帝姬洗了几年衣服，被一个叫完颜宗贤的金将看中，强迫她做妾。柔福帝姬照样整天愁眉苦脸，过了几年，完颜宗贤玩腻了，转手把她送给一个叫徐还的男人。

1141 年，柔福帝姬含恨病逝，结束了她悲惨的一生，年仅三十一岁。

韦太后一口咬定，眼前这个柔福帝姬是假的，让儿子把她抓起来。于是，宋高宗下令，将这个柔福帝姬打入狱中，严刑审讯。柔福帝姬起初大声喊冤，可在酷刑之下，不得不招供认罪。

供词说，她是开封乾明寺里的尼姑，名叫静善，自幼出家。靖康之难的时候，她也被金兵掳到北方。在途中，静善认识了一个叫张喜儿的宫女。张喜儿一见她，十分惊讶，说她长得很像柔福帝姬。

静善与张喜儿成了好朋友，两人无话不说，静善了解到许多宫中之事。静善在金国住了几年，不堪忍受凌辱，找机会逃了出来。

静善一路南逃，风餐露宿，含辛茹苦，回到中原。当时兵荒马乱，静善四处漂泊，无处安身，后来又被宋军掳去。

静善为了自保，灵机一动，谎称自己是柔福帝姬，从北方逃了回来。宋军将领一听是公主，不敢怠慢，立刻把她送到了杭州。

宋高宗听说有个妹妹从北方逃了回来，立即召见。宋高宗有几十个兄弟姐妹，彼此之间并不十分熟悉，看着眼熟，却不能确定。宋高宗问了静善一些宫中之事，都能应答上来。

宋高宗为慎重起见，找了十几个过去的老宫女前来辨认。这些老宫女异口同声说："就是柔福帝姬无疑。"只有一个老宫女迟疑地说："柔福帝姬的脚没有这么大。"

静善痛哭流涕说："我们被掳到金国，金人驱赶我们如同牛羊一般，后来又不远千里逃回中原，脚自然就磨大了，哪里还有旧时模样？"

宋高宗听了，觉得很有道理。静善又说："皇兄不用怀疑，我听母亲说过，知道您的乳名。"皇帝的乳名，除了至亲，很少有人知道。于是，宋高宗便深信不疑了。

宋高宗对这个逃回来的妹妹十分怜悯，封她为福国长公主，为她选择文武双全的永州防御使高世荣为婿，结婚时赐嫁妆一万八千缗。数年之间，先后赏赐达四十七万九千缗。静善在宋高宗呵护下，过了几年荣华富贵的公主生活。

不料乐极生悲，韦太后的到来，给静善带来了厄运。在韦太后指使下，宋高宗下令，将静善重杖处死。

以上是《宋史》的记载，一个真假公主的大案，似乎落下了帷幕。

然而，事情并不是这么简单。就在静善伏诛之时，许多人为她鸣冤叫屈，此后民间议论纷纷，都说柔福帝姬是真的，只因韦太后担心她说出自己在北方的丑事，逼宋高宗杀她灭口。宋代的野史笔记，大量记载了这种说法，使得这一案子扑朔迷离。

据野史笔记说，韦太后被掳到金国以后，经历与柔福帝姬差不多，受尽凌辱，被迫当过"肉袒"，也在浣衣院干过。韦太后不愿意让人知道这些不光彩的事情，于是一口咬定柔福帝姬是假的，杀人灭口，掩盖丑事。

历史真相到底是什么，已经很难搞清楚了。

金国毁约，又燃战火

宋高宗剥夺主战派兵权，杀害岳飞，签订屈辱的《绍兴和议》，表明他完全没有了收复中原的志向和打算，只想偏安一隅，保住江南半壁河山。

《绍兴和议》签订以后，宋高宗长出了一口气，觉得大功告成，此后不用再担心打仗了。他加封秦桧为太师，封为魏国公，赐给他豪华住宅，并亲笔题写了"一德格天"的匾额，以示褒奖。

从《宋史》记载来看，宋高宗并不是一个骄奢淫逸、迷恋声色的皇帝，还是比较节俭和勤政的。局势稳定之后，宋高宗开始认真治理江南。他推行经界法，规范土地，安置流民，鼓励农耕，减免租赋，自己还亲自下田耕作，虽然是装装样子，但也起到了导向作用。宋高宗还积极发展轻工业、金融业，扩大对外贸易。南宋的经济得到恢复和发展，社会也趋于稳定。

宋高宗本质上是个文人，他精通诗词和音乐，擅长书法、绘画，在艺术方面造诣很深。在他的带动下，南宋掀起书法热，文化氛围很浓。宋高宗热心文化建设，组织一批文人撰写国史，收集图书，兴办学校，推进了南宋文化繁荣。

《宋史》对宋高宗的评价有褒有贬。一方面，说他恭肃节俭，仁爱宽厚，继承国统，延续了宋朝，算得上是中兴之主；另一方面，说他迫害主战派，冤杀岳飞，忍辱偷生，忘记了国恨家仇，不能恢复祖上基业，终被后人耻笑。

不仅宋高宗忘记了国难，一些王公大臣和贵族也习惯了偏安一隅。都城杭州日渐繁荣，山明水秀，贵族们游山玩水，听歌观舞，过着悠闲自在、纸醉金迷的生活。

南宋诗人林升，写下了著名的《题林安邸》一诗，表现了当时的社会环境和人们的心态。诗曰："山外青山楼外楼，西湖歌舞几时休？暖风熏得游人醉，直把杭州作汴州。"

在南宋偏安一隅的时候，金国政局发生了重大变化。在二十多年前，金太祖完颜阿骨打统一女真各部，建立了金国，发动对辽战争，取得重大胜利，于1123年去世。其弟金太宗完颜吴乞买继承皇位，先后灭掉辽国和北宋。1135年，金太宗去世，由金太祖孙子金熙宗完颜亶继位。金熙宗比较温和，与南宋签订《绍兴和议》，双方保持了二十年和平。

1150年，金熙宗堂弟完颜亮发动政变，弑君篡位。完颜亮残暴不仁，生性嗜杀，诛杀宗室，但他文韬武略，能力很强，加强皇权，推行汉化，发展经济，使金国国力更加强盛。

完颜亮胸怀大志，企图统一天下。他称帝三年之后，把都城由黑龙江阿城南迁到燕京，还意图进一步迁到开封，以利于控制天下。与此同时，完颜亮加强武备，扩充军队，训练士卒，准备南下灭宋。

对完颜亮的企图，南宋有些官员看得很清楚，纷纷向朝廷进言，建议早做准备。尤其是主战派张浚等人，上书陈述利害，极力主张整军备战。宋高宗担心这样做，会引起金国不满，破坏和议，将张浚罢官流放，同时向完颜亮献媚，继续称臣纳贡。

1161年秋，完颜亮做好了一切准备，便撕毁《绍兴和议》，悍然发动对南宋的大规模战争。完颜亮调集了六十万大军，号称百万，兵分四路，水陆并进，旌旗蔽日，声势浩大，企图一口吞掉宋朝。

听说金国百万大军来犯，宋高宗心惊胆战，手足无措，急得像热锅上的蚂蚁，团团乱转。这个时候，朝中主战派几乎被清除干净，军队将领也缺乏能征善战之人，宋高宗一筹莫展。朝中大臣多数主张放弃杭州，南逃保命。宋高宗知道，一旦南逃，朝廷就完了，因而犹豫不决。

在这危急关头，宋高宗的养子赵昚挺身而出，请求率军抵御金兵。宋高宗没有儿子，从小抚养赵昚，认作养子，打算让他接班。赵眘是宋太祖赵匡胤的七世孙，时年三十五岁，他具有宋太祖的英雄气概，决心抗金报国。

可是，赵眘的老师史浩却对他说："皇子不宜领兵，恐遭皇帝猜忌，您不见唐肃宗灵武之事吗？"赵眘顿时醒悟，立即又上一道奏书，请求宋高宗御驾亲征，他愿意随驾保护，以表忠心孝心。宋高宗看了奏章，心里很舒服，但他没有御驾亲征的勇气和胆量。

金军兵多将广，气焰嚣张，西从大散关（今陕西宝鸡一带），东到沿海，四路出兵，向南宋发起全面进攻。

金军准备已久，兵精粮足，而宋军武备松弛，士气低落，难以抵御。金军势如破竹，很快攻占归化、蒋州、信阳、盱眙、扬州、和州等地，江北大片土地沦陷。金军一鼓作气，抵达长江，如果没有长江天险，南宋就完了。

完颜亮亲率金军主力，从开封出发，向南进军，一路攻城略地，所向披靡，很快抵达长江北岸，来到采石（今属安徽马鞍山市）渡口。

完颜亮狂傲，到了采石以后，在战船不多、准备不足的情况下，命令大军渡江。可是，南宋的水军比较强，战船也大，施放霹雳炮，烟雾和石灰弥漫江面。金军不习水战，在船上站立不稳，呕吐不止，影响了战斗力，只好败回北岸。

完颜亮恼羞成怒，沿江抢掠了大批民船，做好各种准备，打算再渡长江。完颜亮恶狠狠地下达了死命令，严令在三天之内，必须全部渡过长江，否则一律处死。南宋眼看就要在劫难逃了。

不料，天不灭宋，就在南宋即将亡国的危急时刻，金国内部发生了政变。完颜亮的堂弟完颜雍，利用金国后方空虚之际，联络朝中大臣，宣布废黜完颜亮，自己登基称帝，是为金世宗。

完颜亮对待将士苛刻残暴，不得人心。金军将领拥护完颜雍为帝，发动兵变，包围了完颜亮的大帐，万箭齐发。

完颜亮听到喊杀声，还以为是宋军打来了，拾起地上的箭矢一看，是自己军中的兵器，十分惊愕。完颜亮还没有明白过来，已经身中数箭，倒在地上。士兵们蜂拥而入，有的用刀砍，有的用绳子勒，完颜亮登时毙命，终年四十岁。

金国经此剧变，停止了对南宋的进攻。宋高宗擦了一把头上的冷汗，对天叩拜，感谢老天爷相助。

宋高宗此时五十五岁，已经登基三十多年，心力交瘁，又经过这次惊吓，于是不想再当皇帝了。

1162 年六月，宋高宗把皇位让给赵昚，自己当了太上皇。从此，宋高宗很少过问朝政，专心写字绘画，尽情享乐，过了二十五年逍遥自在的生活，八十一岁寿终正寝，成为中国历史上少有的长寿帝王之一。

赵昚继位，被称为宋孝宗。宋孝宗年富力强，胸怀大志，不甘心受金国欺辱，称帝后随即向金国展开反攻，立志收复失地，振兴宋朝。

于是，一场轰轰烈烈的隆兴北伐开始了，中原大地上，又燃起了熊熊战火。

隆兴北伐，南宋反击

　　1162 年，宋高宗退位当了太上皇，由宋孝宗继位。宋孝宗当了二十七年皇帝，干得比宋高宗好，是南宋时期最有作为的皇帝。

　　宋高宗只生了一个儿子，可惜三岁时死了，此后宋高宗失去了生育能力，再也没有孩子。宋高宗没有办法，只好在皇族中挑选养子，最终选中了赵昚。赵昚当时叫赵伯琮，也叫过赵瑗、赵玮等名字。

　　赵昚时年六岁，是宋太祖赵匡胤七世孙。宋高宗把赵昚接进宫中抚养，到他三十四岁时，才被正式确认为皇子。从宋太祖赵匡胤之后，皇位一直由宋太宗赵光义的后代继承，从宋孝宗开始，皇位又回到宋太祖赵匡胤这一支。

　　宋孝宗自幼聪慧，待人彬彬有礼。他的老师史浩，是南宋著名政治家和学者，对他精心教育，使宋孝宗养成了宽厚仁义、崇尚节俭、坚强英毅的性格，而且具有远大理想和抱负。宋孝宗称帝后，任命史浩为参知政事，不久擢升为宰相。史浩尽忠竭力辅佐宋孝宗，开创了南宋新局面。

　　宋孝宗登基第二个月，就干了一件一鸣惊人、大得人心的事情。他下发诏令，公开为岳飞平反昭雪，恢复官职，召回被流放的亲属。当时宋高宗刚刚退位，对此事并未阻拦，说明宋高宗心里很清楚，岳飞是冤枉的。

　　宋孝宗碍于宋高宗情面，暂时没有追究已死秦桧等奸臣的责任，但罢免了一些秦桧门生和主和派的官职，重用了一批主战派官员。

　　此时，老的主战派代表人物，只剩下张浚了。张浚多年不得志，被贬官流放到湖南偏远之地。宋孝宗诏令张浚回朝，授予枢密使重任，负责军事，与他共商大计。宋孝宗与张浚商定，打算利用金国内乱之际，出兵北伐。

张浚已经六十六岁高龄了，而且身体有病，但仍然壮心不已，激动万分。他流着泪对宋孝宗表示，一定不负重托，主持北伐，收复中原，鞠躬尽瘁，死而后已。

1163 年春，张浚组织一些军队，号称二十万，向北进军，收复失地。因宋孝宗当时的年号是隆兴，史称隆兴北伐。

张浚兵分两路，一路由李显忠率领，攻取灵璧（今安徽灵璧）。李显忠出身将门，胆略过人，多次与金军作战，时任淮西制置使、宁国军节度使。另一路由将领邵宏渊指挥，攻打虹县（今安徽泗县）。

李显忠进兵顺利，一举攻克灵璧；邵宏渊却出师不利，久攻虹县不下。李显忠派兵协助，终于攻占了虹县。不料，邵宏渊心胸狭窄，争强好胜，不仅不感激，反而怨恨李显忠抢了他的功劳。

李显忠与邵宏渊商定，两军乘胜进攻宿州（今安徽宿州）。邵宏渊口头上答应了，却按兵不动，想让李显忠吃个败仗，看他的笑话。

李显忠率军赶到宿州城下，等了很久，不见邵宏渊军队的影子。李显忠焦急，怕时间长了，给宿州守军留下充足的准备时间，只好独自攻城，虽然最终攻破城池，但却付出很大代价。

宋军连打胜仗，不仅巩固了淮南地区，还占领了淮北一些州县。南宋军民热情高涨，宋孝宗和张浚十分兴奋。

宋孝宗论功行赏，擢升李显忠为淮南、京东、河北招抚使，邵宏渊为副使。邵宏渊十分恼怒，以当副职为耻，拒绝听从李显忠命令，两位领兵主将产生了矛盾。

金国见宋军展开反攻，急忙调来大批援兵。金兵先头部队一万多人到达宿州，李显忠趁其立足未稳，发动进攻，将金军击溃，毙敌两千余人。可是，金军援兵源源不断地开来，总数达到十万多人。

李显忠只好退入宿州城内，凭坚据守。金军将城池四面包围，奋力攻打。宋军连续作战，将士疲劳，邵宏渊又不听指挥，宋军形不成合力。最后，李显忠被迫率军突围。金军乘胜追击，宋军全线崩溃，一直退到淮河才站住脚跟。宿州旧郡名叫符离，史称"符离之溃"。

"符离之溃"暴露了宋军的严重缺陷，宋军缺少名将，整体素质不高，战斗力差，总的来说，不是金军的对手。宋孝宗也认识到这个问题的严重性，对收复中原产生了动摇，开始考虑议和问题。

　　此后一年多时间，宋军与金军在淮河一带多次交战，互有胜负。宋军难以向北进军，金军有淮河相隔，也不能向南推进，双方呈现胶着状态。这期间，张浚不幸病逝，这是南宋的一个重大损失。

　　经过长时间较量，宋、金两国都意识到，在当前情况下，谁也吃不掉谁，都有议和的打算，于是双方打打谈谈，边打边谈。

　　1164年十二月，经过多次谈判，宋金两国签订了《隆兴和议》，双方息兵罢战。

　　《隆兴和议》的主要内容：一是金国承认南宋是独立政权，皇帝不再由金国册封，宋不再称臣，但要称金国为叔；二是疆界仍然以《绍兴和议》的规定为准，宋朝将占领的泗州、商州、秦州等地还给金国；三是宋朝减少对金国进贡，由每年银、绢各二十五万减为各二十万。

　　《隆兴和议》总体上仍然是一个不平等条约，但与《绍兴和议》相比，有很大进步，南宋的地位有所提高，岁币减少。为签订这份和议，宋金都做出一定让步和妥协。

　　隆兴北伐虽然没有达到收复中原的目的，但签订了《隆兴和议》，赢得了宝贵的和平时间，此后，宋、金两国四十多年没有发生大的战争。

　　宋孝宗抓住这难得的和平机会，励精图治，发展经济，开创了乾淳之治，使南宋进入一个相对兴盛时期。

宋孝宗开创乾淳之治

宋孝宗即位以后，发动隆兴北伐，签订《隆兴和议》，赢得了宝贵的和平时间，然后精心治理江南，促进了南宋的经济发展和文化繁荣，史称乾淳之治。

宋孝宗具有政治家的眼光和勇气，他知道，要想中兴宋朝，必须革新从前的弊病，给国家注入新的生机和活力。

宋朝自建立以来，在体制上存在许多问题，后来的几个有为君主，试图进行改革，出现了庆历新政、王安石变法等革新运动。但由于诸多原因，改革很不顺利，多次反复，造成朋党争斗，人心涣散。南宋建立以后，多数时间都在打仗，无暇顾及这些问题，致使弊端更加突出。虽然解决这些问题难度很大，宋孝宗还是决定试一试。

宋朝在政治体制和官僚制度方面的弊端之一，是为了巩固皇权，分散和限制大臣们的权力，形成部门林立，相互制约，冗官过多，风气不正，效率不高，这是一个长期存在的顽疾。

宋孝宗登基以后，首先革新朝政，加强吏治，合并撤销一些部门，裁减了大批冗官，同时，加强廉政，惩治腐败，官场风气有了很大改善。宋孝宗对秦桧时期制造的冤假错案，全部予以平反昭雪，加大谏官的职权，努力形成清明政治。

宋孝宗改革财政体制，整顿内政，放宽对盐的专卖，改变盐钞制度，还大力推行社仓法。在税收方面，许多地方都提前征收田赋，称为预催，已形成惯例。宋孝宗下诏，各地一律不得预催，违者免官，很快改变了这种不合理做法。宋孝宗还取消许多苛捐杂税，减轻了民众负担。

宋孝宗重视农业生产，兴修水利，提高抵御自然灾害的能力，对在兴修水利中失职的官员予以惩戒。水利建设发挥了重要作用，南宋虽然时有水旱发生，但没有造成大的灾荒。

宋孝宗改革纸币，在纸币上加盖朝廷官印，增强权威性，促进流通。纸币由户部统一制作发行，保持其稳定性。纸币在北宋时期发明，在宋孝宗时期得到快速发展，对促进商贸繁荣发挥了重要作用。

宋孝宗继承宋朝皇帝的传统，十分重视文化建设。宋孝宗崇拜苏轼，亲自给苏轼文集作序，并追赠苏轼为太师，追赐谥号"文忠"。在宋孝宗时期，各种思想和文化流派纷纷兴起，尤其是产生了影响深远的程朱理学。宋孝宗采取百家争鸣、共同发展的政策，使得各种学派百花齐放，涌现出朱熹、陆游、辛弃疾等大批文化名人。

宋孝宗大胆改革军事制度，在全国推行义兵制。义兵制的实质在于寓兵于农，义兵平时不脱离农业生产，定时集中进行军事训练。这样，既保证了国家有足够的兵力，又大大减少了军费开支。

宋孝宗的改革没有触及宋朝的根本制度，范围也不大，只是在某些方面进行修正和完善，但对于促进南宋的经济文化发展，仍然起到了十分重要的作用，国家出现了新的活力。

宋孝宗隆兴北伐没有达到目的，但他很不甘心，积极整军练武，曾经三次举行大规模阅兵。在宋孝宗后期，制订了从江淮、四川两路出兵、再次北伐的计划，但由于军力仍然不够强大，特别是缺乏领兵大将，再加上金国十分强盛，所以，不得已而搁置了。

这个时期，金国皇帝金世宗也在利用和平机会，精心治国，采取用人唯贤、与民休息政策，把金国推向盛世。金世宗被后人誉为"小尧舜"。金世宗没有对宋朝采取军事行动，但对南宋时刻保持警惕，南宋没有可乘之机。

宋孝宗本人的表现，也是相当不错的。他勤勉从政，日夜操劳，亲自处理国家大事，从不懈怠；他崇尚节俭，一生不肯用音乐，吃普通饭菜，穿旧衣服，花费很少。宋孝宗常对别人说："朕没有大的作为，只是能够节俭而已。"

宋孝宗对宋高宗十分孝顺，也令人称道。宋孝宗在位二十七年，其中在二十五年的时间里，宋高宗还活着。宋孝宗对养父毕恭毕敬，精心照顾，父子和悦欢喜，同享高寿。《宋史》评价说，宋孝宗被称为孝，是当之无愧的。

宋孝宗在位期间，南宋政治清明，社会稳定，经济繁荣，文化昌盛，是南宋一百五十多年间最好的时期，宋孝宗被称为南宋最好的皇帝。

1189年，宋孝宗身体不好，将皇位让给儿子赵惇，自己当了太上皇。赵惇当时四十三岁，当太子已经十八年了。

1194年，宋孝宗驾崩，享年六十八岁。

宋孝宗是南宋名副其实的中兴之主，其功绩载入史册。

朱熹与程朱理学

南宋虽然只有半壁江山，而且积弱积贫，但却在哲学思想方面实现了一次新的飞跃，形成了程朱理学，对后世产生巨大影响。

程朱理学是由程颢、程颐等人开创的新儒学，朱熹将其继承并发扬光大，形成了对后世影响最大的学派之一。从元代到清朝，程朱理学都是官方的统治思想。

朱熹，祖籍徽州婺源（今属江西），1130 年生于剑州尤溪（今属福建）。其父朱松，进士出身，在朝廷做官，因反对与金国议和，被秦桧贬出朝廷。

朱熹自幼聪慧，求知欲很强。他刚会说话的时候，父亲抱着他，指着天说："这是天。"朱熹问："天上边是什么？"父亲答不上来，觉得这孩子不同寻常。

朱熹五岁时，拜师学习。老师教他读《孝经》，朱熹读完后，在书额上写道："不这样做，就不是人。"老师感到很惊异。

朱熹不到十岁，就通读了《论语》《孟子》《中庸》《大学》等儒学经典，打下了深厚的功底。朱熹长大后，特别喜欢理学。理学是以研究儒家经典义理为宗旨的学说，由北宋时期程颢、程颐兄弟和周敦颐、张载、邵康节等人创立。

理学传承于孟子一派的心性儒学，主要特点是将儒家的伦理道德和信仰理念，更加逻辑化、抽象化和真理化，更加符合当时社会需要，从而取代了天命观，把儒学推向一个新的高峰。朱熹是程颢、程颐三传弟子李侗的学生，对理学进行了潜心学习和研究，并将其发扬光大。

朱熹十九岁时，考中进士，步入仕途，担任泉州同安县主簿。宋孝宗即位以后，励精图治，广开言路，鼓励臣民上书建言。朱熹上书，建议反和主战，反佛崇儒。宋孝宗很感兴趣，打算任朱熹为国子监武学博士。朱熹一心只想做学问，婉言推辞了。

后来，朝廷任命朱熹为南康知军，他又推辞，但没有推掉，只好赴任。朱熹在任职期间，恰逢大旱，灾情严重，他组织民众兴修水利，抗灾救荒，拯救了许多人的生命，留下了很好的口碑。朱熹还考察了白鹿洞书院遗址，奏请朝廷进行恢复重建。白鹿洞书院始建于南唐，是中国四大书院之一，毁于战火，是朱熹把它重新建立起来的。

朱熹当了多年地方官，又入朝担任侍讲等官职。朱熹不求仕进，更不贪图荣华富贵，而是热衷于游学、讲学、读书、研究和教授学生。朱熹一生著作颇丰，有六百多卷，总字数在两千万字左右。朱熹是儒学集大成者，对理学进行深化完善，形成了历史上著名的程朱理学。

程朱理学是一门系统化的哲学及信仰体系，其基本主张，是存天理、灭人欲，强调"三纲五常"。他们把天理视为哲学的最高范畴，认为理无所不在，不生不灭，是世界的本原，也是社会生活的最高准则。后世的学术界，一般将程朱理学定为客观唯心主义。

程朱理学在当时并不被人们重视，甚至有许多人否定和反对。到了南宋后期，统治者觉得该理论对他们有用，开始推崇起来。元、明、清时期，统治者将程朱理学作为官方的统治思想，作为规范人们言行的标准，甚至作为科举考试的标准答案。在中国社会数百年的进程中，程朱理学在规范人们行为、促进理论思维、维护社会秩序等方面，发挥了十分重要的作用。

不过，程朱理学对中国封建社会后期的发展，也产生了很大的负面影响。不少人把程朱理学作为猎取功名的敲门砖，死抱呆板的说教，致使理学发展越来越脱离实际。另外，不少人认为，程朱理学后来成为束缚人们手脚的教条，使中国社会走向内向、保守乃至停滞，阻碍了中国近代化的进程。

在宋宁宗时期，发生了庆元党禁事件。朱熹在党禁事件中受到牵连，遭受迫害，程朱理学也受到冲击和清算，被斥为"伪学"。朱熹的学生有的坐牢，有的被流放。程朱理学陷入低谷，直到南宋后期，才逐步发展兴盛起来。

1200 年，朱熹病逝，享年七十一岁。朱熹去世十年后，被追赠为宝谟阁直学士，谥号为"文"。后来，又追赠为太师，封为徽国公。

后世对朱熹给予高度评价，朱熹被戴上思想家、哲学家、理学家、教育家等许多桂冠，并称他是中国教育史上继孔子之后的又一伟人。

爱国诗人陆游

陆游，南宋著名诗人，也是坚定的主战派。陆游的诗歌，很多充满了战斗激情，同时表现出壮志未酬的悲愤。陆游被誉为最有骨气的爱国诗人。

陆游，越州山阴（今浙江绍兴）人，出身名门望族和文人世家。其高祖陆轸，进士出身；祖父陆佃，是王安石的学生；父亲陆宰，精通诗文，崇尚气节。良好的家庭环境，对陆游影响很大。

陆游两岁时，北宋灭亡，他生活在战乱时期。国家分裂，家庭流离，战火纷飞，给陆游幼小的心灵留下了不可磨灭的印记。陆游后来在《感兴》一诗中写道："少小遇丧乱，妄意忧元元。"

陆游自幼聪慧过人，喜欢读书，先后拜名士毛德昭、韩有功、陆彦远为师，十二岁就能写诗作文，闻名乡里，长大后满腹学问，胸怀大志。

陆游二十八岁时，参加科举考试，因文笔意境俱佳，被主考官陈之茂定为第一名。当时，宰相秦桧的孙子秦埙也参加考试，秦桧事先要求陈之茂定秦埙为第一。陈之茂见秦埙的答卷根本不能与陆游相比，只将秦埙定为第二名，这已是很照顾他了。不料，秦桧大怒，将陈之茂贬官。《宋史》记载了这件事情，说明秦桧当时权势熏天，而且蛮横无理。

陆游受到秦桧嫉恨，仕途并不顺畅，直到秦桧死后，他才担任了福州宁德县主簿，不久调入朝中，先当敕令所删定官，后任大理寺司直兼宗正簿，从事司法工作。

1162年，宋孝宗继位，陆游时来运转，升任枢密院编修官，赐进士出身。陆游多次上书，建议整饬吏治军纪，出师北伐，恢复中原。宋孝宗发动隆兴北伐，取得一些成果，但没有达到收复中原的目的，不得已与金国签订了《隆兴和议》，双方息兵停战。

陆游反对与金国议和，并建议迁都建康，与朝中权贵产生了矛盾，结果被贬出朝廷，先后担任建康府通判、隆兴府通判和夔州通判等职。

陆游官场失意，但不能削弱胸中大志，他仍然不断上书，主张北伐，并且制定了《平戎策》，提出"收复中原必先取长安，取长安必先取陇右"的主张，建议整训军队，积蓄粮草，有力量时就进攻，没力量时就固守。

陆游力主抗金、不愿偏安一隅的志向和愿望是好的，但从当时南宋与金国力量对比来看，驱逐金人、收复中原是难以实现的。因此，主和派官员对陆游发动攻击，说他"狂放"。陆游毫不妥协，干脆自号"放翁"，以示反击。

陆游的仕途一直不顺，在蜀州、嘉州、荣州、台州、福州、严州等地当了多年地方官吏，也曾在朝中为官，官职都不高，不受重用。陆游壮志难酬，多次辞官。后来，陆游又奉诏修编国史。

陆游沉浮于宦海，始终不得志，便创作了大量诗歌，抒发自己的情怀。据陆游自己说，他在六十年间，写了万首诗词。流传下来的有九千多首，陆游属于历史上的高产作家。

陆游的诗歌，很大一部分表现了他的抗金思想，以其鲜明的战斗性，鼓舞人们的抗金斗志，受到仁人志士的推崇。陆游还用诗歌的形式，揭露南宋统治者的妥协求和，表现了沦陷区人民的悲苦生活。陆游的诗歌，既表现了慷慨激昂的斗志，也倾诉了深沉的悲愤之情，昂扬豪放中带有苍凉悲怆，充满了爱国主义情怀。

陆游热爱生活，善于从各种生活情景中发现诗材，创作了许多描写田园风光和日常生活的诗词。他的"山重水复疑无路，柳暗花明又一村"成为千古名句。

陆游也写有爱情诗，他晚年创作的《沈园二首》，描写了与前妻刻骨铭心的爱情经历，情真意切，令人动容，被后人称为"绝等伤心之诗"。

1206 年，宋宁宗出兵北伐。陆游已经八十二岁高龄了，闻讯后欣喜若狂，提笔写下了《老马行》一诗，其中"一闻战鼓意气生，犹能为国平燕赵"，表现出万丈豪情。

　　1207 年，北伐失败。陆游听到这不幸的消息，悲痛万分，写下了《春晚即事》。诗曰："渔村樵市过残春，八十三年老病身。残虏游魂苗渴雨，杜门忧国复忧民。"

　　1209 年，陆游病逝，享年八十五岁。临终之际，陆游留下绝笔《示儿》，作为遗嘱："死去元知万事空，但悲不见九州同。王师北定中原日，家祭无忘告乃翁。"

　　陆游一生，念念不忘并为之奋斗的，是北伐中原、统一九州，其高尚的爱国情怀，感天动地，永昭日月。

巾帼词人李清照

李清照，南宋著名女词人，被誉为千古第一才女。她的"生当作人杰，死亦为鬼雄。至今思项羽，不肯过江东"一诗，慷慨悲壮，感人肺腑，千古流传。

李清照，齐州章丘（今山东济南章丘区西北）人，出身于书香门第。其父李格非，是北宋著名文学家，文章受知于苏轼，被称为"苏门后四学士"之一。

李格非是文人，家中藏书很多。李清照从小喜爱读书，长大后擅写诗词，才华过人。李格非在朝中做官，李清照在京城开封长大，优越的生活环境和都市的繁华景象，激发了她的创作热情。李清照年龄不大就在词坛上崭露头角，得到苏轼弟子晁补之称赞。

李清照在早年时，写下了著名的《浯溪中兴颂诗和张文潜》，总结了唐代兴衰的历史教训，评议时政。一个初涉世事的少女，对国家社稷表现出如此深刻的关注和见解，令人刮目相看。

李清照十八岁时，嫁给了大她三岁的赵明诚。赵明诚是密州诸城（今属山东）人，著名金石学家。婚后夫妻恩爱，志同道合，高雅有趣，充满了幸福和快乐。

李清照的父亲和赵明诚的父亲都在朝廷做官，但仕途险恶，他们先后遭受到迫害，家属受到牵连。李清照、赵明诚屏居青州十三年，虽然清贫，但与世无争，倒也安静和谐。

1127年，李清照夫妻平静的生活被打破了。金国南侵，灭掉北宋，发生了靖康之难。李清照夫妻被迫南逃，开始了颠沛流离的生活。南下途中，路过项羽自刎处，李清照有感而发，写下了"生当作人杰"的著名诗句，对宋朝统治者和不抵抗之人进行讽喻。

偏偏祸不单行，在这国难家破的危急时刻，相依为命的丈夫赵明诚竟然患病身亡。李清照时年四十六岁，她大病一场，几乎丧命。此后，李清照只好独自一人，四处漂泊，先后到过镇江、江宁、洪州、衢州、绍兴、杭州等地，吃尽万般苦头。至于李清照后来是否再嫁，目前存在争议。

李清照逐步从个人痛苦中解脱出来，把眼光投向国家大事，创作了许多忧国忧民的诗词。她借助历史上抗恶杀敌的英雄人物和事迹，热情赞颂了挽救危局的忠臣良将，斥责宋朝统治者不识良才、不思抗金的庸碌无能，表达了自己的强烈感慨。她的"欲将血泪寄山河，去洒东山一抔土"诗句，反映了反击侵略、收复失地的强烈愿望，充满了关念故国的深厚情怀。

李清照取得了很高的文学成就，尤其在词作方面，独树一帜，被称为"易安体"，因为李清照号易安居士。有人拿她的词与李后主相提并论，说男有李后主，女有李易安。

李清照的词作，分为前期、后期两个阶段，呈现出截然不同的艺术风格。在前期，李清照衣食无忧，生活幸福，她的词作主要是写自然风光和个人情感，风格清新明快，活泼秀丽。代表作有《凤凰台上忆吹箫》《一剪梅》《醉花阴》等。

在后期，由于北宋灭亡，国家发生剧变，李清照的个人生活也十分悲惨，她的词作风格，再也没有了欢乐明快，而是充满了悲哀、凄凉，有时也会慷慨激昂。

李清照在颠沛流离生活中，常常思念中原故乡。她的"故乡何处是，忘了除非醉"等诗句，表达了她对落入金人之手北方故乡的深切怀恋，寄托了故国之情。

李清照在词中充分表达了自己孤独生活的浓重哀愁。她在《声声慢》中，运用叠词，淋漓尽致地表现了自己的生活处境："寻寻觅觅，冷冷清清，凄凄惨惨戚戚"，给人以无限同情。

李清照在表达个人孤苦凄惨生活的同时，还把个人痛苦与国家命运联系起来，充满了忧国忧民情感。她在《题八咏楼》一诗中，恨宋室之不振，感慨江山之难守，留下了"江山留与后人愁"的千古名句。

李清照一生创作了大量诗词，留存后世的，有四十五首，另存疑十余首。李清照还写过一篇《词论》，成为她诗词创作的理论依据。

约 1155 年，李清照病逝，享年七十一岁。

李清照个人生活的大起大落，正是当时国家命运的缩影和体现。可见，国兴则家昌，国破则家亡。

豪放派词人辛弃疾

辛弃疾，南宋抗金将领，文学家，豪放派词人。因他字为幼安，所以与李清照并称"济南二安"。辛弃疾有"词中之龙"的美誉，与苏轼合称"苏辛"。

辛弃疾，济南府历城县（今山东济南历城区）人，1140年生，出身官宦之家。辛弃疾出生时，北方已落入金人之手。辛弃疾的祖父辛赞，因受家族拖累，在靖康之难时没有南下，不得已做了金国官员。但是，辛赞身在曹营心在汉，他经常带着辛弃疾登高南望，培养他的爱国思想。因此，辛弃疾在少年时代，就立下了驱逐金人、收复中原的雄心壮志。

金国统治北方以后，大肆搜刮民财，赋税繁多沉重，百姓不堪忍受，反抗此起彼伏。1161年，济南人耿京聚众起义，竖起抗金大旗，各地民众纷纷参加。

辛弃疾时年二十二岁，他热血沸腾，决心报国，聚集两千多人，毅然参加了耿京的起义军。耿京见辛弃疾能文能武，年轻有为，任命他为掌书记。

掌书记负责掌管文书和帅印，职位十分重要。辛弃疾手下有个叫义端的人，竟然偷了帅印，逃得不知去向。耿京大怒，要追究辛弃疾的责任。辛弃疾说："给我三天时间，如果追不回帅印，甘愿将头颅送上。"耿京同意了。

辛弃疾心中暗想，义端盗取帅印，没有别的用处，必定是携印去金营邀功。于是，辛弃疾带领一小队人马，连夜出发，在通往金营的路上埋伏下来。果然，时间不长，义端打马匆匆而来。辛弃疾一声令下，伏兵齐出，将义端团团围住。

义端平时喜欢与辛弃疾谈论兵法，两人关系不错。义端苦苦哀求，说看在两人情谊上，饶他一命。辛弃疾怒火中烧，呵斥道："你叛变投敌，哪里还有什么情谊可言？"说着，手起刀落，将义端斩于马下，夺回了帅印。耿京大喜，此后对辛弃疾更加信任。

辛弃疾向耿京建议，与南宋取得联系，奉表归宋。耿京很赞同，命辛弃疾南下杭州，联系南宋朝廷。宋高宗很高兴，亲自接见了辛弃疾，下诏封耿京为天平节度使，召他南归。

辛弃疾兴冲冲地回来复命，不料起义军发生哗变，将领张安国、邵进等人杀害耿京，叛变投金。辛弃疾听到这个消息，义愤填膺，他召集了五十名勇士，直闯张安国军营。张安国正在宴饮，没有防备，被辛弃疾擒获。辛弃疾押着叛徒，带着愿意归宋的万余名士兵，直奔南方。张安国在建康被斩首示众。

辛弃疾归宋以后，被任命为江阴签判、建康府通判，开始了他在南宋的仕宦生涯。宋孝宗即位以后，一度表现出收复失地、报仇雪耻的锐气，举行了隆兴北伐。辛弃疾十分兴奋，连续上书，写了《美芹十论》《九议》等，提出许多抗金北伐的建议。可是，隆兴北伐没有达到目的，只得签订《隆兴和议》，宋、金两国息兵罢战，辛弃疾的雄心壮志难以实现。

辛弃疾先后在江西、湖南、福建等地担任地方官，他为官清廉，爱护百姓，发展经济，平定湖湘地区爆发的农民起义，剿灭荆南茶商赖文政起义，稳定了局势。

辛弃疾时刻不忘北伐，立志收复中原。南宋军队战斗力很差，辛弃疾向朝廷建议，打算组建一支飞虎军，得到批准。辛弃疾为筹建飞虎军倾注了大量心血，精心招募步军两千人、马军五百人，严肃军纪，加强训练。飞虎军在南宋地方军队当中，人数不是最多，却是战斗力最强、持续时间最长的一支，屡屡被调往前线作战，声名显赫。

辛弃疾性格豪迈倔强，不适应官场，再加上他力主北伐，与当时形势不符，所以屡遭弹劾，时常被贬官免职。辛弃疾不求仕途，不慕富贵，几次愤然辞官。辛弃疾的仕途很不顺畅，几经起落。

辛弃疾壮志难酬，便通过诗词形式，抒发自己的情怀。辛弃疾以国家、民族的现实问题为题材，创作了大量诗词，流传下来的有六百多首。辛弃疾的词作以豪放著称，充满了强烈的爱国主义思想和战斗精神，深受人们喜爱。他的"金戈铁马，气吞万里如虎"等诗句，成为千古名句。

1203 年，主张北伐的韩侂胄执掌朝政，起用主战派人士。辛弃疾得到重用，被任命为知绍兴府兼浙东安抚使。当时，辛弃疾已经六十四岁了，但他老当益壮，为北伐献计献策。

1207 年，朝廷任用辛弃疾为枢密都承旨，此时辛弃疾已经病重卧床，无法赴任。辛弃疾不久病逝，享年六十七岁。

辛弃疾在临终之时，还不停地大呼"杀贼！杀贼！"

堂堂皇帝精神失常

宋孝宗当了二十七年皇帝，干得很不错。他对外举行隆兴北伐，签订《隆兴和议》，赢得几十年和平；对内励精图治，发展经济，使南宋得到繁荣发展，史称乾淳之治。宋孝宗期间，是南宋最好的时期。

1189年，已经六十三岁的宋孝宗感到身心疲惫，便把皇位让给儿子赵惇，自己当了太上皇。宋孝宗又活了五年，才寿终正寝，享年六十八岁。

赵惇继位时已经四十三岁了，当太子也有十八年，十分成熟老练。他起初确实有雄心壮志，不料患上了精神病，失去了正常思维，导致朝政混乱，结果葬送了乾淳之治的成果，使南宋由盛转衰，令人十分痛惜。

赵惇，是宋孝宗的第三子，孝顺仁厚，性格谨慎，长得很像父亲，深得宋孝宗喜爱。宋孝宗的长子庄文太子死后，按顺序应该立次子赵恺，可宋孝宗偏爱第三子，越过赵恺立赵惇为皇太子。赵恺为人厚道，并无怨言。

赵惇二十五岁被立为太子，小心翼翼地过了十几年，到了四十多岁的时候，终于有些耐不住了。有一天，他对父亲说："我的胡须开始白了，有人献上染胡须的药，是不是可以用啊？"

宋孝宗听出了儿子的弦外之音，说："有白胡须好，正好向天下显示你老成，不必染了。"于是，宋孝宗决定，提前将皇位让给已经老大不小的儿子。

1189年，赵惇终于如愿以偿登上帝位，是为宋光宗。宋光宗一即位，就连续采取几项大的举措，打算干出点名堂来。一是召集内外臣僚，讨论时政得失，广开言路，宋光宗亲自听取意见建议。二是鼓励群臣谏言，扩充谏官机构，提拔叶适等八名正直敢言之士为谏官。三是下诏整治官吏，要求各级官员奉法爱民，对贪赃枉法者从重处罚。四是停止各地向朝廷的进贡，减轻百姓负担。五是下诏减免一些地方的赋税，停止卖浙西常平官田，对鳏寡孤独者予以救助。

宋光宗所做的这些，很像是有为君主的样子。可令人没有想到的是，宋光宗即位不久，由于连续碰到几件烦心事，导致心情郁闷，精神开始出现问题。给宋光宗造成精神创伤的，是他的父亲和皇后，都是他最亲近的人。

宋光宗只有两个儿子，长子早死，只剩下次子赵扩，当时已经二十多岁了。宋光宗打算立赵扩为皇太子，这本来是顺理成章的事情，不料却遭到太上皇宋孝宗反对。宋孝宗认为赵扩懦弱，却喜欢赵恺的儿子赵抦，想让赵抦继承大统。

宋光宗不能立自己的儿子为太子，而要让侄子继承皇位，心里当然很不乐意。宋孝宗训斥他说："这皇位本来就应该是你二哥的，赵抦继位理所应当。"宋光宗更加惆怅，他觉得不仅是太子之位，就连自己的皇位也不牢固。宋光宗是个孝子，不敢对父亲表示反对，只能憋在心里，内心充满了不满、不安和恐惧，很快就憋出病来。

宋光宗在精神上除了遭受父亲压制之外，皇后对他的打击更大。宋光宗谨慎宽厚，却娶了一个强悍狠毒的老婆。宋光宗的皇后叫李凤娘，貌美如花，却心如蛇蝎，她天性悍妒，骄恣凶狠，是历史上有名的悍后。

李凤娘，河南安阳人，父亲是节度使。李凤娘姿色艳丽，有倾城之貌，而且面相大贵。著名道士皇甫坦见了李凤娘，大惊说："此女当母仪天下。"宋高宗听说以后，聘李凤娘为孙媳。

李凤娘虽然貌美，却心术不正，常在宫中搬弄是非。已当太上皇的宋高宗有些后悔，对妻子吴氏说："这个女人不是善类，我被皇甫坦所误。"宋孝宗也对李凤娘不满意，多次训斥她。李凤娘不得不收敛一些，但心中充满了怨恨。

宋光宗对李凤娘又宠又怕，李凤娘使出手段，牢牢控制着宋光宗。宋光宗不敢找别的女人，所以，他只有两个儿子，都是李凤娘生的。

宋光宗因立太子之事，与父亲宋孝宗有了矛盾，心中郁闷，李凤娘不仅不想法排解，反而煽风点火，极力挑拨他们父子的关系，使得宋光宗病情逐步加重。李凤娘还做了一些残忍之事，导致宋光宗精神崩溃。

有一次，宋光宗在宫中洗手，一个宫女端盆侍候。宋光宗见宫女的手白嫩，随口夸了一句。李凤娘在旁边听见了，勃然大怒。第二天，李凤娘派人给宋光宗送去一个盒子。宋光宗打开一看，里面赫然装着那个宫女的一双手。宋光宗吓得魂飞魄散，当场昏死过去，病了很长时间。

后来，李凤娘又大逞淫威，残杀了被宋光宗宠爱的黄贵妃，赶走了张贵妃、符婕好等人，致使宋光宗病情愈加沉重，精神失常，不能上朝理政了。

李凤娘见宋光宗不能正常理政，正中下怀，开始干预朝政。可是，李凤娘并没有理政才能，对其他事情也不感兴趣，只知道为娘家人大捞好处。她封娘家三代为王，两个侄子当节度使，推恩亲属二十六人，提拔族人一百七十二人，甚至连李家的奴仆门客，都被授予官职。李氏一门的显赫，是南宋时期绝无仅有的。

宋光宗的病情逐渐恶化，精神完全失常了。宋孝宗病逝的时候，宋光宗不能主持葬礼，甚至不知道悲伤。有这样一个疯子当皇帝，朝廷自然动荡不安。

1194 年，大臣们见宋光宗病情没有好转的希望，奏请太皇太后吴氏同意，拥立赵扩为皇帝，即宋宁宗，尊宋光宗为太上皇。

宋光宗知晓内禅之事，但拒不搬出正殿，也不接受宁宗朝见。

1200 年，宋光宗稀里糊涂当了六年太上皇以后，病重去世，终年五十四岁。悍后李凤娘同年去世，终年五十六岁。

宋宁宗懦弱平庸

南宋命途多舛。宋光宗不幸精神失常，搞乱了朝政，葬送了乾淳之治成果，致使南宋由盛转衰；继任的宋宁宗懦弱平庸，大权旁落，党争不断，权臣乱政，使得南宋每况愈下。

1194 年，宋宁宗赵扩继位，时年二十七岁。这本来是一个大有作为的年龄，宋宁宗又虚心好学，博览群书，满腹学问。可惜，宋宁宗性格懦弱，更缺乏治国理政才能，政治上十分平庸。

宋宁宗每次上朝，都耐心听取大臣们的奏章，不论时间多长，从不厌烦，显得十分谦虚。可是，大臣们读完奏章就算完了，宋宁宗既不表态，也不决断。

宋宁宗待人亲近，对每位大臣都和颜悦色，从不呵斥，显得彬彬有礼。对大臣上书建言之事，宋宁宗一概批"可"，从不驳回。有时候两个大臣的意见相反，宋宁宗均批"可"，搞得人们无所适从。宋宁宗缺少理政和决断能力，这给了权臣可乘之机，权臣逐渐把持了朝政。

宋宁宗即位以后，重用拥立他登基的大臣赵汝愚和韩侂胄。不久，韩侂胄与赵汝愚开始争夺权力，韩侂胄获胜。韩侂胄搞了"庆元党禁"，驱逐了与赵汝愚关系密切的理学派人士，把持了朝政。

韩侂胄是主战派，他建议宋宁宗，对岳飞冤案进行彻底平反，追封岳飞为鄂王；追究秦桧误国之罪，将秦桧谥号由"忠献"改为"谬丑"。韩侂胄主张对金开战，收复中原，举行了"开禧北伐"。

对韩侂胄的主张，许多人并不同意，认为宋、金已息战多年，人们享受和平，如果重开战端，必然造成生灵涂炭，不符合人们的愿望。再说，宋、金两国势均力敌，很难有获胜的把握。可是，韩侂胄固执己见，宋宁宗对韩侂胄言听计从，于是，宋军不宣而战，向金国发动进攻。

1206年，南宋四路出兵，举行北伐。一开始，金国没有防备，宋军进展顺利，收复了一些地方；后来，金国调集重兵，进行反击，宋军接连失利。在这关键时候，韩侂胄用人不当，指挥失误，导致宋军一败涂地。金国不仅夺回了失地，还攻占了真州（今江苏仪征）、扬州、大散关等地，威胁江南。

许多人本来就不赞成北伐，如今战事不利，引火烧身，更是大为不满，主和的意见占了上风。主和派首领史弥远在杨皇后支持下，极力主张与金国和谈。韩侂胄无奈，只好同意了。

可是，金国倚仗军事上的胜利，提出了苛刻条件，其中之一，是要韩侂胄的人头。韩侂胄自然不会答应，只得硬着头皮，继续与金军作战。朝臣一片反对声，韩侂胄成了众矢之的。

史弥远是韩侂胄的政敌，他见有机可乘，与杨皇后密谋，派人刺杀了韩侂胄。杀死韩侂胄以后，史弥远告知了金国，以此作为求和的砝码。经过讨价还价，双方签订了《嘉定和议》。

《嘉定和议》不仅比不上宋孝宗的《隆兴和议》，甚至比宋高宗的《绍兴和议》还要屈辱。按和议规定，宋朝向金国由称叔改为称伯，岁币由银、绢各二十万增加到各三十万，另外再给金国犒军钱三百万贯。

韩侂胄死后，朝廷大权落到史弥远手里。史弥远是史浩的儿子，史浩是贤明之人，史弥远却是个奸臣。史弥远利用宋宁宗的懦弱无能，破坏宰执制度，独揽大权，培植亲信，排斥异己，控制言路。他手下有七个亲信，皆是奸佞之人，被称为"四木三凶"。

史弥远在宋宁宗时期专权十七年，宋宁宗死后又继续专权九年，前后长达二十六年。史弥远对外屈膝妥协，对内疯狂掠夺。他大量印造新会子（纸币），并且把旧会子折价一半，致使物价飞涨，民不聊生。史弥远权势熏天，能够违背宋宁宗的意志，任意废立太子。史弥远病死后，谥号忠献，与奸臣秦桧的谥号相同，寓意深刻。

宋宁宗当了三十年皇帝，基本上是个傀儡，先后由韩侂胄、史弥远把持朝政，尤其是史弥远专权时间更长，危害更大，致使南宋日益衰落。好在这一时期，金国不断遭受蒙古攻击，无暇南顾，宋宁宗才能够安稳度日。

宋朝皇帝无能，但却没有被篡位，这得益于宋太祖赵匡胤崇文抑武政策。赵匡胤曾经说过，文人掌权，只会乱政，不会篡位，一百个文人也顶不上一个武将的能量。所以，在宋朝三百多年间，没有发生过篡国夺位之事。可是，抑武造成军队战斗力差，宋朝最终亡于外族之手。

宋宁宗平庸，但个人素质还是不错的。他性情和蔼，谦仁恭俭，不好奢华，不恋声色，厉行节俭。宋宁宗穿的衣服和鞋子，都经过多次洗涤修补，他的日常生活，如同寒士一般。

有一年元宵节，街上张灯结彩，皇宫里却一片冷清，没有一丝喜庆气氛。宋宁宗独坐孤灯之下，愁眉不展。有个宦官不解地问道："上元之夜，宫中为何不摆宴庆祝呢？"宋宁宗叹口气说："外面有灾荒，百姓没有饭吃，朕怎么能咽下酒菜去呢？"

1224 年，宋宁宗病逝，享年五十七岁。

宋宁宗曾经有过九个儿子，可惜全都早夭，不得已收养赵竑为儿子，立为太子。史弥远为了监视控制太子，收买了一个擅长弹琴的美女送给他。美女作为卧底，把赵竑的一举一动都报告给史弥远。

赵竑对史弥远专权十分不满，有一天，他指着地图上崖州的地方，对美女说："我登基之后，就把史弥远流放到这里。"美女把这事报告了史弥远，史弥远又惊又恼，遂产生了另立皇帝之心。

史弥远在宫中的后台是杨皇后，两人关系密切。史弥远与杨皇后密谋，打算立宋宁宗堂侄赵昀为帝。宋宁宗死后，史弥远没有召皇太子赵竑入宫，而是把赵昀迎进宫去，假称宋宁宗遗诏，立赵昀为帝。不久，赵竑被害身亡。如此瞒天过海之大事，史弥远竟然也能办成。

赵昀十分幸运地当上皇帝，是为宋理宗。那么，宋理宗干得怎么样呢？

宋理宗联蒙灭金

　　1224 年闰八月，宋理宗赵昀幸运地当上皇帝，而且在位时间还挺长，有四十一年。在此期间，宋理宗联合蒙古，灭掉了宿敌金国，终于报了世仇。

　　赵昀是宋太祖赵匡胤十世孙，但他这一支与皇室血缘已经十分疏远。其父赵和笋，没有任何封爵，在山阴县当个小吏，已沦为平民。赵和笋死后，因家境困窘，母亲全氏只好带着赵昀兄弟回到绍兴娘家，寄居在当保长的哥哥家里。

　　宋宁宗这一支人丁不旺，沂王爵位无人继承。宋宁宗让宰相史弥远寻找品行端正的宗室子弟作为沂王养子。史弥远派出许多使者，四处挑选合适之人。

　　史弥远派出的一名使者，路上遇到大雨，到保长家避雨，恰巧看见赵昀。使者见赵昀眉清目秀，谈吐不凡，便将他带回京城，推荐给史弥远。

　　史弥远对赵昀也很满意，奏请宋宁宗同意，让赵昀做了沂王养子，继承了沂王爵位。赵昀由一介平民，一跃升为王爷，恰似乌鸡变凤凰。那一年，赵昀十六岁。

　　宋宁宗驾崩以后，史弥远抛弃皇太子赵竑，假称宋宁宗遗诏，扶立赵昀当了皇帝，赵昀又一步登天了。

　　宋理宗赵昀知道，自己的这一切，都是拜史弥远所赐，因此，他对史弥远感激涕零，毕恭毕敬，朝廷大事，自然全都由史弥远说了算。史弥远继续大权在握，又专权了九年。

　　1233 年，史弥远病死，宋理宗开始亲政。宋理宗此时二十九岁，年富力强，很想有一番作为。宋理宗感念史弥远的恩德，对他的名誉极力维护，但对他的爪牙就不客气了，罢黜了许多奸佞之臣。同时，宋理宗澄清吏治，提拔新秀，尊崇理学，整顿财政，革除了史弥远时期的许多弊端，朝廷出现了新气象，史称"端平更化"。

宋理宗亲政前后，遇到一件大事。蒙古在北方迅速崛起，与金国形成对立，蒙古派使者到杭州，希望与南宋联合抗金。

蒙古族是分布在东亚地区的一个古老游牧民族，是漠北草原的土著民族之一，历代以游牧为生。长期以来，由于蒙古部落分散，力量弱小，先后受制于匈奴、鲜卑、突厥、契丹和金国。

12世纪以后，蒙古出了一位英雄人物，名叫铁木真，也就是著名的成吉思汗。成吉思汗雄才大略，有着崇高威望，他统一了蒙古各部，使蒙古势力迅速崛起，称霸北方草原。

1206年，成吉思汗建立了大蒙古国。蒙古建国以后，不断对外扩张，灭掉西夏，攻打金国，又率军西征，灭掉西辽和花剌子模，横扫中亚和东欧。成吉思汗病逝后，儿子窝阔台继位，又征服高丽，灭掉东真国。蒙古铁骑东征西战，所向无敌。

蒙古原先臣服于金国，每年向金国进贡。后来，蒙古势力强大起来，与金国分庭抗礼，两国不可避免地发生了战争。成吉思汗时期，曾经兵分三路，攻打金国，对金国势力给以沉重打击，攻占了金国许多地方。金国守不住燕京，只好迁都开封。窝阔台继位以后，知道南宋是金国的宿敌，派来使者，要求联合出兵，灭掉金国。

宋朝与金国有着多年仇怨，尤其是靖康之耻，更是宋朝军民心中抹不掉的耻辱，因此，大多数朝臣情绪激愤，纷纷要求联蒙灭金，报仇雪恨。

也有一些人比较理智，认为蒙古势力迅速崛起，日后必为大患，有金国在北边挡着，南宋暂时无虞，一旦金国灭亡，南宋与强国为邻，可就危险了。当年北宋联金灭辽，结果引狼入室，北宋灭亡。这个教训极其深刻，不能重蹈覆辙。

客观来说，这个意见是明智和理性的。可是，宋理宗和许多大臣被复仇蒙住了眼睛，而且觉得这是收复中原的天赐良机，所以仍然决定联蒙灭金。双方口头约定，灭金之后，黄河以南归宋朝所有，但没有签订书面协议，留下了后患。

金国皇帝金哀宗听说宋蒙联合，十分惊慌，也派来使者，说了一番唇亡齿寒的大道理，希望联宋抗蒙。宋理宗没有理睬。

蒙古铁骑向金国展开凌厉攻势，金军抵挡不住，纷纷败退。蒙古军相继攻占开封、均州、郑州和黄河以南十余州。金哀宗无奈，只好败退蔡州（今河南汝南）。

宋军也出兵攻金，在马蹬山（今河南淅川县境内）大破金兵，攻占邓州、唐州，切断了金哀宗逃跑之路。

1234年，宋蒙联军团团包围了蔡州，金哀宗已成瓮中之鳖。很快，宋蒙联军攻破蔡州城，金哀宗自缢而死，金国灭亡。

灭亡了金国，南宋军民出了胸中一口恶气，终于报仇雪恨了。宋理宗下令，拿金哀宗的尸体祭祖，并举行献俘礼，告慰宋徽宗、宋钦宗的在天之灵。靖康之耻总算得以洗雪，南宋被压抑百年，精神为之一振。

可是，面对蒙古这个更加强大的势力，南宋的前途命运会怎么样呢？

端平入洛，宋蒙反目

　　端平入洛，是指在端平元年金国灭亡之后，南宋出兵收复三京的一次军事行动。此次行动，使宋蒙反目成仇，也成为蒙古攻宋的借口和导火索。此后，宋、蒙两国由盟友变成敌人，双方展开了长达四十六年的战争。

　　在灭金战争中，南宋收复两淮等地，共得八州三十三县，战果颇丰，举国欢庆，举行了一系列庆祝活动。宋理宗得意扬扬，踌躇满志，以中兴之君自居。

　　蒙古军队占领了中原和黄河以南大部分地区，大肆进行烧杀抢掠，造成了严重破坏。由于天气转热、粮草不足，窝阔台下令，将主力部队撤到黄河以北，黄河以南只留少数兵力。原先约定黄河以南归宋朝，如今再也不提了。

　　南宋朝廷中有一些大臣，被灭金胜利冲昏了头脑，纷纷要求借机收复中原，尤其是宋理宗新提拔的一些新秀，更是渴望一显身手，建功立业。赵葵、赵范兄弟极力主张，抚定中原，坚守黄河，占据潼关，收复三京。三京是指开封、洛阳、商丘。

　　也有一些大臣反对。他们认为，出兵中原，必会激怒蒙古人，蒙古兵比金兵还要凶悍，宋军不是对手；宋军士兵缺乏训练，兵力不足，更无领兵良将；朝廷没做器械、粮草方面的准备，后勤供给难以保障。一些在外领兵的将领，几乎全都反对出兵。

　　可是，恢复中原是南宋几代人的梦想，宋理宗血气方刚，一心想当中兴之君，如果丧失这个机会，实在心有不甘。最终，宋理宗还是做出了收复三京的决定，开始了端平入洛的军事行动。

由于各地将领积极性不高，宋理宗费了一番周折，才调集了六万兵马。宋理宗任命赵葵为全军主帅，率主力五万多人，从泗州（今江苏盱眙一带）渡淮河北上；命全子才率淮西兵一万余人为先锋，直取商丘和开封。

1234年五月，全子才从淮西出发，向北进军，没有遇到大的战事，顺路收复商丘。七月初，全子才军队抵达开封郊外。

蒙古军得知南宋进兵，把黄河以南的部队全都撤到黄河以北。蒙古军撤退前，掘开黄河南岸的河堤，大水汹涌而出，造成两淮一带大面积黄泛区，严重破坏了宋军的后勤补给线。

宋军兵临开封城下，守城将领李伯渊杀死主帅崔立，献城投降，全子才军队兵不血刃进入开封城。开封城在失陷一百多年以后，又重新回到宋朝手中。

然而，由于多年战乱和蒙古军的破坏，此时的开封城，早已没有了往日的繁华，而是一片破败，到处断壁残垣。这个曾经拥有百万人口的大都市，如今只剩下千余户人家。宋军入城，也没有出现百姓扶老携幼、夹道欢迎的动人场景。

不久，赵葵率宋军主力顺利来到开封。赵葵一见全子才，就气呼呼地指责他，怪他没有乘势去占领洛阳。全子才解释说，是因为没有粮食。蒙古军在撤退前，把开封洗劫一空，宋军的运粮队在黄泛区行进困难，所以军粮供应不上。

赵葵把全军的粮食集中起来，只够一万多人吃五天的。赵葵求功心切，他撤掉全子才，改由徐敏子为先锋，带领一万三千兵马，携带全部粮食，即刻去占领洛阳。

赵葵一面紧急催促军粮，一面令开封的部队挖野菜和打猎充饥。好在军粮很快到了，但并不充足。赵葵只好令杨义率一万五千人马，作为第二梯队，再西去洛阳。

徐敏子率第一梯队抵达洛阳，洛阳城并没有守军，宋军顺利进城。消息报给赵葵，赵葵大喜，立刻将收复三京的捷报传给杭州。洛阳城同样是破败不堪，徐敏子部队粮食吃完了，也只好到处挖野菜。

宋军虽然没有粮食，但未遇战事，还算幸运。可是，杨义率领的第二梯队，就碰上厄运了。原来，蒙古军主动撤退，不是甘愿送上城池，更不是怯敌，而是诱敌深入之计。蒙古军派出许多侦探，探听宋军动向，当得知杨义第二梯队出发以后，便调集重兵，在洛阳东边的龙门镇悄悄埋伏下来，张网以待。

杨义率领第二梯队，经过五六天的长途行军，到达龙门镇。士兵们疲劳不堪，四散坐下休息，生火做饭。突然，一声号角，杀声骤起，大批蒙古骑兵从四面冲杀过来。宋军猝不及防，根本来不及列阵抵御，不到半天时间，一万五千多名士兵几乎全都成了刀下之鬼，只有杨义等少数人拼死逃脱。

洛阳城内的宋军，得知第二梯队全军覆没，皆大吃一惊。徐敏子知道，蒙古军必来攻城，洛阳城大，自己军队人少，根本守不住。徐敏子狠了狠心，趁蒙古军尚未到来，急令部队出城，在洛河边上布阵，准备背水一战。徐敏子是想学韩信，把士兵置之死地而后生。

这一招果然有效果。不久，蒙古骑兵蜂拥而至，宋军士兵见背后是滔滔河水，没有退路，只能向前拼命。宋军已列好阵式，有专门对付战马的器具，骑兵难以发挥作用。蒙古军便跳下马来，与宋军步战。

这是一场惨烈的恶战，蒙古兵凶狠，宋军没有退路，双方都以命相搏，刀光剑影，血肉横飞，呐喊声、战鼓声、兵器撞击声震天动地。双方鏖战一天，死伤惨重，尸横遍野。

毕竟蒙古军人多，战至最后，一万三千多名宋军绝大部分牺牲，徐敏子只带三百伤兵突围而出，得以生还。蒙古军也付出了沉重代价。

赵葵听说第一梯队、第二梯队全完了，痛心疾首，放声大哭。赵葵心里清楚，蒙古军很快就会前来攻打开封，剩下的这三万多人也危在旦夕。赵葵只得含泪下令，撤军南返，总算保全了三万多士兵的性命。蒙古军乘势夺回了开封、洛阳和商丘。南宋这次出兵，损失兵力近一半，寸土未得，端平入洛以惨败告终。

宋理宗刚刚接到收复三京的捷报，高兴劲还没有过去，马上又得到兵败撤军的消息，又恼又怒，下诏将赵葵、全子才、杨义、徐敏子等人全都贬官或撤职，予以惩罚。

宋理宗深悔自己考虑不周，决策仓促，酿成惨败，于是颁布罪己诏，做了自我批评。

端平入洛带来严重后果，蒙古以此为借口，公开向南宋宣战。当然，没有端平入洛，宋、蒙之间的战争也是难以避免的。

窝阔台大举犯南宋

1235 年，蒙古大汗窝阔台以端平入洛事件为借口，下令攻击南宋。窝阔台调集了几十万大军，兵分三路，在东起淮河、西至巴蜀的千里战线上，对南宋发起全面进攻，来势汹汹，战火熊熊。

窝阔台命次子阔端，率西路军攻击巴蜀；命三子阔出，率中路军攻击荆襄；命大将口温不花，率东路军攻击江淮。三路大军齐头并进，各自为战，大有一口吞掉南宋之势。

当时，南宋兵力有限，防御的重点是江淮和荆襄地区，巴蜀因地势险要，防御力量不是太强。窝阔台的如意算盘是，用部分兵力牵制江淮和荆襄的宋军主力，蒙古军主力攻占巴蜀，从背后攻击南宋。因此，西路军的兵力最强。

阔端率西路军从凤州出发，在阳平关遭遇宋军阻击。宋军凭借有利地形，顽强抵抗，造成蒙古军重大伤亡。但宋军人少，兵不过万，苦战一天，阳平关失守，主将曹友闻战死。将军曹万带仅存的五百士兵退入城堡，宁死不降，最后全部壮烈牺牲。

阔端率军进入蜀地，攻打文州。文州守将刘锐拼死抵抗，蒙古军久攻不下，便切断了城中水源。文州在断水情况下，仍然坚守半月之久。最终，蒙古军攻陷城池。阔端恼怒，下令屠城，城中数万百姓惨遭杀害。

巴蜀军民反抗意志十分坚强，可惜兵力不足。蒙古军经过半年多激战，终于占领了成都。不过，巴蜀地形险峻，到处是崇山峻岭，不利于蒙古骑兵作战，更无法越过高山，绕到南宋背后。成都丢失，对南宋整个防御体系影响不大。所以，蒙古军占领成都并没有多大的战略意义。窝阔台大概不熟悉地形，走了一步臭棋。

蒙古军大概也意识到这个问题，占领成都不久，就主动放弃，撤回了陕西。蒙古军临走之前，大肆烧杀抢掠，将成都洗劫一空。之后，蒙古军又几次占领成都，在巴蜀地区屡进屡退，以抢夺财富为主。巴蜀富饶之地，遭受蒙古军极大破坏。

阔出率中路军从唐州、邓州出发，进攻荆襄地区。荆襄地区是南宋防御的重点之一，而且湖泊众多，也不利于蒙古骑兵作战。蒙古军起初士气旺盛，连续攻克郢州、随州、信阳、襄阳等地，但也付出了重大代价。

面对不利局面，宋理宗调整人员部署，任命孟珙为领兵主帅。孟珙出身将门，其曾祖、祖父都是岳飞的部下。孟珙是军事家，智勇双全，成为南宋抗蒙的中流砥柱。在孟珙指挥下，宋军大举反攻，相继收复信阳、郢州、樊城、襄阳等地。蒙古军遭到沉重打击，连领兵主帅阔出也死了。此后，宋、蒙两军在荆襄地区鏖战数年，战况激烈。

口温不花率东路军从唐州出发，攻击江淮地区。蒙古军攻击蕲州、舒州、光州，守将皆弃城逃跑，口温不花兵不血刃占领三州，缴获大批粮草，洋洋得意。口温不花命将察罕去打真州，自己率军继续南进。

真州知州丘岳，胆识过人，很有智谋，他在通往真州的路上，设下三道伏兵。蒙古军骄傲，没有防备，连续遭到伏兵截杀，损失惨重。蒙古军包围真州城，丘岳在城头督战，防守严密，炮石俱发，蒙古军难以接近。到了夜里，丘岳派敢死队出城，袭击蒙古军营寨，焚烧营中帐篷。蒙古军占不到便宜，不得已撤围走了。真州之战大长了南宋军民士气。

口温不花率军攻打复州（今湖北沔阳），宋军以水师三千人迎敌，用船在水面上筑成水栅。蒙古军人多势众，一鼓作气攻破水栅，击溃宋军，夺取了城池。

蒙古军乘胜进攻黄州。黄州兵少将寡，危在旦夕，百姓恐慌。正在这时，孟珙率军来援，军民士气大振，齐声高呼："吾父来矣！"在孟珙指挥下，打响了著名的黄州保卫战。

孟珙首先利用自己的优势，派水军攻击蒙古军。蒙古军不习水战，死伤惨重。孟珙在夜间派出七路突击队，袭击蒙古军营寨，蒙古军猝不及防，军营大乱，相互践踏，死伤无数。

口温不花恼羞成怒，集中全部兵力围攻黄州，并使用火炮轰城，把黄州城墙上的城楼全部炸毁。孟珙临危不乱，组织兵力，冒着炮火及时修补城墙缺口，使蒙古军无法攻上城头。

口温不花又生一计，驱赶士兵冲到城下，在城墙上挖洞。孟珙将计就计，在城墙内侧挖了一个大陷坑，并在城墙里边再筑一道墙。蒙古军在城墙上挖开了一个大洞，异常兴奋，嗷嗷乱叫，蜂拥入城。不料前面还有一道墙挡路，后面的蒙古军不断拥挤进洞，大批士兵被挤入陷坑，宋军用石头檑木猛砸，死者不计其数。经过半年多激战，黄州始终屹立不倒。口温不花无计可施，只好撤围走了。

蒙古军在黄州碰了钉子，又去攻打庐州，不料又遇到硬茬。庐州守将杜杲，文武兼备，有胆有识，他知道蒙古军迟早会来攻城，早早就做好了准备。

杜杲最厉害的一招，是在城头修建了百余座炮楼，每楼安置三门大炮。蒙古军到来，杜杲一声令下，百炮齐发，惊天动地，蒙古军被大炮轰得溃不成军。杜杲早在城中组织好了突击队，乘势杀出，杀声震天，蒙古军胆战心惊，一败涂地。

窝阔台虽然发动三路大军攻宋，但各自为战，没有统一指挥，特别是部署不当，将重兵放在没有战略意义的巴蜀地区，结果激战六年，大小战斗数十次，却没有大的收获，连长江都没有渡过，反而损兵折将。

窝阔台当时已经五十多岁了，当大汗也有十几年。他的人生格言是，做人一半为了成名，一半为了享乐。因此，他没有率军出征，而是留在都城，纵情声色，尽情享受。

1241年，窝阔台彻夜豪饮之后，突然中风，身体瘫痪，口不能言，很快死去，终年五十六岁。

窝阔台死后，蒙古陷入汗位之争，顾不上打南宋了，征宋蒙古军便无功而返。此后，宋、蒙之间有十几年没有发生大的战争，处于平静状态。

然而，在短暂的平静背后，孕育着更大的风暴。蒙哥即位以后，再次大举进犯南宋，战争狼烟又起。

蒙哥汗命丧钓鱼城

蒙古大汗窝阔台死后，先是乃马真皇后称制，再由她的儿子贵由继位。贵由命短，不到两年就死了，由海迷失后称制。蒙古朝廷混乱，顾不上出兵了。

1251年，蒙哥串通宗王大臣，夺得汗位，成为大蒙古国第四任大汗。蒙哥是成吉思汗的孙子、元世祖忽必烈的哥哥，时年四十三岁。蒙哥刚强坚毅，骁勇善战，是个厉害角色。

蒙哥即位以后，首先镇压反对派，处死海迷失后，巩固了自己的统治，然后四面出兵，对外扩张。蒙哥命弟弟忽必烈率军攻打大理，经过两年奋战，灭掉了大理国。

蒙哥又命六弟旭烈兀，率十万大军西征。蒙古军所向披靡，先后占领阿拉伯帝国首都巴格达，灭掉阿拔斯王朝，攻占大马士革。后来，因蒙古内乱，旭烈兀在西亚建立伊利汗国，自立为帝。

1257年，蒙哥决定发动大规模对宋战争，企图一举灭掉南宋，统一天下。蒙哥仍然采用窝阔台的战略，命忽必烈率军攻击鄂州和两淮，牵制宋军主力；命大将兀良合台从大理出兵，经广西北上，夹击南宋；蒙哥则亲率主力攻击蜀地，并做好各种准备，企图攻占蜀地后走水路，顺江东下，直捣杭州。

1258年秋，蒙哥率大军分三路入蜀，声势浩大。宋军在蜀地兵力不多，蒙古军一路攻关夺隘，进展顺利，很快来到钓鱼城下。

钓鱼城在今重庆市合川区城东五公里的钓鱼山上，山势突兀耸立，山下嘉陵江、渠江、涪江三江汇流，地势十分险峻。钓鱼城分内城、外城，周长十余里，建筑数丈高的石墙，三面环水，一面是悬崖峭壁。城内有充足水源和大片良田，具备长期坚守的条件。钓鱼城扼守要道，蒙古军要想南进，必须先攻占钓鱼城。

钓鱼城守将叫王坚，王坚是孟珙的得力部将，忠勇双全。蒙古军到达钓鱼城后，倚仗军威，派使者招降。王坚召集军民，当众斩杀使者，表明誓死守城之决心。军民士气大振。

蒙哥知道钓鱼城易守难攻，首先攻占了钓鱼城周围的城池，还封锁江面，使钓鱼城孤立无援。

1259年二月，蒙哥做好了一切准备，下令攻城。蒙古军潮水般地涌向钓鱼城，但地形不利，兵力施展不开，城上万箭齐发，檑木滚石纷纷砸下，蒙古军死伤一片。

蒙哥改变方法，采取人海战术，不计伤亡，打算重点突破，先后集中兵力攻打东新门、奇胜门、镇西门、小堡等处，均遭失败。钓鱼城就像铜墙铁壁一般，牢不可破。

蒙古军连续攻城两个多月，没有任何进展，白白丢下一片尸体。宋理宗听说钓鱼城苦战，令四川制置副使吕文德率战舰千艘，从水路前去救援，却被蒙古军击退。宋理宗只好颁发诏书，嘉奖守城将士，给予精神鼓励。宋军受此激励，斗志更加旺盛。

四月份以后，南方进入雨季，大雨如注，连下二十多天，江水暴涨，蒙古军攻城更加困难。到了七月，进入酷暑季节，蒙古军怕热，不服水土，军中疾病流行，情况相当糟糕，但蒙哥仍不肯退兵。

钓鱼城被围数月，城中依然物资充裕，将士们斗志昂扬。有一天，城中抛下两条十多斤重的大鱼和百余张面饼，并投书说，城中准备充分，即使再守十年，也不成问题，只等蒙古军前来送死。蒙哥大怒，发誓一定要攻破钓鱼城。

钓鱼城久攻不下，有些蒙古军将领建议，留部分兵力继续围城，主力则去与忽必烈军会师，从其他方向攻宋。这应该是一个不错的建议，可是，这样会打乱蒙哥原先制定的战略部署，再加上蒙哥好面子，觉得征战半生，从未有过如此败绩，所以坚决不肯撤兵。

蒙哥有些疯狂了，他令将领们带头冲锋，非要拿下钓鱼城不可。前锋元帅汪德臣身先士卒，一马当先，却被一箭射死。蒙哥红了眼睛，亲自上了战场，挥刀督战，不料也命丧钓鱼城下。

蒙哥是怎么死的，史书记载不一。有的说他被飞石击伤身亡，有的说他被乱箭射死，有的则说他得了疟疾，染病而死。

蒙哥怎么死的并不重要，重要的是，蒙古大汗死于战场，造成了严重后果。蒙哥死后，围攻钓鱼城的蒙古军立即撤军，护送蒙哥灵柩返回北方。忽必烈率领的蒙古军，本来进展顺利，已经突破长江天险，包围了鄂州，听说蒙哥丧命，也匆忙撤军，急着回北方抢夺汗位去了。从大理出发的蒙古军，已经到达长沙，也不得不渡江北返。蒙哥之死，直接导致蒙古军攻宋半途而废，使得南宋又延续二十年。

钓鱼城之战的影响还不止于此，正在西征的旭烈兀，听到蒙哥死讯，不得不停止了军事行动，使蒙古对西方的大规模扩张行动从此进入低潮。因此，钓鱼城之战的影响，已经超出中国范围，在世界史上也占有重要一页。

后来，在忽必烈发动的灭宋战争中，蒙古军又多次攻打钓鱼城，均未成功。钓鱼城在抗蒙斗争中，整整坚守了三十六年，真是一座英雄之城！

1279 年，南宋已经灭亡，忽必烈的元朝统一了天下。忽必烈派人到钓鱼城劝降，承诺保证不伤害一人。此时，王坚已经病逝，主将王立弃城归顺了元朝。可是，仍有三十多名将军不愿投降，集体拔剑自刎，以死报效南宋，谱写了一曲壮烈的悲歌。

面对外族入侵，南宋军民表现出令人敬佩的爱国精神，反抗意志十分坚强，致使蒙古军两次大规模进犯均以失败告终。

弱智皇帝宋度宗

1264年十月，当了四十一年皇帝的宋理宗病逝，享年六十岁。

宋理宗出自平民，他在任期间，推行端平更化，革新吏治，联蒙灭金，又两次抵御蒙古军大规模进攻，虽然有迷恋声色和宠信奸佞等问题，但总体上还是有作为的。宋理宗竭尽心力，苦苦支撑着风雨飘摇的南宋江山。

遗憾的是，宋理宗没有儿子，他曾经生了几个男孩，可惜全都早夭。宋理宗年过半百以后，仍然没有儿子，只得收个养子，以便继承皇位。

宋理宗首先考虑与自己血缘关系最近的人，他只有一个弟弟，名叫赵与芮。赵与芮仅有一个儿子，名叫赵禥。赵禥的母亲叫黄定喜，是赵与芮的小妾。黄定喜出身微贱，常受正房夫人欺负。

有一次，正房夫人发现黄定喜怀孕了，妒性大发，逼着她服药打胎。正房夫人自己生不出孩子，也不许别人生。黄定喜不敢违背，含泪吞下堕胎药。不料，堕胎药没起作用，孩子还是生下来了，而且是个男婴。因为他是唯一的男孩，全府上下视如珍宝，宋理宗也很高兴。

不过，由于中了堕胎药之毒，赵禥天生体弱，手脚发软，很晚才会走路，七岁才会说话，而且智力低下，呆头呆脑，明显比其他孩子差。尽管如此，宋理宗别无选择，只得收他为养子。

赵禥长大以后，仍然不太正常。宋理宗让御医给他治疗，始终不见效果；为他配备良师，精心教导，也不能使他开窍。赵禥愚笨，什么都学不会，常把宋理宗气得发昏。

许多大臣认为，如果让赵禥做继承人，实在是南宋的不幸。大臣吴潜耿直，直接上书，建议另选其他宗室子弟。可是，宋理宗与其他宗室血缘关系都很远，舍不得让皇位再落入他家之手，心里很不愿意。

大臣贾似道善于溜须拍马，他姐姐又是宋理宗的贵妃，因而很受宠信。贾似道看穿了宋理宗的心思，极力主张立赵禥为太子。宋理宗很高兴，对贾似道青睐有加，而把吴潜贬出朝廷。

1260 年，已经二十岁的赵禥终于被立为皇太子，明确了他继承人的身份。宋理宗对赵禥管教甚严，希望他能把南宋朝廷支撑下去。赵禥每天鸡鸣即起，先背诵诗文，再参加早朝，学习处理国家政事。散朝之后，随即进入讲堂，听老师讲授经史，每天没有一点空闲。

到了晚上，宋理宗还要亲自出题考他，题目虽然简单，可赵禥常常答得驴唇不对马嘴，气得宋理宗经常责打他。赵禥整日紧张兮兮，疲惫不堪，宋理宗也觉得很累。

1264 年，宋理宗很不放心地离开了人间，赵禥继位当了皇帝，是为宋度宗。贾似道升为宰相，加封太师，主理朝政。

宋度宗没人管了，顿时松了一口气。他孱弱无能，智商很低，不会治国理政，便把朝政事务统统交给贾似道，自己天天在后宫宴饮，吃喝玩乐，感觉快活极了。

贾似道是历史上有名的奸臣，他见皇帝昏庸弱智，便专权跋扈，为所欲为。贾似道对付宋度宗最厉害的一招，是时常拿辞官要挟。宋度宗一听说他要辞官，就吓得手足无措，苦苦挽留，甚至跪在地上，流着泪求他。贾似道看着这个傻皇帝，心里十分痛快和得意。

有一次，宋度宗去参加一个典礼活动，忽然下起了大雨。陪同宋度宗的官员叫胡显祖，胡显祖是胡贵妃的父亲。胡显祖见大雨倾盆，典礼活动搞不成了，就要宋度宗回宫。宋度宗不敢，说要先问贾似道。胡显祖哄骗他说，贾似道已经同意了，宋度宗这才回宫。

这本来是一件小事，贾似道却勃然大怒，说："没经过我同意，皇上就回去了，这官没法当了。"贾似道提出辞官，并装模作样地要离开京城。宋度宗大惊，跪拜苦求了好几天，贾似道仍不肯答应。最后，宋度宗只好按照贾似道的要求，免去胡显祖官职，废黜胡贵妃，把她送到寺院做尼姑，贾似道这才满意了。

宋度宗弱智，身体也不好，但纵情声色。按照当时宫中规定，晚上侍寝的嫔妃宫女，次日早晨要到合门感谢皇帝的宠幸之恩，以便于主管太监记录下被宠幸女子的姓名和日期。有一次，主管太监惊讶地发现，前来谢恩的女人竟有三十多人。

宋度宗当了十年皇帝，在此期间，忽必烈做了蒙古大汗，不久将国号改为"大元"，登基称帝。此后，宋蒙战争也叫宋元战争。

忽必烈雄才大略，立志统一天下，继续攻击南宋，派兵包围了襄阳，南宋处于危险之中。宋度宗对此毫不关心，甚至襄阳被围三年之后，他才知道。南宋有如此皇帝，不灭亡才怪。

1274年，宋度宗病死，时年三十五岁，正值壮年。儿子赵显继位，年仅四岁。权臣贾似道更加无所顾忌，恣意妄为了。

蟋蟀宰相贾似道

南宋国难当头，皇帝弱智，不会理政，偏偏权臣也不务正业，荒废政务。贾似道有一个特别的嗜好，喜欢斗蟋蟀，还撰写了研究蟋蟀的专著，被人称为蟋蟀宰相。

贾似道，台州天台（今浙江天台）人，出身官宦世家，是西汉名人贾谊的后代。贾似道的父亲叫贾涉，是抗金名将，为人忠义，受到朝廷重用，可惜死得早。儿子贾似道与父亲截然不同。

贾似道的生母姓胡，是贾涉的小妾，母子俩在家族中地位不高。贾似道十一岁时，父亲死了，无人管教，他便与社会上的混混搞在一起，整日游手好闲，不干正事。后来，贾似道的姐姐成了宋理宗的贵妃，他就更加有恃无恐，经常寻衅滋事。

有一次，贾似道带着几个狐朋狗友，到一家果园偷盗，被主人抓住，送到官府。主审官员下令，每人责打三十棍，以示惩罚。其他人被打得鬼哭狼嚎，贾似道吓得胆战心惊。

贾似道忽然想起了姐姐，好像抓住了一根救命稻草。当轮到他挨打时，贾似道壮着胆子说："我姐姐是当今皇帝的贵妃，我是国舅爷，你怎敢打我？"

官员吃了一惊，派人查询，果然是真的。官员不仅免了他的棍刑，还请他吃了一顿丰盛的宴席。

贾贵妃听说了此事，给弟弟写信，劝他好好读书，走科举之路，光宗耀祖。贾似道也意识到官职的重要，表示痛改前非，刻苦学习，争取出人头地。

贾似道二十六岁时，终于考中进士，步入仕途。由于宋理宗的关系，贾似道仕途顺畅，不久入朝当了太常丞。贾似道善于逢迎，能说会道，宋理宗很喜欢他。

贾似道做了朝廷官员，又得到皇帝宠信，扬扬自得，身上的不良习气又显露出来，举止毫不检点，经常携带歌伎，彻夜游湖玩乐。贾似道对自己的不雅行为并不掩饰，很多人都知道。

有一次，宋理宗登高远望，见西湖上灯火通明，歌声嘹亮，很是不悦，问是谁在寻欢作乐。随从回答："可能是贾似道。"宋理宗第二天派人查实，果然是他。宋理宗很生气，把贾似道派到澧州（今湖南澧县）磨炼。

贾似道受此挫折，收敛了不少，但终因是国戚，六年之后，贾似道重新入朝做官，担任户部侍郎。他经过几年磨炼，已经相当成熟和圆滑，事事顺从宋理宗心意，因而官运亨通，先后担任宝文阁学士、同知枢密院事、参知政事等要职。

蒙哥大举进犯南宋的时候，忽必烈奉命攻击鄂州。宋理宗命贾似道统领各军，指挥鄂州之战。贾似道到达前线后，调兵遣将，组织鄂州保卫战，确实取得一些战绩。

恰在这时，蒙哥死于战场，贾似道看准机会，与忽必烈议和。忽必烈急于回去抢权，顺水推舟，撤军走了。贾似道取得鄂州保卫战"大捷"凯旋。宋理宗很高兴，对贾似道大加赞扬，升任他为少师，封为卫国公。

贾似道积极拥立宋度宗，取悦了宋理宗，更加得到信任。宋度宗登基以后，贾似道升为宰相，加封太师，把持了朝政。

皇帝弱智，贾似道手握大权，实际上控制了朝廷，他的奸佞本性便暴露无遗。贾似道把宋度宗玩弄于股掌之上，大小事务全由自己决断。贾似道爱玩，不愿天天上朝，便哄骗宋度宗下诏，让他六天才上朝一次，后来改为十天。贾似道在朝廷的地位，几乎与皇帝一样。

贾似道权倾朝野，一手遮天，任意改变法令，横征暴敛，抢夺民财。浙西价值千缗的良田，贾似道只用四十缗，就强行买下，造成六郡百姓很多人倾家荡产。贾似道还制造银关，印文如"贾"字状。银关流行，导致纸币贬值，物价上涨，民不聊生，怨声载道。

贾似道的恣意妄为，引起许多大臣不满，贾似道对反对他的官员，任意罢免和流放。文天祥、吴潜、陈文龙、陆达、谢章等一批贤臣，都遭到贾似道迫害，有的被迫害致死，有的罢官后终生不再录用。一时间，朝廷的贤臣良将和正人君子，几乎被贾似道排斥殆尽。

贾似道特别猜忌领兵将领，担心他们会威胁自己的地位，接连害死了名将向士璧、曹世雄等人，连建立功勋的钓鱼城主将王坚，也遭到贾似道嫉妒和排斥，致使王坚郁愤而逝。贾似道的做法，等于自毁长城，有些宋将愤而归顺元朝。

有一次，忽必烈问宋将为何投降，宋将们异口同声说："贾似道专权误国，迫害武官，不得已归顺新朝。"忽必烈高兴地说："贾似道帮了朕的大忙。"

贾似道排挤忠良，重用小人，收受贿赂，卖官鬻爵。一些奸佞之人投机钻营，贪污受贿之风盛行，朝政一片混乱。

面对元军的进攻，贾似道不是积极抵御，而是千方百计求和，赢得时间苟且偷安。襄阳被围已经三年，贾似道封锁消息，不让皇帝知道。有个宫女忍不住告诉了宋度宗，贾似道大怒，立刻把她杀了。

在襄阳被围的紧急情况下，贾似道照常修建楼台亭榭，照样每天召宫女、妓女甚至尼姑淫乱，还与赌友赌博，尽情享乐，过着醉生梦死的生活。

贾似道酷爱宝玩，听说余玠（宋蒙战争时巴蜀守将，屡次击退蒙古进攻）有一条珍贵玉带，便去索要，不料余玠已经死了，玉带做了殉葬品。贾似道派人掘开余玠坟墓，从死人身上抢走了玉带。

贾似道喜欢游山玩水，经常在西湖上置酒欢宴，听歌观舞。因此，当时流传一句话："朝中无宰相，湖上有平章。"

贾似道特别喜欢斗蟋蟀，每天都要观看，乐此不疲。有一天，有个人来见贾似道，见他正和一群美女围在一起，津津有味地观看斗蟋蟀。那人忍不住嘲笑他说："这就是平章的军国大事吧？"

贾似道对斗蟋蟀入了迷，进行了精心研究，写出了《促织经》一书，这是世界上第一部研究蟋蟀的专著。《促织经》共两卷，分论形、论色、论养、论斗、论病等多个章节，内容十分详尽，花费了贾似道大量心血。如果贾似道把心思用在抗元大事上，南宋不至于迅速灭亡。

《宋史》把贾似道列入《奸臣传》，是不冤枉他的。不过，贾似道并非一无是处，他有一定的管理才能，也推行过一些改革措施，提倡公田法，阻止富人囤积粮食。

另外，贾似道有些才华，能写善画，还是著名艺术鉴赏家。他组织一批艺术人才，临摹了王羲之等许多名人的书法绘画，流传后世，促进了文化发展。

在襄阳被围期间，许多大臣建议，由贾似道亲自率军出征，以解襄阳之围。贾似道始终不肯亲征，只是调集了一些援军，但收效甚微。襄阳军民苦战六年之后，终于被元军攻占城池。

襄阳丢失，南宋门户大开，元军乘势东进，南宋危在旦夕。举国上下，纷纷要求贾似道亲征出战。在舆论压力下，贾似道万不得已，率十三万大军、二千五百艘战船抵御元军，结果在丁家洲之战中几乎全军覆没，元军直逼杭州。

此时，南宋灭亡已经不可避免，朝野震动，舆论哗然。人们普遍认为，这危局是贾似道造成的，纷纷要求杀贾以谢天下。贾似道声名狼藉，众叛亲离。在强大的压力下，谢太皇太后下诏，免去贾似道职务，将他流放广东一带。

这样处置，仍不能平民愤，要求处死贾似道的呼声甚高。有个叫郑虎臣的县尉，主动要求押解贾似道去广东。郑虎臣心中充满了对贾似道的愤慨，打算在半路上结果他的性命。

1275年，郑虎臣押解贾似道上路，走到漳州木棉庵时，郑虎臣几次暗示贾似道，让他自杀，贾似道却不肯。郑虎臣大怒，厉声呵斥："你这个害国奸贼，自杀便宜你了，现在我要为天下除害。"说着，把贾似道拖到外边，一刀砍掉了他的脑袋。贾似道死时六十三岁。

贾似道死后，人们拍手称快。三百多年后，明朝抗倭名将俞大猷经过木棉庵，仍然感念郑虎臣的义举，立下石碑，亲书"宋郑虎臣诛贾似道于此"。

贾似道与秦桧一样，遗臭万年了。

巍然屹立襄阳城

　　襄阳，一座铁打的城市、英雄的城市。在宋元战争中，襄阳军民不畏强敌，奋起反抗，同仇敌忾，坚守城池达六年之久，谱写了气壮山河的壮丽篇章。

　　1260 年，忽必烈当上蒙古大汗。忽必烈是个雄才大略的英雄人物，大蒙古国分裂以后，他建立元朝，登基称帝，并将都城迁至燕京，意图统一天下。

　　由于窝阔台、蒙哥两次大规模犯宋均遭失败，蒙哥死于战场，这对蒙古灭宋的信心打击很大，暂时不想南下了。如果形势就此发展，有可能会形成宋元长期对峙的局面，就像宋金对峙那样。可是，一个南宋降将的出现，却改变了形势发展的轨迹。

　　这个南宋降将，名叫刘整。刘整是南宋名将，是孟珙手下得力大将。他有勇有谋，屡立战功，军中号称"赛存孝"，比喻他赛过五代时期第一勇将李存孝。然而，这样一位难得的将领，却不能为南宋朝廷所用，反而受到迫害打击。刘整为了一己私愤，不顾民族大义，愤而北上投降了蒙古。

　　忽必烈与以往的蒙古大汗不同，他精通并崇尚汉文化，特别重视招降南宋将领。忽必烈听说刘整来降，十分高兴，亲自接见，并询问南宋情况。

　　刘整把南宋的颓败情景和盘托出，说皇帝弱智，奸臣当道，朝政混乱，人心离散，力劝忽必烈伐宋。忽必烈听了大喜，遂下定了吞并南宋之决心。

　　刘整还向忽必烈献计说："过去蒙古军三路伐宋，并不是好办法。

巴蜀山高路险，江淮水网交织，均不利于骑兵纵横，而应该集中兵力，突破中路。襄阳位于宋军千里防线的中部，就像长蛇的软中腹，占据襄阳，可将长蛇截为两段，宋朝门户大开，蒙古大军便可长驱直入。不过，攻击襄阳，需要有强大的水军。"

忽必烈大喜过望，完全采纳了刘整的建议，封刘整高官，并让他主持组建和训练水军。刘整死心塌地为蒙古效力，建立了一支强有力的水军，在襄阳之战中发挥了重要作用，后来在崖山海战中大破南宋水军，灭亡了南宋。刘整是蒙古水军的重要创始人。

1267年，忽必烈做好了一切准备，任命蒙古大将阿术为主帅、刘整为副帅，率领十万大军，攻击襄阳，襄阳之战拉开序幕。

襄阳有七省通衢之称，战略位置十分重要，历来是兵家必争之地。襄阳城有岘山、汉江两道天然屏障，有高大坚固的城墙和宽阔的护城河，并与樊城隔江相望，互为掎角，地势险峻，易守难攻。

宋军指挥襄阳之战的，是吕文德、吕文焕兄弟，一说为堂兄弟。吕文德出身平民，早年被赵葵收入麾下，征战三十多年，屡立战功，此时担任京湖制置使，总管襄樊一带防务。吕文焕是京湖制置副使兼襄阳知府，直接指挥襄阳保卫战。

在对襄阳开战之前，刘整耍了个阴谋，他向吕文德行贿，要求在襄阳城外设立集市，并以保护货物为名，建筑城堡。由于宋蒙几年没有战事，吕文德麻痹，竟然同意了。这样，刘整以集市为掩护，使大批伪装的蒙古军士兵轻易渡过汉江，聚集在襄阳城下。

部署妥当以后，蒙古军突然向襄阳城发动猛攻。吕文焕在襄阳城经营多年，准备充分，奋起抵御，多次击退蒙古军进攻。蒙古军以集市为名，已在襄阳城下建筑多个城堡，储备了大量兵器粮草，因而并不退兵，而是与襄阳城对峙。吕文焕见蒙古军城堡是个隐患，几次出城攻击，但没有成功。

吕文德见蒙古军攻击襄阳，令各路宋军前来支援。刘整见襄阳城坚固难攻，心生一计，采取了围点打援战术。蒙古军由部分兵力围困襄阳，而集中兵力攻击援军。在襄阳之战中，南宋朝廷先后派来十几批水陆援军，均被蒙古军击退，有的被歼灭。

在襄樊一带，宋蒙双方投入了大量兵力鏖战，所以，襄阳之战不是单纯的攻城和防守，而是宋蒙之间的大决战。此时，南宋名将孟珙、杜杲等人已经病逝，宋军再无良将了。宋军本来具有水军优势，但蒙古军也有了强大水军，因而在水战中也不占上风。经过数十次激战，宋军遭受重大损失，实力大减，也无援兵可派了。

1270 年，吕文德不幸病故。吕文德是襄阳之战的主帅，在军中有着很高的威望，他的离世，是宋军的重大损失，造成了很大的消极影响。

吕文焕强忍悲痛，继承兄长遗志，在没有援军的困难处境下，带领军民顽强抗敌，坚守襄阳城。蒙古军不间断地向襄阳城发动进攻，城上城下一片火海。襄阳军民同仇敌忾，前仆后继，浴血奋战，襄阳城屹立不倒。

襄阳长期被围，粮草断绝，物资匮乏。四川制置使夏贵，率五万军队、三千艘战船，两次援救襄阳，将大批物资送入襄阳城中，暂时解了燃眉之急。张顺、张贵两位将军，率军冲破重围，进入襄阳城，增加了守城力量。张贵在战斗中重伤被俘，宁死不屈，以身殉国。

1271 年，忽必烈建立元朝。

1273 年，襄阳城已经坚守六年之久，军民疲惫不堪，伤亡严重，城中粮食已尽，无法坚持了。

元军发起了总攻，首先集中兵力，攻打相对薄弱的樊城，又调来大炮，向城中猛轰。樊城守将范天顺在城头来回奔跑督战，声嘶力竭。元军用大炮轰倒城墙，蜂拥入城。

范天顺作最后拼争，指挥部队巷战，士兵伤亡殆尽。范天顺向杭州方向磕了几个头，自缢身亡。

部将牛富率百余名士兵巷战拼杀，最后只剩下他一人。元军将他包围，喝令他投降。牛富大叫一声："来世再报效国家！"纵身跳入熊熊烈火之中。元军对樊城军民的顽强反抗十分恼怒，下令屠城，城中百姓全遭杀害。

樊城一失，襄阳难保，军民士气也受到很大影响。元军派人招降，并威胁说，如不投降，必将屠城。吕文焕为保全城中百姓，不得已含泪投降，襄阳之战落下帷幕。襄阳城虽然失落，但经历了六年战火洗礼，仍然不损英雄之名。

襄阳是南宋的西大门，元军占领襄阳以后，长驱直入，三年后攻克杭州，六年后灭亡南宋。

刘整是攻占襄阳、灭掉南宋的第一功臣，得到元朝重用，官至骠骑卫上将军、行中书左丞，六十三岁病逝。

一片丹心文天祥

　　在宋元战争中，文天祥视死如归，大义凛然，用生命谱写了"人生自古谁无死，留取丹心照汗青"的千古绝唱，激励着无数中华儿女报效国家。

　　文天祥，吉州吉水（今江西吉安）人。《宋史》说，他长得相貌堂堂，身材魁伟，皮肤白美如玉，眉清目秀，两眼炯炯有神，是个美男子。

　　文天祥从小就有忠义之心。他在孩童时，看见乡里祭祀欧阳修、杨邦义、胡铨的画像，谥号都为"忠"，羡慕不已，说："如果不能成为其中一员，就不算男子汉。"

　　文天祥二十岁时，参加科举考试，以法天不息为题作策论。文天祥不打草稿，一气呵成，足有一万多字。主考官王应麟见试卷不同寻常，上奏宋理宗说："这个试卷以古鉴今，忠心义胆犹如铁石，是个不可多得的人才。"宋理宗阅后大加赞赏，钦点文天祥为第一名。

　　文天祥入仕做官，开始施展胸中抱负。文天祥为人正直，才华横溢，宋理宗很器重他，很快擢升他为刑部侍郎。不料，宋理宗死后，贾似道专权，朝政一片混乱。文天祥看不惯贾似道的作风，屡次谏言。贾似道恼怒，将文天祥贬出朝廷，到地方任职。

　　文天祥在任荆湖南路刑狱期间，遇到退休的老宰相江万里。江万里与文天祥交谈以后，被他的才华和气节折服，很高兴地鼓励他说："我阅人无数，能够拯救国家的，只有你了。希望你发奋努力，担负重任。"过了一会儿，江万里又叹口气，神色忧伤地说："如果朝廷不能重用你，那将是国家的莫大不幸。"

1273 年，坚守六年的襄阳城被元军占领。元朝大军迅速东进，直扑杭州，途中又消灭了贾似道率领的十几万宋军，宋军主力损失殆尽。朝廷惊慌，急令各地兵马勤王，保卫杭州。

文天祥时任赣州知府，接到诏令，痛哭流涕，决定奔赴国难。可是，赣州兵力很少，文天祥散尽全部家产，招募士兵，聚集万人。有朋友劝他说："以您这万余乌合之众，对抗数十万元军，无异于羊入虎口。"

文天祥凛然回答："国家有难，做臣子的自当舍身报国，尽管自不量力，也绝不能贪生怕死，无所作为。如果我战死了，起码能给别人做个榜样。"

文天祥率军日夜兼程，到达平江（今苏州）。听说元军正在攻打常州，文天祥令手下将领麻士龙、尹玉等人领兵救援。结果，麻士龙战死，部队溃散。尹玉很有骨气，决心以身殉国，他收拢起五百勇士，与元军拼杀。尹玉和五百勇士全部战死沙场，却不肯后退一步。

常州知府姚訔、通判陈炤，面对几十万元军，明知不敌，也奋起反抗，坚守数日，终因寡不敌众，被元军攻破城池。陈炤巷战而死，姚訔纵火自焚。元军在常州进行大屠杀，数万百姓遇难。

文天祥到了杭州，可是，各地勤王的兵马不多，前来的官员也寥寥无几。其实，这怪不得地方官员，宋朝历来崇文抑武，不允许地方官员掌握兵权，如今国家有难，地方官员也是束手无策。

元军攻占常州以后，继续南下，又占领平江，势如破竹，即将兵临杭州城下。杭州城内，人心惶惶，大批官员和民众蜂拥争相出逃。

谢太皇太后带着七岁的小皇帝赵显，紧急上朝，召集大臣商议对策。可是，朝臣只来了六个人，其他的都跑光了。

谢太皇太后见状，万念俱灰，大放悲声，边哭边骂："我大宋建国三百年来，从来都是礼待士大夫，不曾亏待读书人。你们平时熟读圣贤之书，满口忠孝仁义，如今国家有难，却贪生怕死。如此作为，生有何面目见人，死有何颜面见先帝？"谢太皇太后骂得痛快淋漓，但又有什么用呢？

元朝大军包围了杭州城，谢太皇太后毫无办法，临时任命文天祥为右丞相兼枢密使，与元军谈判。此时，南宋已没有任何力量，所谓谈判，只能是投降。文天祥本不想去，但君命不可违，只好勉为其难。果然，文天祥到元营后，便被无理扣押，所幸文天祥后来逃了出来。

谢太皇太后无奈，只好携小皇帝向元军投降，南宋实际上灭亡了。忽必烈对二人给予优待，谢太皇太后活到七十三岁，赵显活到五十二岁，还算比较幸运。

历史有惊人的相似。当年赵匡胤从后周孤儿寡母中夺得江山，今日又从孤儿寡母手里失去江山。后人有诗叹道："忆昔陈桥兵变时，欺他寡妇与孤儿。谁知三百余年后，寡妇孤儿又被欺。"

在元军包围杭州之前，一些大臣见局势不可逆转，带着宋度宗另外两个幼子逃了出去，为赵氏保留了一丝血脉。后来，坚决抗元的将领张世杰、陆秀夫率部聚集，文天祥从元营逃出后也赶了过来。文天祥、张世杰、陆秀夫皆是忠肝义胆之人，被誉为"宋末三杰"。

文天祥等人在福州拥立七岁的赵昰为帝，延续南宋政权，继续与元军对抗。赵昰不久病死，他的弟弟赵昺继位。这样，宋度宗的三个幼子赵显、赵昰、赵昺先后为帝，被称为"宋末三幼帝"。

元军占领杭州以后，继续向南进军，占领了南方大部分地区。其中，元将张弘范率领的一支军队最为凶悍，对南宋残余势力穷追猛打。张弘范也是汉族人，不过，从他父亲那一代起，就投降了蒙古。张弘范长大以后，成为蒙古军中为数不多的文武双全的将领，被封为镇国大将军。

1278 年，文天祥在战斗中兵败，不幸被张弘范的士兵抓住。文天祥一心求死，吞服了冰片，但没有死成。

张弘范听说过文天祥的名声，佩服他的气节，令人把他押至潮州相见。文天祥见到张弘范，元兵喝令他跪拜，文天祥却昂扬而立。张弘范没有计较，反而向文天祥施礼。文天祥横目冷对，并不接受。

张弘范劝文天祥投降，文天祥冷笑一声，说："国亡不能救，做臣子的已有大罪，难道还能苟且偷生、为人不齿吗？"

张弘范拿来纸笔，让文天祥写信招降张世杰等人。文天祥却挥笔写下了著名的《过零丁洋》一诗，留下了"人生自古谁无死，留取丹心照汗青"的千古名句。张弘范见了诗，连声说写得好，笑着把它收藏起来。

张弘范见文天祥不肯屈服，派人把他送到京师。文天祥打算绝食而死，在路上八天没有吃饭，但仍然没有死成。

忽必烈是个胸怀天下的皇帝，他占领江南以后，四处寻找贤能的南宋官员，以便为己所用。有人说："论贤能，宋人中没有人比得上文天祥。"忽必烈写了诏书，封文天祥高官，派人去劝降。文天祥根本不予理睬。

忽必烈为文天祥安排了最好的馆舍，陈设豪华，并派专人殷勤服侍。文天祥不为所动，不睡在奢华的床上，而睡在地上。忽必烈命投降过来的南宋官员轮番去劝降，无一例外遭到文天祥严词痛斥，一个个羞愧而回。

文天祥的妻子和两个女儿也被元军抓去，收在宫中为奴。忽必烈告诉文天祥，只要他肯归顺，家人马上就能团聚，而且会过上富贵生活。文天祥含泪说："谁无妻子儿女？亲人受难，我痛割肠胃。可是，儿女之情，比不上国家大义，我宁可负妻儿，决不负国家。"

文天祥被俘的第二年，南宋就在崖山海战中彻底灭亡了，之后他又被囚禁三年。在此期间，忽必烈用尽各种办法，都不能使他屈服。文天祥心如磐石，志如铁坚，始终不向忽必烈低头。忽必烈百思不得其解，问文天祥："宋已灭亡多年，你还为谁守节呢？"

文天祥铿锵回答："国亡臣死，乃忠义之理！宋朝已亡，我心亦死，如今之愿，唯有一死，报效国家。"

忽必烈敬佩文天祥高尚的气节，打算放了他。手下人却说："如果放了文天祥，他必定会聚众作乱，是个很大的隐患。"当时，确实有人想武力救出文天祥。忽必烈觉得有理，终于下诏，要处死文天祥。

至元十九年十二月乙未（1283 年 1 月 9 日），文天祥面色平静地走向刑场。监斩官问他："你还有什么愿望？"文天祥说："我的愿望就是以死报国，如今愿望满足了，死而无憾。"

文天祥问监斩官："哪儿是南方？"文天祥面向南方，郑重地行跪拜之礼，然后从容赴死，年仅四十七岁。文天祥刚死，忽必烈的圣旨到了，制止行刑，可惜晚了一步。

文天祥死后，妻子欧阳氏为他收尸，见文天祥面色安详，如同生者一般。欧阳氏发现了文天祥写在衣服上的绝命诗："孔曰成仁，孟曰成义，唯其义尽，所以仁至。读圣贤书，所学何事？而今而后，庶几无愧。"

崖山海战，元灭南宋

在宋元战争中，崖山海战是最惨烈的一幕。南宋残余势力被全部消灭，十余万军民葬身大海，陆秀夫背负幼帝跳海自尽，南宋彻底灭亡。

崖山海战是宋元双方最后的决战，然而，双方的指挥官却都是汉族人，并且都姓张。元军的主将叫张弘范，宋军的主将叫张世杰，这真让人不胜唏嘘。

张世杰，涿州范阳（今河北范阳）人，性情刚毅，忠义双全。他是名将吕文德的部下，作战勇猛，征战四方，屡立战功，官至制置副使兼保康军节度使，奉命驻守鄂州。

持续六年的襄阳之战结束后，元军迅速东进，攻破长江防线，占领了南宋都城杭州，谢太皇太后和小皇帝赵㬎投降。所幸一些大臣保护两个皇子逃了出去，给人们带来一丝希望。

张世杰闻讯，大哭一场，随即率部追寻而去，在温州与皇子相会。文天祥、陆秀夫等一些大臣和将领，也先后聚集。一伙人继续南下，到达福州。

1276年五月，文天祥、张世杰、陆秀夫等人拥立赵昰为帝，延续宋朝。流散各地的南宋官员、将士和一些民众，纷纷向福州会集，形成了南宋残余势力，继续与元军对抗。忽必烈命元军穷追猛打，务必彻底灭掉南宋。

1277年，元军攻占福州。文天祥与张世杰商议，由张世杰率领水军，保护皇帝入海躲避；文天祥率一部分兵力，留在陆地牵制敌人。不久，文天祥兵败被俘，宁死不屈，几年后英勇就义。

张世杰带领水军和大部分人员，乘坐一千多艘大船，在沿海一带活动，先后到达广州、雷州、泉州等地。在此期间，小皇帝赵昰病死，他的弟弟赵昺继位。

这个时候，忽必烈建立的元朝统一了天下，南宋残余势力已经穷途末路了，许多人逃散而去，张世杰却意志坚强，毫不动摇。有个部下劝他投降元军，张世杰大怒，下令割掉了他的舌头。

1279 年初，张世杰率众到达崖山。崖山位于广东江门市南百余里的崖门镇，当时是个出海口。此地东有崖山，西有汤瓶山，两山之脉向南延伸入海，犹如一半掩的门，故称崖门。

不久，元军张弘范的部队尾随而至，将南宋军民包围起来。张弘范祖籍南阳，后迁至河北保定。他的父亲叫张柔，原是金国将领，后投降蒙古军，被封为安肃公。张弘范在蒙古人的统治下出生并长大，加入蒙古军队，屡立战功，被封为镇国大将军。

《元史》说，张弘范长须拂胸，风度翩翩，能诗善文，骑射精良，既有汉儒的风采，又有蒙古人的勇武。在元朝灭宋战争中，张弘范一直充当先锋，立下汗马功劳。他消灭了文天祥的部队，俘虏了文天祥，然后穷追不舍，把张世杰逼到崖山，即将展开最后的决战。

张世杰已经走投无路了，他决心做最后的抗争，以死报国。张世杰下令，将陆地上的房屋、营寨全部烧毁，大有破釜沉舟之意。此时，南宋军民尚有十万之众，不过，兵力只有数万，其他多数是朝廷官员、随军家属和自愿跟随的民众。南宋最后剩下的这些人，明明知道宋朝大势已去，却不肯离散，人人抱定为国尽忠之决心。

张弘范包围了崖山，首先派人招降，承诺给予优厚待遇。张世杰不为所动，严词拒绝。张弘范连续派了三批招降使者，均无果而返。张弘范不死心，不知道从哪儿找来了张世杰的外甥，让他再去劝降。

张世杰对外甥说："舅舅当然知道，只要投降，马上就可以得到荣华富贵。可是，人如果只为富贵而活，与禽畜何异？你回去告诉张弘范，我现在是只求一死，为国尽忠。我宁肯粉身碎骨，也决不辱没张氏的列祖列宗。"

张弘范见张世杰心如铁石，只得下令进攻。元军过去主要依赖骑兵，不习水战，可是，南宋降将刘整为元朝组织训练了一支强大的水军，现在元军水战也毫不逊色，而且作战方法比南宋水军更为灵活。

张世杰将一千多艘大船用绳索连接起来，形成水寨，安排皇帝的龙舟在中间，作为死守之计。张弘范见宋军大船连在一起，便用火攻，以小船满载茅草等易燃物品，乘风纵火冲向宋船。张世杰早有防备，每条船上横放一根长木，小船不能靠近，又在大船周围涂上厚厚的泥巴，使之不易着火。

张弘范见火攻不成，又生一计，他料定宋军给养不足，便以水师封锁海湾，派兵截断宋军的水源和砍柴之路。宋军没有柴草做饭，只得吃生食；水源断绝，只好喝苦涩的海水。十多天下来，宋军人人身体虚弱，许多人生病，呕吐不止，战斗力大大下降。

张弘范见时机已到，准备发动总攻。张弘范将战舰分成三路，分别从东、南、北方向进攻。张弘范别出心裁，不以号炮为令，而以奏乐作为总攻的信号。

1279 年二月七日，元军战舰上音乐骤起，响彻云霄。宋军听到音乐声，认为元军在举行宴会或者搞庆祝活动，松懈下来，没有进入紧急迎战状态。不料，元军战舰蜂拥而出，向宋船急驶而来。元军的战舰个头小，却十分灵活，更利于实战。

元军战舰很快接近宋船，万箭齐发，宋军死伤一片。元兵靠近宋军大船，拼死登船，与宋军士兵展开殊死搏斗。一时间，喊杀声惊天动地，伤亡的士兵坠入海中，海水被染成红色。

元军战舰攻破水寨，将宋船分割包围，逐步逼近了龙舟。在龙舟上负责护卫皇帝的大臣陆秀夫，见已经到了最后关头，他镇定地脱掉战袍，换上朝服，跪在小皇帝赵昺面前，平静地说："国事一败涂地，臣等无力回天，只能陪着陛下同殉国难。我们宁可一死，也决不能落入外贼之手，遭受耻辱。"

赵昺虽然年幼，却十分懂事，他默默地流着眼泪，让陆秀夫给他穿上龙袍，戴上皇冠，挂上玉玺。陆秀夫收拾妥当，背起赵昺，一跃投入大海之中。陆秀夫殉国时，年仅四十二岁。

数万南宋士兵全部战死，剩下的朝廷官员、随军家属和跟随的民众，宁死不当俘虏，纷纷跳海自尽，以身殉国，无一人投降。

第二天，战事结束，风平浪静，海面上漂浮起十余万具尸体，密密麻麻，一望无际，撼人心灵，感天动地！

在混战中，张世杰带十几条船突围而出。张世杰怒发冲冠，咬牙切齿，发誓召集旧部，另寻赵氏宗室，坚决与元朝抗争到底。不料天不保佑，张世杰船队在海上遇到台风，船毁人亡，葬身大海。

张弘范虽然取得了胜利，但被这惨烈的场景所震撼，心灵受到巨大创伤，随即生病，病重不治，第二年就死了。张弘范死时四十三岁，正值壮年，元朝赐他谥号"忠武"。

南宋是被元朝灭掉的，可是，灭亡南宋的两个关键人物刘整和张弘范，却都是汉族人，这不能不令人深思。

南宋灭亡以后，中国历史进入元朝时期。元朝是中国历史上首次由少数民族建立的大一统王朝，对各民族融合发展起到了重要作用。

记述元朝历史的正史，是《元史》和《新元史》。笔者将根据这两部史书的记载，继续撰写《新视角读元史》，敬请广大读者给予指导帮助。